L'ADOLESCENCE
AUX MILLE VISAGES

ALAIN BRACONNIER
DANIEL MARCELLI

L'ADOLESCENCE AUX MILLE VISAGES

Nouvelle édition, revue et augmentée

© ÉDITIONS ODILE JACOB, JANVIER 1998
15, RUE SOUFFLOT, 75005 PARIS
INTERNET : http://www.odilejacob.fr

ISBN : 2-7381-0546-7

Le Code de la propriété intellectuelle n'autorisant, aux termes de l'article L. 122-5, 2° et 3° a, d'une part, que les « copies ou reproductions strictement réservées à l'usage privé du copiste et non destinées à une utilisation collective » et, d'autre part, que les analyses et les courtes citations dans un but d'exemple et d'illustration, « toute représentation ou reproduction intégrale ou partielle faite sans le consentement de l'auteur ou de ses ayants droit ou ayants cause est illicite » (art. L. 122-4). Cette représentation ou reproduction, par quelque procédé que ce soit, constituerait donc une contrefaçon sanctionnée par les articles L. 335-2 et suivants du Code de la propriété intellectuelle.

AVANT-PROPOS

Seconde naissance, ailes du désir, adieux à l'enfance, années sauvages, les métaphores sont nombreuses pour évoquer l'adolescence. Cette longue période de mutation entre l'enfance et l'âge adulte revêt en effet de multiples aspects, de multiples « visages ».

Et ce d'autant plus que l'adolescence a changé. Nous assistons aujourd'hui à une mondialisation de la jeunesse : mondialisation de son autonomie, mais aussi mondialisation de son exigence de repères et de sens, face à un monde d'adultes parfois trop préoccupé, lui, par la mondialisation de l'économie et des capitaux.

La durée de l'adolescence a également changé : en trente ans elle s'est nettement allongée ; la puberté survient de plus en plus tôt : 12,5 ans dans les pays occidentaux en 1996, contre 14,5 en 1960 et 16,5 ans en 1850. On note de plus la recrudescence de pubertés précoces, survenant dès 8 ans pour les filles et 10 ans pour les garçons et touchant sept filles contre trois garçons.

Mais les changements ne sont pas seulement physiques : la précocité concerne également les aspects affectifs, relationnels ou intellectuels. Les comportements typiques de l'adolescence, souvent marqués par des attitudes paradoxales, surgissaient il y a encore vingt ans vers l'âge de 14 ans ; ces mêmes comportements se voient maintenant chez des « enfants » de 10, 12 ans.

À l'autre extrême, la transition de l'adolescence vers l'âge adulte s'allonge et les étapes en sont plus floues. Une étude portant sur les quatre-vingts millions de jeunes Européens âgés de 15 à 29 ans montre que ceux-ci retardent ou se voient refuser le passage de la formation à la vie active ; en 1987, 50 % des jeunes de 18 ans travaillaient ou étaient à la recherche d'un emploi. En 1995, ils n'étaient plus que 41 % dans cette situation. Autre signe de cet allongement, l'âge moyen des mariages a pris un sacré coup de vieux : en 1995, il est de 32 ans pour les hommes et de 29,6 ans pour les filles ; quinze ans plus tôt il était respectivement de 28,4 et de 26,1 ans.

L'adolescence constitue donc aujourd'hui une période plus longue que par le passé, semblant justifier le proverbe africain selon lequel « Tu es plus le fils de ton époque que le fils de ton père. » Cependant les adolescents contemporains restent confrontés aux mêmes réalités que ceux des générations précédentes. Comme eux, ils doivent affronter des changements, parfois même des ruptures brutales. Ces transformations évidentes affectent aussi bien le corps que la relation à soi et aux autres, aussi bien les comportements les plus apparents que la personnalité profonde. Ce développement irréversible, radical, a toujours été source d'une formidable potentialité, mais aussi d'une véritable difficulté pour ceux qui le traversent en principaux acteurs, en partenaires ou en témoins.

Tous ces aspects, et les questions qu'ils engendrent, sont abordés dans cet ouvrage. Ils sont surtout mis en perspective : chaque dimension y est décrite sous ses angles psychologiques, sociologiques, pédagogiques et médicaux. Selon les cas, ces diverses approches permettent en effet soit de relativiser les difficultés qui risquent de conduire à une dramatisation dommageable, soit au contraire d'éviter de négliger des symptômes qui doivent être pris sérieusement en compte.

Les auteurs de ce livre sont des praticiens qui, depuis plus de vingt ans, sont en contact quotidien avec des adolescents en difficulté et avec leurs familles. Grâce à leur pratique, grâce à une réflexion théorique et pédagogique qu'ils tentent de mener, travaillant avec les enseignants, les travailleurs sociaux et les médecins, généralistes ou pédiatres, ils constatent que les comportements des jeunes et les idées sur l'adolescence ont évolué. Des notions nouvelles sont apparues que ce livre aborde, non seulement pour faire le point, mais pour servir de lecture aux adultes qui guident et accompagnent les adolescents. Il s'adresse ainsi à tous ceux qui sont en relation avec ces adolescents qui doivent être compris et aidés au moment où ils franchissent une étape décisive de leur vie.

Introduction

La fin de l'enfance

En 1533, âgée de 14 ans, Catherine de Médicis est déracinée de Florence, sa ville natale, pour être mariée à Henri d'Orléans, deuxième fils de François Ier. Sans aucun ménagement, elle est transplantée dans le lit de son jeune mari, dans une cour et un pays étrangers et plutôt hostiles. À ses yeux, son enfance est sans nul doute définitivement terminée. Aujourd'hui, confrontés aux violences urbaines ou aux propos de trop d'adultes en peine de leur proposer un avenir, comment les adolescents sortent-ils de l'enfance, et le désirent-ils ?

Problèmes d'époque ou questions universelles ? Dans l'enfance, après une première période marquée par le fameux stade œdipien, une deuxième phase survient, désignée sous le terme de « latence ». Malgré l'activité intellectuelle, physique et psychique qui se déroule alors chez le sujet, cette phase se situe entre les deux périodes les plus « chaudes » du développement. D'où son nom. L'enfant ne dit plus qu'il veut épouser sa mère ou son père ; il s'intéresse à des histoires de savants ou de héros, dessine une maison avec des personnages symboliques dont le sens est clair pour nous mais occulté pour lui. Le soleil œdipien s'est estompé à l'horizon mais il va reparaître sous une forme beaucoup plus agie et comportementale au moment de la puberté.

Cette fin de l'enfance correspond donc à un déclin. En allemand, le terme *Untergang* est employé pour désigner :

– la perte d'un bateau *(Untergang eines Schiffes)* ;
– le déclin (la chute, la décadence) d'un empire *(Untergang eines Reiches)* ;
– le coucher du soleil *(Sonnenuntergang).*

La métaphore du coucher du soleil nous paraît particulièrement pertinente, appliquée à la phase de latence. Tandis que le soleil se couche quelque part, il se lève ailleurs, et surtout il ne se couche jamais sans se relever : ainsi surgit l'adolescence.

Tout développement psychique s'inscrit dans une histoire, le souvenir de l'avant, l'attente et l'appréhension de l'après. En termes psychologiques contemporains, on pourra dire que si le désir œdipien implique une interrogation sur ce que deviendra le rival, sur son idéal et sur l'intériorisation des imagos parentales, le surgissement de la pulsion pubertaire marque une transformation compliquée et contradictoire des exigences corporelles et sociales.

Le temps des paradoxes

L'adolescent contemporain est avant tout un être de paradoxes.

Il veut être totalement autonome, mais en même temps il sollicite ses parents pour des actes banals de la vie quotidienne.

Il énonce des vérités absolues, intangibles ; en même temps il doute profondément de lui-même, de son corps, des autres.

Alors même que sa pensée s'ouvre aux catégories du possible et au champ infini des hypothèses, son corps se transforme irrémédiablement dans un sexe rigoureusement défini.

Il est souvent extraordinairement altruiste en même temps qu'il peut se révéler fantastiquement égoïste.

Il ne cesse de se dire profondément individualiste et en même temps il se fond dans un groupe ou dans une mode qui le rendent difficilement discernable de ses pairs.

On pourrait continuer ainsi à énoncer de multiples paradoxes que tout adulte perçoit dans le comportement, les pensées, les sentiments, les émotions que vit et traverse tout adolescent. Cependant il éprouve ces contradictions : on pourrait dire que l'adolescence est précisément cette période où l'individu fait l'expérience des contradictions, du paradoxe et de la souffrance qu'elles engendrent.

Dans les années cinquante et soixante, il a beaucoup été question de « crises d'adolescence ». Aujourd'hui, les spécialistes ont tendance à abandonner ce terme pour passer à des notions plus précises : on parle désormais de travail psychique du pubertaire, de second processus de séparation-individuation, de travail de deuil, etc. Nous aurons l'occasion de préciser le sens de ces différentes expressions au cours des chapitres ultérieurs.

Des étapes à franchir

Pour décrire de façon simple ce travail psychique propre à chaque adolescent, nous dirons qu'il se caractérise d'abord par une période d'attente, puis par une période de changement, enfin par une phase de découverte.

L'attente correspond à l'entrée dans l'adolescence qui est plus précoce qu'il y a encore quinze ans. Elle se situe aux environs de 10-13 ans et se marque par le début de la puberté. La grande majorité des enfants est désormais prévenue de l'irruption prochaine de la puberté et des transformations qu'elle suscitera dans leur corps. Les filles et les garçons savent qu'ils vont fortement grandir mais aussi prendre du poids, souci tout particulier des futures adolescentes et de leur maman. Les filles sont informées de l'apparition des premières règles et du développement de leur poitrine ; les garçons se préoccupent en général des poils qui vont pousser, en particulier des premiers poils pubiens ou de la taille de leur sexe.

Cette attente se fait souvent dans un climat de désir et de crainte. Elle est le prolongement de l'enfance qui représente en réalité le terreau dans lequel l'adolescence va planter ses racines.

Pour la très grande majorité des enfants, tous ceux en particulier qui suivent une scolarité normale, cette période correspond aux premières années de collège, c'est-à-dire la 6e et la 5e.

La période de changement est d'abord physique puisqu'en quelques mois, brutalement, l'enfant voit son corps se transformer de manière radicale. Les pédagogues et les éducateurs le savent bien qui, à la fin d'une année scolaire, quittent des enfants, et les retrouvent à la rentrée scolaire suivante quasi adultes. Au chapitre consacré à la sexualité nous décrirons plus en détail le phénomène pubertaire aussi bien chez le garçon que chez la fille.

Mais le changement est aussi psychologique. Le jeune adolescent éprouve brutalement le besoin de rompre avec les désirs, les idéaux, les modèles d'identification, les intérêts venant de son enfance. Il devra chercher de nouvelles sources d'intérêt et de plaisir.

Le changement est enfin familial et social. Les parents ne peuvent plus fournir à leur adolescent les modèles, les satisfactions, les plaisirs qu'ils avaient pu jusque-là procurer à leur enfant. L'adolescent a donc besoin de s'éloigner de ses parents même s'il s'agit d'abord et avant tout d'une distance symbolique. Dans la majorité des cas en effet, ce changement se caractérise et s'illustre par le mouvement psychologique de déception que l'adolescent éprouve à l'égard de ses parents et le besoin de chercher à l'extérieur du cercle familial ces sources nouvelles de satisfaction.

La phase de la découverte survient une fois passée cette période de la rupture avec l'enfance avec toutes les difficultés psychologiques et comportementales qu'elle implique.

Le temps des conquêtes et des choix

L'adolescent doit découvrir d'abord qui il est. Si nous avons réussi à répondre à cette question dans notre adolescence, elle nous paraît aller de soi ; si nous avons renoncé à ce type de connaissance, elle peut aussi nous paraître inutile et vaine. Pour l'adolescent il s'agit souvent d'une question centrale et nécessaire ; on pourrait dire de façon caricaturale que si on ne se pose pas ce type de question à cet âge, on risque fort de ne plus jamais se la poser et surtout de ne plus jamais pouvoir y répondre.

L'adolescent doit aussi découvrir ce qu'il aime et ce qu'il désire. Ce qu'il aime résulte bien sûr de tout son passé conscient mais aussi inconscient, dépend de l'identité qu'il se donne et qu'il se reconnaît, des modes de relations établis jusque-là avec ses parents et ses proches. Il doit aussi définir ce qu'il ambitionne, ce qu'il souhaite, ce qu'il attend en général de la vie. En d'autres termes, il doit se forger son propre idéal qui n'est plus celui de son enfance et n'est pas celui de ses parents. Ce travail psychologique est essentiel, en particulier dans le domaine du choix professionnel que l'adolescent devra effectuer.

En effet, le dernier volet de cette découverte est bien celui de la nécessité de faire un choix. Or, choisir c'est conquérir mais aussi renoncer.

Conquérir d'abord : c'est à travers ses attentes, parmi ses ambitions, mais aussi selon ses compétences propres que l'adolescent devra choisir entre les diverses possibilités qui lui sont offertes. Bien entendu ce choix comporte des déterminants collectifs et des déterminants individuels. Les caractéristiques présentes de la société comptent évidemment : période d'expansion économique ou au contraire de récession, pays développé ou en voie de développement, etc. Les déterminants collectifs familiaux sont aussi à prendre en considération : niveau socioculturel de la famille, place des parents dans la société... Mais les déterminants sont aussi individuels. Nous voulons croire qu'il existe toujours, si petite soit-elle, une marge de liberté relative pour que chaque adolescent puisse opérer un choix. Bien entendu l'éventail du choix est plus ou moins restreint, plus ou moins ouvert selon les chances culturelles, sociales et familiales dont chacun a « hérité ».

Renoncer ensuite. Nous voulons espérer que chaque adolescent conserve une possibilité de choix. Toutefois qui dit choix dit aussi renoncement. Certains adolescents n'acceptent pas ce « travail » de renoncement. Ils refusent de choisir, restant éternellement dans une position d'indécision, d'attente, d'adolescence attardée et en quelque sorte prolongée. Nous aurons l'occasion d'approfondir les déterminants psychologiques, personnels, et les déterminants collectifs de ce choix dans le chapitre consacré à la scolarité. Nous verrons également les conséquences personnelles (angoisse douloureuse, déprime et ses conséquences : abus de drogues excitantes ou apaisantes, conduites à risques) et sociales (désintérêt scolaire, ruptures ou marginalisation) que peut avoir cette impossibilité de choisir.

Le temps des menaces

La nécessité des changements d'une part, celle des choix d'autre part, expliquent la vulnérabilité psychique potentielle de l'adolescent. Les conduites bruyantes, les plaintes, les manifestations symptomatiques nombreuses que présentent les adolescents témoignent, nous l'avons déjà dit, de ces contraintes et de ce travail psychique. Trois types de « menaces » rôdent plus particulièrement autour de l'adolescence :
– la menace anxieuse ;
– la menace dépressive ;
– la menace addictive.

La menace anxieuse semble directement liée à l'émergence pubertaire, à la transformation du corps avec le flottement identitaire qu'elle suscite. Elle est également due à la nécessaire transformation des rapports avec l'entourage, les parents, les amis, les intérêts de l'enfance. Toute période de changement entraîne une certaine dose d'anxiété. L'adolescent n'y échappe pas et les diverses formes d'anxiété (crise d'angoisse ou attaque de panique, phobie diverse, intérêt ou timidité extrême, etc.) si fréquentes à cet âge témoignent directement de ce flottement.

La menace dépressive résulte du nécessaire travail de perte et de deuil (les adieux à l'enfance) que toute adolescence implique, conjuguée au besoin d'éloignement vis-à-vis des parents réels mais plus encore vis-à-vis des images parentales que tout individu porte en lui. Non seulement l'adolescent doit quitter son enfance, la protection de ses parents, une certaine innocence, mais il doit aussi renoncer à la toute-puissance infantile pour entrer dans la période des paradoxes, des conflits et des choix. La « dépression » peut s'installer quand l'adolescent « refuse » de s'engager dans un tel travail psychologique, quels que soient par ailleurs les motifs de ce refus.

La menace addictive résulte de l'impossible renoncement que tout choix implique, en particulier les choix identitaires et affectifs. En effet, établir une relation à autrui (quelle que soit la nature de cette relation mais de façon caricaturale dans la relation amoureuse) nécessite de reconnaître l'altérité de l'autre (c'est-à-dire la différence fondamentale et irréductible entre soi et autrui) tout en acceptant l'idée de dépendre au moins en partie de l'autre et en assumant la nécessaire réciprocité (« tout ne m'est pas dû, simplement parce que c'est moi ! »).

Lorsque l'adolescent ne peut accepter ce renoncement, il est tenté d'affirmer son indépendance à l'égard des personnes en recourant à la manipulation d'un produit, à une conduite répétitive pour préserver son sentiment de maîtrise. Il risque alors de s'engager dans le chemin de l'addiction.

Adolescence avec ou sans fin ?

L'âge auquel s'achève cette phase de découverte est bien entendu variable selon chacun. À son terme, la satisfaction prédominera lorsque l'individu aura eu le sentiment d'une découverte fructueuse tant sur le plan individuel, affectif ou amoureux, que professionnel et social. Le plaisir de ces découvertes couronnera la période de l'adolescence, ultérieurement « idéalisée » comme un moment mythique, heureux, satisfaisant. Le jeune adulte oubliera vite les incertitudes, les doutes, les moments de cafard, d'angoisse, même parfois de honte qu'il a eus à traverser.

En revanche, cette période peut se clore par un sentiment de déception. Rien de satisfaisant n'aura été découvert. L'intéressé risque alors de se lancer dans des recherches de satisfaction substitutive, bien entendu jamais efficaces. De nombreuses conduites que nous qualifierons de pathologiques, ou une grande difficulté à sortir de l'adolescence peuvent être les conséquences de cette déception ressentie au terme du travail psychologique effectué à cet âge de la vie.

Attente, changement et découverte ponctuent donc les grandes phases de l'adolescence et colorent les relations émotionnelles et affectives que l'adolescent établit avec ses proches, ses amis, ses confidents, ses pédagogues, en un mot les adultes qui le côtoient.

Mais au fond l'adolescence a-t-elle une fin ? Selon certains, le processus d'adolescence se perpétue toute la vie. On le rencontre de façon tout à fait normale dans certains moments de l'existence, lorsque le sujet retrouve un état amoureux, un état de grand conflit, un état de dépendance à l'égard d'images parentales ou encore une période intense de transformation des relations personnelles et affectives. En fait il faut reconnaître que ces « résurgences de l'adolescence » ne veulent pas dire que le sujet reste un adolescent toute sa vie mais qu'il peut à certains moments de son existence manifester des attitudes, des comportements et avoir des mouvements psychologiques internes identiques ou proches de ceux qu'il a connus au cours de son passage de l'enfance à l'âge adulte. En revanche, un certain nombre de sujets n'entrent jamais dans un état adulte. Par bien des aspects, dans leurs comportements et dans leur vie affective, ils resteront des adolescents à vie. Cette situation ne fera d'ailleurs pas forcément leur malheur, mais pourra parfois faire souffrir leur entourage.

Les sciences de l'adolescence

Ces réflexions concernent l'individu dans sa singularité. Elles ne doivent cependant pas faire oublier l'aspect collectif, social et culturel. L'adolescent n'est pas uniquement un être isolé au sein d'une famille. Il partage avec ses pairs de nombreux intérêts, des préoccupations, des loisirs, une scolarité, etc.

On constate d'ailleurs combien il est difficile de passer du plan collectif (on parle d'adolescents, d'adolescence, de jeunes) au plan individuel : ce garçon de 16 ans, cette fille de 14 ans, etc. Le balancement entre l'individuel et le collectif fait aussi partie des paradoxes de cet âge : il est difficile de décrire un adolescent sans tenir compte de son environnement, en particulier du mode de réaction habituelle de ses pairs ; mais il est tout aussi essentiel de ne pas négliger les caractéristiques individuelles de chaque personne.

De nombreux spécialistes, issus de disciplines fort différentes, s'occupent aujourd'hui de cet âge, tellement il est difficile de décrire la « crise d'adolescence ». Aussi le carrefour de l'adolescence risque-t-il d'être très encombré.

On peut en effet parler de l'adolescence selon de nombreux points de vue :
– médical : la physiologie pubertaire répond à une logique

interne précise et modifie l'image du corps. Elle peut susciter des perturbations organiques plus ou moins importantes, dont le retentissement psychologique peut être majeur ;
— social : il est évident que la société joue un rôle considérable dans la manière dont chaque individu réagit à cette période cruciale de la vie ;
— psychologique : les bouleversements qui s'opèrent dans les pensées de l'adolescent ont depuis longtemps attiré l'attention des psychologues, des psychanalystes : ils se sont penchés sur les sautes d'humeur, les moments dépressifs, les conduites agressives, les multiples difficultés comportementales que présente tout adolescent ;
— éducatif : âge privilégié des apprentissages aussi bien intellectuels que sociaux, l'adolescence est considérée par de nombreux éducateurs comme une période d'essais et d'erreurs à l'issue de laquelle les comportements sociaux seront intégrés ;
— culturel : il est habituel d'évoquer les diverses sociétés où la crise d'adolescence est plus ou moins ritualisée par des codes sociaux que les ethnologues décrivent avec minutie ;
— historique : une question récurrente concernant l'adolescence est celle de savoir si cette période de la vie a existé dans les temps anciens ou si elle est une invention des temps modernes.

Nous essaierons d'apporter des éléments de réponse dans ces divers domaines. Nous essaierons surtout de montrer comment ces points de vue théoriques s'éclairent les uns les autres et comment il est nécessaire de ne pas en privilégier un aux dépens des autres. Cependant nous nous consacrerons avant tout à l'individu, en examinant le développement psychologique de chacun aussi bien dans sa dimension habituelle (première et deuxième parties de cet ouvrage) que dans ses difficultés (troisième partie).

Au terme de cette introduction, on remarquera probablement que nous nous sommes abstenus de donner une définition de l'adolescence. On pourrait, comme c'est souvent le cas, recourir à une définition négative : l'adolescence est cet âge où l'individu n'est plus un enfant et pas encore un adulte ; on pourrait aussi prendre le contre-pied de cette définition : l'adolescent est à la fois un enfant et un adulte.

Vouloir définir brièvement l'adolescence est certainement une démarche vaine, fallacieuse et illusoire ; un mot cependant rend compte de la vanité d'une telle entreprise : celui de paradoxe. Le dictionnaire nous apprend qu'un paradoxe concerne un être, une chose ou un fait qui paraissent défier la logique parce qu'ils présentent en eux-mêmes des aspects contradictoires. En logique, un paradoxe est une affirmation qui contient une contradiction interne.

Les diverses affirmations qui ont ouvert ce chapitre introductif comprenaient toutes une dimension paradoxale. Peut-être l'adolescence consiste-t-elle à faire l'expérience de tels paradoxes, à développer la patience et la tolérance face à la souffrance qui en résulte, jusqu'à ce que ces paradoxes trouvent peu à peu, avec l'entrée dans l'âge adulte, sinon leur résolution du moins leur acceptation.

Au long de cet ouvrage, ce sont les diverses facettes, les « mille visages » de l'adolescence que nous essaierons de saisir, avec l'ambition de donner ainsi à chacun les éléments de connaissance qui lui permettront d'affronter le mieux armé possible cette période cruciale de la vie.

PREMIÈRE PARTIE
L'image d'une génération

Chapitre premier

LE TEMPS DES ENQUÊTES

Une société comptable

L'adolescence est devenue non seulement un objet de curiosité pour notre société mais aussi un objet d'études, de colloques, de rapports et surtout un enjeu économique et politique.

Au hit-parade des sondages, enquêtes d'opinion et autres travaux épidémiologiques, la population adolescente occupe une place de choix. Les goûts des adolescents, leurs désirs, leurs opinions politiques ou culturelles, leurs relations avec les copains et leurs relations sexuelles sont régulièrement chiffrés, disséqués, et font l'objet de commentaires tantôt rassurants et optimistes, tantôt sceptiques ou franchement pessimistes.

Jadis le modèle achevé était le modèle adulte, et les jeunes étaient curieux de connaître puis de s'approprier ce modèle. Aujourd'hui, le modèle performant est devenu celui des jeunes et la société adulte est curieuse et avide de s'approprier ce modèle supposé. Un véritable renversement de perspective s'est produit entre les années soixante et soixante-dix : la classe d'âge des aînés s'est mise à prendre pour modèle la classe d'âge des cadets.

L'accumulation des sondages, enquêtes et autres chiffres sur les jeunes témoigne de ce désir renversé de comprendre, si ce n'est de copier là où auparavant il s'agissait d'abord d'éduquer.

Combien sont-ils ?

Le dernier recensement dont nous disposons en France date de 1990. Cependant des évaluations reposant sur ce recensement sont possibles.

Ainsi, en 1994, à partir des données du recensement de 1990, la population des 12-20 ans est estimée à 7 071 811 ce qui représente 12,5 % (un huitième) de l'ensemble de la population française (3 613 329 de sexe masculin, soit 13,1 % de l'ensemble de la population masculine, 3 458 522 de sexe féminin, soit 11,9 % de l'ensemble de la population féminine : la différence de pourcentages s'explique par la surmortalité masculine ultérieure) (tableau 1).

Cette population est massivement scolarisée avec des taux allant de 100 % (de 12 à 15 ans) à 56, 2 % (20 ans).

Sur l'ensemble des 12-20 ans, 87,1 % de la population fréquente le collège, le lycée, l'université ou une scolarité spécialisée (tableau 2).

Ce qu'ils font, aiment et pensent

En dehors de l'école (voir chapitre 7), l'adolescent partage son temps entre la vie familiale et ses propres loisirs ou activités.

Une grande majorité (70,5 %) trouve que la vie familiale est agréable, détendue (ce qui signifie aussi qu'environ 30 % trouve le vie familiale difficile, tendue ou très tendue !). Néanmoins, les adolescents préfèrent souvent des sorties entre eux plutôt qu'avec les parents, surtout à partir de 15-16 ans.

Les parents restent les interlocuteurs privilégiés des adolescents pour les problèmes de santé et pour les difficultés scolaires. En famille, on parle, à l'occasion, des questions posées par le sida (pour 50,6 % des adolescents on en parle en famille), de la consommation de tabac (49 %), d'alcool (41,2 %), de drogue (40,9 %), des problèmes de grossesse (40 %), de sexualité (33 %). Il est donc partiellement faux de dire que le dialogue entre ado-

ÂGE	TOTAL	MASCULIN	FÉMININ
12 ans	805 439	412 431	393 008
13 ans	809 078	414 092	394 986
14 ans	765 422	392 016	373 406
15 ans	749 314	383 374	365 940
16 ans	758 053	387 643	370 410
17 ans	738 585	377 180	361 405
18 ans	765 682	390 666	375 016
19 ans	815 134	415 659	399 475
20 ans	865 144	440 268	424 876
12-20 ans	7 071 851	3 613 329	3 458 522
TOTAL	56 625 026	27 568 268	29 056 758
Pourcentage	12,5 %	13,1 %	11,9 %

Tableau 1. Les 12-20 ans : évaluation reposant
sur le recensement de 1990
12-20 ans : 12, 5 % de la population soit 1/8 de la population

lescents et parents n'existe pas même si, hélas, dans certaines familles les adolescents sont confrontés à des parents peu informés, indifférents ou même parfois hostiles.

En dehors de la famille, le temps des adolescents se répartit entre les activités de groupe (copains, bandes, pratiques sportives ou culturelles, collectives), les activités plus individuelles (télévision, lecture, jeux vidéo, etc.) et les relations affectives (flirt, relation amoureuse, etc.).

Une majorité d'adolescents déclarent avoir beaucoup de copains (67,4 %) et sortir souvent entre jeunes (65,7 %). Avec les copains ou amis, ils abordent plus volontiers les problèmes sentimentaux (62,3 %) ou sexuels (41,3 %). Ils parlent entre eux de la sexualité, de la consommation de tabac, d'alcool, de drogue, du sida. En revanche, ils discutent moins qu'avec leurs parents des problèmes du corps et de la santé.

Pour le temps passé dans les activités, la télévision vient en tête (83,2 % la regardent souvent), suivis par la pratique sportive (60,3 % pratiquent un sport en dehors de l'école et y consacrent en moyenne cinq heures et demie par semaine), le cinéma (44,5 %), la lecture de livres ou de revues (44 %), les jeux vidéo (43 %), la pratique de la musique (21 %). Quand ils sortent, ils vont souvent au café (21,5 %), en boîte de nuit (18 %) ou traînent inoccupés dans la rue (10 %).

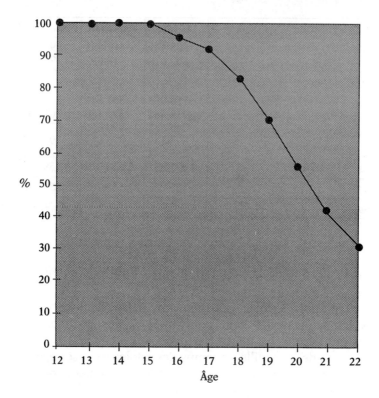

Tableau 2. **Taux de scolarisation en 1994-1995**

68 % d'adolescents disposent d'argent de poche pour une somme mensuelle moyenne de 194 F mais qui évolue beaucoup avec l'âge (et le sexe !).

Bien entendu, tous ces chiffres représentent une moyenne sur la population adolescente (entre 12 et 19 ans) et varient de façon notable en fonction de l'âge (par exemple : les sorties entre copains, au cinéma, en boîte de nuit augmentent avec l'âge) et du sexe (par exemple : plus de garçons ont une pratique sportive, plus de filles lisent...). D'une enquête à l'autre ces chiffres changent certes légèrement en fonction de l'évolution sociale mais révèlent aussi une relative stabilité dans les centres d'intérêt des jeunes.

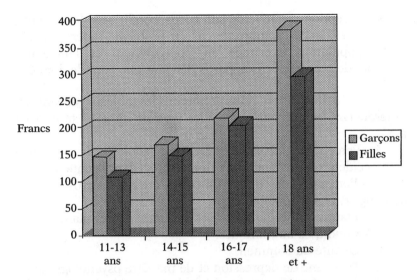

Tableau 3. **Argent de poche en moyenne par mois, par sexe et par âge** (en francs)
(Somme moyenne reçue en 1993 par ceux qui disposent d'argent de poche)

Ce dont ils se plaignent, ce dont ils souffrent

Les études épidémiologiques concernant les plaintes et les manifestations de souffrance des adolescents se sont multipliées dans les dernières années. En France, une unité spécialisée de l'INSERM (U169), dirigée par M. Choquet, a mené plusieurs études très instructives sur des échantillons représentatifs de la population adolescente. La dernière enquête (1994) a porté sur un échantillon de 12 391 jeunes de 11 à 19 ans scolarisés (collège, lycée d'enseignement général et lycée d'enseignement professionnel) représentatif de cette tranche d'âge. Les pourcentages qu'on donnera dans la suite de ce paragraphe proviennent en majorité de cette enquête et des précédentes (1988).

Ces enquêtes épidémiologiques permettent en outre de définir pour un problème particulier (conduite boulimique, anorexique, tentative de suicide, mais aussi crise de larmes, cauchemars, perception négative de son corps, conflit avec les parents, etc.) la prévalence (nombre de cas du problème repéré au sein d'une population exprimée en pourcentage) et l'incidence (nombre de nouveaux cas apparus pendant une période donnée).

À titre d'illustration, nous donnerons les tableaux suivants en différenciant les garçons et les filles (voir en annexe : tableaux I à X).

1 – Perception globale de la santé par l'adolescent et survenue d'un accident ou incident dans l'année précédant l'enquête.

2 – Perception de l'image du corps, crainte de grossir, désir de maigrir, régime pour maigrir.

3 – Plaintes physiques diverses et cumul de ces plaintes.

4 – Conduites boulimiques.

5 – Qualité du sommeil.

6 – Problème de dépression et de mal-être psychologique.

7 – Consommation d'alcool (a), de tabac (b), de drogue illégale (c, d), de psychotropes (e), cumul des produits (f).

8 – Conduites déviantes : vol et fugue.

9 – Conduites violentes.

10 – Violences subies.

Ces données épidémiologiques seront en partie reprises dans la troisième partie de cet ouvrage. Elles constituent la toile de fond sur laquelle nous nous appuyons pour évoquer la crise d'adolescence et le conflit avec les parents.

À partir de l'ensemble de ces chiffres, quatre facteurs particulièrement pertinents se dégagent.

LE PARAMÈTRE SEXE-ÂGE

Il n'y a pratiquement aucun trait de comportement ou état affectif, aucune pathologie particulière qui ne présente une prévalence et une incidence très différentes selon le sexe, garçon ou fille : plainte somatique, pensée dépressive, conduite alimentaire, conduite externalisée, accidents et prise de risque, consommation de drogue ont toutes des prévalences et incidences différentes selon le sexe. Cette dernière variable l'emporte souvent sur toutes les autres pour rendre compte des différences entre individus.

En outre l'incidence évolue avec l'âge de façon différente, si bien que l'écart entre les sexes tend souvent à s'accroître avec l'âge (tableau 4).

LES RELATIONS AVEC LES PARENTS

Quand les deux parents sont régulièrement présents, la situation matrimoniale du couple parental n'est pas toujours un facteur de différenciation pertinente ; en revanche, le climat familial et surtout la qualité du contact avec les parents sont des facteurs significatifs différenciant les adolescents avec ou sans problème. Cependant l'existence d'une relation hostile semble à tout prendre préférable à une indifférence du père (la mère est parfois ressentie comme hostile plutôt chez les filles à 17-18 ans, mais jamais indifférente). Cette constatation épidémiologique (forte corrélation avec certains troubles des conduites en particulier la pathologie comportementale) conforte la description psychologique du travail d'adolescence : en effet un père ressenti comme hostile représente une limite pour l'adolescent, alors qu'un père indifférent laisse l'adolescent face à lui-même et à un manque de contenant. L'absence totale d'un parent, surtout quand il s'agit du père (situation de loin la plus fréquente), constitue toujours un facteur de risque. Rappelons que chaque garçon en particulier a besoin d'être reconnu, confirmé par une image paternelle. Dans le cas contraire, au moment du difficile passage pubertaire, « le fils risque de ne pas se développer positivement en rapport avec le corps du père, mais négativement contre le corps de la mère et le corps féminin ; il aura tendance à chercher constamment dans les yeux des femmes un miroir de sa féminité [1] ».

LE RÔLE DE LA SCOLARITÉ

Il existe une forte corrélation entre le maintien et la poursuite d'une scolarité d'une part et l'existence de difficultés à l'adolescence d'autre part, certains de ces problèmes étant corrélés avec la qualité des études. Ainsi, dans l'enquête de M. Choquet il apparaît que les élèves des cycles courts (lycées professionnels) ont

---

1. G. Corneau, *Père manquant, fils manqué*, Québec, Les Éditions de l'Homme, 1989.

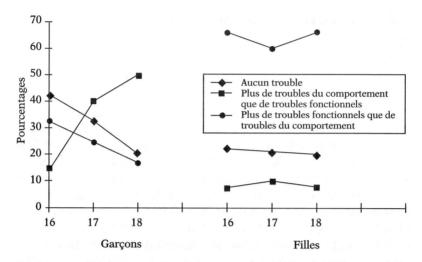

Tableau 4. **Prédominance des troubles à l'âge de l'adolescence**
(M. Choquet, S. Ledoux, H. Menke, INSERM U169,
La Documentation française, Paris, 1988)

[trouble fonctionnel = plainte somatique, état affectif, conduite alimentaire
trouble du comportement = conduite agie, accident, consommation de produit]

plus de conduites à risque, consomment plus d'alcool, se bagarrent plus volontiers ; ils ont aussi plus de problèmes de santé alors qu'ils consultent moins souvent. Ces données sont retrouvées ensuite dans une population au chômage ou déscolarisée d'adolescents ou jeunes adultes. (Sondage L. Harris effectué en mai 1992 auprès de 1 031 jeunes de moins de 25 ans en parcours d'insertion : 42 % ont des problèmes d'endormissement, 32 % des problèmes alimentaires, 60 % fument beaucoup, 30 % boivent beaucoup, 29 % ont déjà consommé une drogue, 32 % se disent « déprimés », 38 % ont pensé au suicide et 17 % ont fait une ou plusieurs tentatives de suicide, 10 % des filles ont subi une IVG. Enfin 13 % ne bénéficient d'aucune protection sociale et 41 % ont renoncé « quelquefois » ou « souvent » à se faire soigner en raison du coût.)

Ces faits particulièrement préoccupants, qui doivent à notre avis être utilisés sans stigmatisation abusive, ne sont que l'amplification, dans la tranche d'âge suivante, des données déjà trouvées dans la tranche d'âge des 11-18 ans : le retard et l'absentéisme scolaire fréquents, l'exclusion et l'interruption de la scolarité représentent toujours des facteurs de risque majeurs pour la santé physique et psychique de ces adolescents.

Il est bien évident que cette exclusion ou cette rupture est un symptôme du malaise et du mal-être psychologique et/ou social et non la cause de la pathologie ultérieure (voir chapitre 7 sur la scolarité).

LES RELATIONS AUX PAIRS

Si l'absence totale de relations apparaît au psychologue comme l'indice d'un malaise important, au plan épidémiologique l'élément le plus pertinent est, au contraire, l'intensité des relations aux pairs. L'apparition et le maintien de nombreuses conduites pathologiques (en particulier troubles du comportement) sont fortement corrélées avec l'existence mais surtout la « qualité » des relations aux pairs. De ce point de vue la recherche d'excès (sorties très fréquentes, très tardives, avoir beaucoup de « copains », être toujours dehors...) est un indice et un révélateur de multiples conduites pathologiques.

Comment comprendre ces chiffres ?

À partir des études de l'INSERM (enquêtes de 1988 et 1994 portant sur un échantillon plus réduit mais suivi pendant deux années consécutives avec évaluation par autoquestionnaire à 16 puis 17 et 18 ans) on peut définir statistiquement, ce qui ne veut pas dire psychologiquement, trois grands groupes d'adolescents : le premier, que nous dirons « sans problème apparent », le second « à problèmes multiples », enfin le groupe « intermédiaire ».

GROUPE D'ADOLESCENTS « SANS PROBLÈME APPARENT »

Entre 16 et 18 ans, 26 % des jeunes (garçons : 32 %, filles : 19 %) n'ont présenté aucun trouble aux enquêtes successives.

Ces jeunes sans problèmes apparents ont dans l'ensemble une

opinion plutôt positive de leurs parents et sont satisfaits de la vie familiale. Ils se disent plutôt bien dans leur peau même s'ils se reconnaissent un peu timides. Ils aiment sortir (cinéma, chez des camarades), écouter de la musique mais font peu d'excès.

En revanche, il n'y a pas de différence avec les autres groupes en ce qui concerne la nationalité, la scolarité, l'origine socioprofessionnelle du père, l'activité professionnelle de la mère, le statut matrimonial des parents, le type d'habitat.

Dans ce groupe l'apparition de problèmes semble corrélée avec un sentiment de fatigue chez l'adolescent, une dégradation du climat familial, une difficulté à organiser sa vie. Mais l'élément important semble être la survenue d'événements de vie : chômage, maladie des parents, hospitalisation d'un proche, divorce ou séparation parentale. Ceci témoigne clairement de la vulnérabilité de l'adolescent face à l'environnement familial et social.

GROUPE D'ADOLESCENTS « À PROBLÈMES MULTIPLES »

Entre 16 et 18 ans, 10 % des jeunes (garçons : 6 %, filles 14 %) cumulent au moins quatre problèmes [2] aux enquêtes successives (16, 17 et 18 ans). Ces jeunes ont eu plus de troubles du sommeil et de céphalées durant leur enfance que les autres (les troubles du sommeil pendant l'enfance représentent donc un bon indicateur de difficultés possibles à l'adolescence).

La vie familiale est ressentie par les adolescents de ce groupe « à problèmes » comme pénible, tendue ; les parents, surtout le père, sont décrits comme envahissants ou indifférents mais toujours comme manquant de compréhension. Ces adolescents se plaignent d'affects de tristesse, de mal-être mais sont souvent en groupes avec un surinvestissement de la vie relationnelle extrafamiliale, des sorties. Ils font souvent des excès.

Dans ce groupe, certains adolescents présenteront une amélioration au cours des enquêtes successives. Il s'agit plutôt de sujets inscrits dans un cycle scolaire long, dont la famille présente

---

2. Comportements à problèmes : consommation régulière d'alcool, ivresses multiples, consommation de tabac en quantité importante, essai d'une drogue illicite, bagarres fréquentes. Troubles psychosomatiques et de l'humeur, fréquemment des cauchemars, troubles du sommeil, maux de tête, envie de vomir, envie de pleurer, idées dépressives et suicidaires, nervosité.

un niveau socioculturel favorable, ayant à plusieurs reprises consulté leur médecin. D'autre part, les antécédents psychosomatiques dans l'enfance sont plus rares parmi les adolescents dont les difficultés s'atténuent que parmi ceux sans amélioration. Enfin ces adolescents sortent parfois avec leurs parents, qui ne sont jamais ressentis comme indifférents. On peut voir ainsi dans les traits précédents des facteurs de « résistance » à la pathologie.

GROUPE INTERMÉDIAIRE

Sans que les auteurs (M. Choquet et *al.*) le citent, la définition des deux groupes précédents en isole un troisième intermédiaire. Ce groupe qui pourrait représenter une majorité d'adolescents entre 16 et 18 ans (63 % environ : 65 % de filles, 60 % de garçons) est constitué d'individus présentant un à trois « problèmes ». On peut voir dans la fréquence de ces manifestations la trace clinique du travail psychique de l'adolescence, ce qui, sans définir un état pathologique proprement dit, témoigne cependant de la « vulnérabilité » individuelle des adolescents. Si des facteurs de risques familiaux et des facteurs de risques environnementaux s'ajoutent à cette vulnérabilité individuelle liée au travail psychique de l'adolescence, on conçoit aisément les dangers d'une décompensation pathologique franche (rappelons que cette différenciation en trois groupes d'un point de vue épidémiologique ne se superpose pas forcément à la distinction établie à partir d'études psychologiques [3]).

CUMUL ET RÉPÉTITION

Par-delà la singularité des conduites de souffrance ou de déviance, deux paramètres doivent être l'objet d'une évaluation rigoureuse, l'un synchronique (cumul), l'autre diachronique (répétition).
 – *Le cumul des conduites à problèmes* : facteur de fragilisation essentiel, il impose aux proches de l'adolescent (parent, éduca-

---

3. Il est difficile d'établir des comparaisons entre ces groupes définis par le cumul de « comportements à problèmes » et les groupes définis selon une perspective développementale (voir p. 59).

teur, ami) de conseiller une consultation au cours de laquelle une large évaluation pourra être effectuée.

– *La répétition des conduites à problèmes* est le second facteur à évaluer. Cette répétition risque d'inscrire l'adolescent dans une fixation pathologique. Elle doit d'autant plus attirer l'attention qu'il s'agit d'une conduite nouvelle ou d'une conduite existant déjà dans la petite enfance mais ayant en partie ou en totalité disparu pendant l'enfance. Par son potentiel de fixation, une telle conduite menace le développement et le travail psychique en cours.

Au total, il est aisé de s'accorder sur le fait que le groupe « à problèmes multiples » comprend probablement des adolescents dont la « santé physique et mentale » peut être compromise. Qu'en est-il des deux autres groupes, en particulier du groupe intermédiaire ? Doit-on considérer que deux ou trois conduites « bruyantes » observées chez 60 à 65 % des adolescents témoignent d'une « santé » défaillante ? Ceci aboutirait à considérer que la majorité d'une classe d'âge présente une situation à risque, et reviendrait à stigmatiser l'adolescence en tant que telle. N'est-ce pas ce qu'on observe parfois dans nos sociétés ?

Nous touchons là les limites d'une approche purement descriptive et symptomatique. C'est dire aussi l'intérêt de l'approche psychologique qui sera le fil conducteur des chapitres suivants.

Chapitre II

ADOLESCENCE ET SOCIÉTÉ

Adolescents d'hier, adolescents d'aujourd'hui

Beaucoup pensent que l'adolescence, telle que nous la concevons aujourd'hui, est un phénomène récent [1]. L'historien Philippe Ariès a écrit lui-même : « L'enfant passait directement et sans intermédiaire des jupes de femmes : de sa mère, sa " mie " ou sa " mère-grand ", au monde des adultes. Il brûlait les étapes de la jeunesse ou de l'adolescence. D'enfant, il devenait tout de suite un petit adulte habillé comme les hommes ou comme les femmes, mêlé à eux, sans autre distinction que la taille. En outre, il est probable que dans nos sociétés d'Ancien Régime les enfants entraient plus tôt dans la vie active des adultes que dans les sociétés primitives et dans nos sociétés actuelles. »

L'adolescence telle que nous la concevons aujourd'hui, c'està-dire comme un groupe social autonome ayant une spécificité propre et caractérisant une période de plusieurs années d'existence, serait donc apparue aux XVIIIe et XIXe siècles. Certains vont même jusqu'à dire que la représentation d'une « jeunesse » qui se constitue comme groupe autonome, contestataire ou marginal par rapport au monde adulte est encore plus récente, n'étant repérable qu'après la Seconde Guerre mondiale. Cependant, la réfé-

---

1. Point de vue contredit par beaucoup. Lire dans ce sens *L'Enfant des miracles, enfance et société au Moyen Âge*, de S. Lett, Paris, Aubier, 1997.

rence à la jeunesse existe depuis l'Antiquité. Certes elle s'est faite souvent sous la forme d'appel aux vertus de force et de courage, dans le but d'exercices militaires ou de défense du groupe social, mais à certaines époques, l'adolescence était encore plus prolongée qu'elle ne le devient aujourd'hui. Ainsi se terminait-elle officiellement vers l'âge de 30 ans chez les Romains.

Adolescents d'ici, adolescents d'ailleurs

Lorsqu'on examine la manière dont se déroule l'adolescence dans les différents pays et les différentes cultures de notre planète, la thèse de l'universalité et de l'homogénéité est remise en cause. Il est incontestable que, selon les pays et les cultures, la durée de l'adolescence, les méthodes adoptées pour la socialisation de l'individu, les relations entre les adolescents et les adultes sont différentes.

Dans certaines cultures africaines, attachées à la tradition, la durée de cette période est déterminée par les rites de passage qui varient d'une ethnie à l'autre. De même, en ce qui concerne les modes prévalents de socialisation, certaines cultures favorisent celle-ci au sein du foyer parental ; tel est le cas de nos cultures occidentales contemporaines. Il en est qui imposent une socialisation au sein d'un autre foyer parental : dans la tribu des Gonja, peuple du Nord-Ghana, dès l'âge de 8 ans, les enfants vont vivre chez le frère de la mère et son épouse lorsqu'il s'agit de garçons ou chez la sœur du père et son époux lorsqu'il s'agit de filles ; c'est dans ce milieu familial que l'adaptation sociale se développe et que l'adolescence se déroule. D'autres cultures favorisent la socialisation des adolescents au sein d'institution extra-familiales : chez les Samburu, un des groupes Masaï nomades du Nord-Kenya, les jeunes vivent à la périphérie de la tribu. D'autres encore utilisent à cette fin le groupe des pairs. Ainsi chez les Muria, dans l'État de Bastar en Inde, les adolescents vivent dans un dortoir collectif et mixte : le gothul.

Dans nos sociétés occidentales, il est intéressant de constater que ces différents modes de socialisation existent, du moins potentiellement, et sont utilisés de façon plus ou moins momentanée : séjour d'un jeune chez l'oncle ou la tante, mise à l'internat, en foyer ou en milieu communautaire. On serait donc tenté, là aussi, de relativiser l'idée selon laquelle l'adolescence varierait beaucoup en fonction des pays et des cultures. Certes des variations existent mais peut-être relèvent-elles plus de l'apparence de l'organisation sociale que des lois propres de cette organisation : rupture par rapport au mode de socialisation de l'enfance, référence au groupe, transmission des aînés.

Cette question est particulièrement à l'ordre du jour à propos des adolescents migrants qui sont, dans une société donnée, à la fois d'ici et d'ailleurs. En fait, la différence est grande entre les adolescents qui vivent dans le pays d'immigration depuis leur naissance ou leur plus jeune âge et ceux qui ont quitté leur pays d'origine au début ou au milieu de leur adolescence. Pour les premiers, soit l'adolescent est particulièrement bien intégré au milieu social dans lequel il vit depuis son enfance, soit la recherche de sa différence et de son originalité le conduit à s'interroger sur ses origines. Il vivra alors un conflit identificatoire dans lequel le biculturalisme jouera une place importante. Pour les seconds, la situation est différente selon que la venue dans le pays d'accueil ou d'immigration est désirée ou subie. Si elle est désirée, le passage de la culture d'origine au milieu social nouveau est certes pour l'adolescent une source de difficultés, mais les différences et les éventuels conflits culturels sont vécus sur un mode dynamique et positif. En revanche, si cette venue est subie, pour des raisons familiales ou matérielles, le biculturalisme peut devenir un point de fixation pénible, rendant très conflictuelles les relations de l'adolescent avec sa famille et le milieu social environnant.

En fait, la situation de ces adolescents, à la fois d'ici et d'ailleurs, est l'occasion de reconnaître l'importance des problèmes d'espace, de temps et d'identité.

Le jeune migrant peut en effet percevoir l'espace nouveau dans lequel il est amené à vivre comme un espace amputé, un rétrécissement de son champ potentiel. Il risque alors une projection persécutive sur l'espace présent qui se traduit par de l'hostilité à l'égard du pays nouveau, voire une forme de racisme parfois renforcé par l'environnement. Il risque également d'attribuer ses difficultés aux conditions socioculturelles nouvelles, et d'idéaliser l'espace perdu (lieu d'origine, lieu de la filiation et lieu d'attachement aux racines et à la sécurité).

Son temps vécu est dominé par le sentiment que le présent

est suspendu. Celui-ci est seulement placé entre le temps du passé, marqué par la nostalgie, les regrets, parfois même la culpabilité (pour avoir délaissé une partie de la famille) et le temps futur, marqué par l'espoir mais avant tout par l'angoisse du lieu d'installation.

Son identité enfin, où se trouvent impliquées les racines familiales et culturelles, mais aussi la reconnaissance de soi à travers sa propre image sociale et celle que renvoient les autres. Cette confrontation risque de s'organiser autour du manque. Manque de l'individu migrant lui-même, mais aussi manque supposé que l'environnement social du pays d'accueil lui renvoie.

En fait, ces adolescents nous montrent combien un espace de sécurité, composé d'images familières, est indispensable à l'individu. Les idéologies politiques ou religieuses, les habitudes culturelles, les liens familiaux ou de groupes unissant les jeunes autour de leurs racines constituent autant de moyens pour retrouver cet espace de sécurité.

Adolescence et milieu social

Le statut d'un lycéen ou d'un jeune étudiant citadin a peu de choses en commun avec celui d'un apprenti en milieu rural ou d'un jeune déscolarisé d'une banlieue défavorisée. De même il est parfois difficile de comparer l'existence d'un jeune adolescent ayant depuis son enfance baigné dans un milieu familial attentif et socialement favorisé à celle d'un garçon ou d'une fille du même âge ayant connu depuis sa prime enfance de multiples placements sociaux en raison de carences familiales ou de difficultés matérielles particulièrement importantes. On pourrait dire qu'il existe une classe d'âge, mais pas de spécificité de condition tenant à l'âge. Plusieurs études, en particulier celles de B. Zazzo, ont montré que les attitudes critiques et contestataires, les relations avec la famille et avec autrui, les rapports avec le monde variaient selon les catégories et les milieux sociaux des jeunes. Même au cours de périodes particulières, comme mai 68 en France, justement caractérisée comme une tentative d'unifier les thèmes et les préoccupations de la jeunesse, certains sociologues ont constaté des tendances différentes selon les classes sociales et les milieux d'origine. Mais à nouveau il faut nuancer le point de vue qui défend la notion d'hétérogénéité de ce groupe d'âge. En effet un certain nombre d'« activités sociales » caractérisent la jeunesse dans son ensemble, quels que soient les différents statuts économiques et les milieux sociaux dont proviennent les adolescents : la musique, la mode vestimentaire, la préoccupation à l'égard de l'avenir, les effets de la crise économique pourraient tout à fait illustrer ce point de vue.

L'adolescence présente donc des caractéristiques particulières en fonction des époques, de l'environnement culturel, social et économique. La génération des années quatre-vingt-dix n'est plus la même que celle des années soixante, mais la génération d'il y a trente ans n'était pas non plus tout à fait la même que celle d'il y a quarante ou cinquante ans. Chaque génération se trouve toujours confrontée aux problèmes sociaux de son époque.

Pour mesurer les différences d'intérêts qui mobilisent les jeunes, à dix ans d'intervalle, l'UNESCO a réalisé une enquête sur les mots utilisés le plus souvent par les jeunes dans les différents pays du monde. En 1972, les mots qui revenaient le plus fréquemment dans leurs conversations étaient : écologie, contestation, aventure ; en 1982, les préoccupations qui s'exprimaient étaient bien différentes : chômage, travail, recherche d'activités. Cependant, pour prendre en compte les besoins des jeunes, il faut écouter avec beaucoup d'attention les demandes précises de chaque jeune vivant à une époque donnée dans une société donnée. À l'inverse, nous avons vu qu'une trop grande différenciation devait être à chaque fois nuancée compte tenu d'un certain nombre de caractéristiques générales communes de l'adolescence quels que soient les époques, les cultures et l'environnement social.

Quoi qu'il en soit, les jeunes restent fidèles aujourd'hui à des valeurs transmises telles que la famille, le confort et la sécurité, mais ils les adaptent et cherchent à prolonger certaines formes de situation provisoire. Cela se traduit par une diminution importante du nombre de mariages (le taux de nuptialité a chuté de moitié depuis 1969). Parallèlement, on constate une augmentation importante de cohabitation plus ou moins durable et un souhait d'habiter de plus en plus longtemps chez les parents. C'est le cas de 70 % des 15-24 ans et encore de 30 % à 24 ans. Cette dernière constatation est importante dans la mesure où cette classe d'âge réclame et manifeste une existence propre et que les parents ou les grands-parents ont du mal à accepter ce paradoxe !

Margaret Mead a distingué trois types de cultures : culture postfigurative où les enfants sont instruits par leurs parents et leurs aînés ; culture cofigurative dans laquelle enfants et adultes font leur apprentissage avec leurs pairs ; culture préfigurative qui se caractérise par le fait que les adultes tirent aussi des leçons de leur enfant. Jadis la culture prédominante était postfigurative. De nos jours, on peut dire que par rapport à la génération précédente, en particulier la génération des parents, ces trois types de cultures s'intriquent et le modèle postfiguratif n'est plus le seul prévalent. Les adultes semblent apprendre de plus en plus en même temps que leurs enfants, ou même apprendre de leurs enfants, comme on le voit, par exemple, avec le développement, en famille, de l'informatique.

Seul ou en bande : les amis, les copains, le groupe

Que les adolescents soient d'hier ou d'aujourd'hui, d'ici ou d'ailleurs, riches ou pauvres, une constante caractérise ce passage entre l'enfance et l'accession au statut d'adulte : la place des copains, la relation aux « pairs ».

La participation d'un adolescent à un groupe de jeunes du même âge est d'observation courante et nous pourrions dire tout à fait nécessaire. La nécessité pour l'adolescent d'être « en groupe » répond à des besoins éducatifs et sociaux mais aussi à des motivations intrapsychiques personnelles. Il est même sans doute inquiétant de voir un adolescent isolé qui ne rencontre pas d'autres jeunes de son âge et reste trop systématiquement attaché à des relations limitées au cercle familial. En effet, les groupes sont un moyen d'échange des différentes informations que chacun peut avoir recueillies dans des situations familiales personnelles, des activités de loisirs ou des intérêts individuels qu'il a alors l'occasion de transmettre à ses pairs. De multiples exemples peuvent venir ici à l'esprit comme les discussions autour d'un film, d'un livre, d'une émission de télévision, d'un problème de mathématiques ou de la compréhension du texte d'un auteur au programme de l'année scolaire. Cette adhésion au groupe répond également à des besoins sociaux qui permettent à l'adolescent de se sentir intégré dans la société et plus particulièrement à la classe d'âge qui caractérise cette société. La musique est sans doute l'exemple le plus marquant de l'exercice de ce besoin, musique plus ou moins différente de celle de la génération précédente et constituant un lien, une homogénéité entre soi et ses pairs.

Le groupe peut également répondre à des motivations intrapsychiques individuelles ; il peut aussi devenir le relais de ce qu'on appelle l'idéal du Moi. Par son idéologie dominante, ou tout simplement par les possibilités d'accès qu'il procure à de nouvelles activités, il constitue un moyen d'atteindre ce que l'on rêve d'acquérir, de conquérir ou d'être.

Nouveau paradoxe : le groupe des pairs est nécessaire et indispensable à l'adolescent à la fois pour prendre une certaine distance vis-à-vis de ses parents et pour mieux appréhender les relations sociales nécessaires du futur adulte, mais il constitue aussi un des facteurs de risque majeur à l'adolescence. Toutes les enquêtes épidémiologiques montrent que le groupe représente une caisse de résonance, un amplificateur potentiel des conduites déviantes ou des conduites de consommation de produits : le prosélytisme d'un côté, de l'autre le besoin pour le jeune de faire « comme les copains » afin d'être membre à part entière du groupe expliquent ce risque potentiel. Mais il faut répéter que « faire partie d'un groupe » ou au minima avoir « un(e) ami(e) » est une nécessité développementale à l'adolescence. À cet âge, être isolé, refuser ou fuir tout contact, toute relation (extrascolaire) avec les pairs témoigne au minimum d'une inhibition et d'une timidité qui risque d'évoluer en une véritable phobie sociale, au pire en troubles de la personnalité compromettant l'épanouissement ultérieur.

Dans la société ou à côté : le risque de marginalisation

La description que nous venons de faire concerne évidemment la majorité de la classe d'âge concernée. Elle ne doit pas masquer la minorité de jeunes marginaux que comprend notre société. Certes l'époque est passée où des colloques entiers, des articles à sensation étaient consacrés à la marginalité et aux aspects déviants. Ces travaux donnaient parfois l'impression que l'ensemble de la jeunesse était montrée du doigt. Ce changement d'attitude des médias et des spécialistes de la jeunesse est peut-être dû au fait que les uns et les autres ont constaté que les marginaux d'hier devenaient pour une part les intégrés de demain. En revanche, pour certains groupes d'individus, la marginalité restera la caractéristique générale d'une existence. Et l'adolescence demeure une période privilégiée pour l'expression de cette marginalité. On pourrait sommairement en distinguer trois types : la marginalité par engagement ; la marginalité par tradition ; la marginalité par résignation (nous ne parlons pas ici de la marginalisation de certains sujets dont l'insertion sociale devient de plus en plus précaire en raison d'un trouble psychique grave, de difficultés socio-économiques majeures ou de la conjonction des deux – voir p. 199).

Dans la marginalité par engagement, l'adolescent s'établit et se définit comme porteur d'une idéologie de marginalité. Celle-ci se traduit en général par l'adhésion à un groupe ou à un mouvement dont l'unité et l'identité sont vigoureusement et hautement proclamées. Cette marginalité par engagement a sans doute été plus active en France au moment du mouvement hippie ou après mai 68 qu'actuellement. Le groupe offre alors à l'adolescent une possibilité d'exprimer son originalité et des sources identificatoires, des modèles d'existence. La marginalité devient en elle-même le fondement de son identité. Cette adhésion aux valeurs d'un groupe, en contradiction avec celles de son environnement social ou familial, donne à l'individu un sentiment de puissance et représente parfois l'étape nécessaire à une éventuelle intégration sociale ultérieure. Les attitudes de l'adolescent sont cependant souvent difficiles à supporter pour l'entourage. De plus, cette marginalité par engagement risque d'en devenir une par résignation ou une marginalisation liée directement à des difficultés psychologiques individuelles.

La marginalité par tradition caractérise l'adolescent qui fait partie d'un milieu social ou familial d'appartenance marginale. Certaines minorités ethniques et/ou socioculturelles s'inscrivent dans ce groupe. Le pouvoir familial est marginal par rapport à l'ensemble de la société mais sert en même temps de refuge à une tradition où il s'affirme d'autant plus que celle-ci est menacée. Au sein de la famille marginale élargie l'adolescent est assigné à une place précise, parfaitement intégrée dans cette marginalité culturelle.

La marginalité par résignation peut concerner l'adolescent en tant qu'individu, mais on doit surtout évoquer ici l'immense problème des familles marginalisées auxquelles un adolescent peut appartenir. Nous pensons plus particulièrement aux familles du quart monde pour lesquelles l'environnement n'est pas choisi mais imposé par des contraintes économiques ; discrédité par les multiples défaillances que les interventions institutionnelles lui signifient, le cadre familial peut être désinvesti de son rôle protecteur fiable, garant de la sécurité et de l'identité. Les services sociaux ont désormais appris à ne pas vouloir systématiquement réintégrer dans le système social majoritaire les adolescents de ces familles et de ces groupes sociaux.

Nous évoquerons ultérieurement le problème des adolescents marginaux en raison de troubles menant à la délinquance ou de problèmes de drogue.

Un exemple de menace : le mirage des sectes

Face aux diverses « menaces » qui le guettent, qu'elles soient de nature anxieuse, dépressive ou addictive, l'adolescent peut croire trouver une solution en adhérant à une secte. Les médias ont récemment attiré l'attention sur ce risque et ses dérives, qu'il s'agisse de dérive morale (aliénation de toute autonomie individuelle), financière ou les deux.

La « menace sectaire » représente d'une certaine manière une illustration condensée des trois types de menace énoncés ci-dessus. Elle est d'autant plus importante que le malaise de l'adolescent est intense. Le piège sectaire peut d'autant plus se refermer sur lui qu'il traverse une période de fragilité et de vulnérabilité.

En effet, la secte et son habituel gourou offrent des réponses simples aux inquiétudes, aux angoisses et aux difficultés relationnelles que l'adolescent peut rencontrer. Elle attribue généralement l'angoisse à un danger extérieur (l'étranger, le diable, le maléfique, etc.). Elle donne à l'individu un code de vie, des stratégies comportementales précises, voire des modèles de pensée auxquels il suffit d'adhérer. Elle accompagne la personne isolée par un encadrement et un étayage réalisés par certains de ses membres : ainsi le sujet ne se sent-il jamais abandonné, perdu ou déprimé. Elle « prescrit » une rupture avec le cadre et le mode de vie antérieurs : ainsi se trouve satisfait le besoin de changement de l'individu qui peut attribuer son malaise au cadre de vie qu'il vient de quitter.

En rompant avec ses objets anciens de dépendance, et croyant choisir une liberté qui n'est qu'illusoire, le sujet plonge dans une autre dépendance. Dans un premier temps, il la préfère à sa vie antérieure, dont il avait l'impression qu'elle lui était imposée et dont il cherchait vainement à se dégager. Mais très vite la vie dans la secte va installer l'individu dans une dépendance bien plus grande.

Face aux douloureuses questions que se posent souvent les adolescents, le système dogmatique de la secte leur donne les clefs d'un monde fait de certitudes illusoires, auxquelles ils sont particulièrement vulnérables.

Une société d'adolescents ou une société adolescente ?

À la fois classe d'âge et réalité sociale, le phénomène de l'adolescence n'est certainement pas près de s'atténuer. Nous pensons au contraire qu'il verra son importance croître. De très nombreuses raisons peuvent expliquer cette évolution.

DES RAISONS PHYSIOLOGIQUES

Depuis la fin du XIXe siècle, le processus de la puberté survient de plus en plus précocement. Collectivement, les individus se trouvent donc confrontés au processus de la puberté à un âge plus précoce que jadis.

DES RAISONS « ÉDUCATIVES »

Il y a fort peu de chances pour que la durée des études raccourcisse dans les prochaines années. Même si elle n'augmente pas, il est en revanche certain qu'un nombre de plus en plus grand de jeunes accéderont à des études longues. Les jeunes resteront donc en plus grand nombre soumis à ce qu'en termes sociologiques on appelle un « statut adolescent », c'est-à-dire à une situation qui ne leur permet pas de subvenir à leurs propres besoins matériels.

DES RAISONS SOCIALES

La crise économique que cette fin de siècle traverse et le chômage qu'elle engendre ne sont certainement pas près de disparaître et touchent particulièrement les jeunes. Entre la fin des études et le premier salaire, le temps écoulé est de plus en plus long : stages, petits boulots, emploi à temps partiel et à durée déterminée, autant de situations dont l'instabilité et la précarité représentent la face sociale de ce que l'individu éprouve intérieurement.

DES RAISONS COMMERCIALES

L'adolescent étant devenu un marché commercial à conquérir, les objets et les produits spécifiquement destinés à cette classe d'âge se multiplient sur le marché. Ce mouvement renforce le désir de spécificité, de distinction, voire d'autonomie vis-à-vis des adultes.

DES RAISONS TECHNOLOGIQUES

De nombreuses inventions, de récentes technologies semblent avoir joué un rôle non négligeable dans le phénomène même de l'adolescence. Dans les années soixante, l'apparition du transistor a cimenté une culture « jeune » autour de certaines émissions, particulièrement de musique, destinées à un public spécifiquement adolescent. Plus récemment d'autres inventions, dont le *net*, procèdent du même esprit.

DES RAISONS ÉCOLOGIQUES

Dans de nombreux pays, l'urbanisation croissante, l'existence de zones suburbaines où se trouve concentré un grand nombre de jeunes favorisent les phénomènes de bandes. Le mimétisme et l'identification réciproque sur la base de la classe d'âge se trouvent amplifiés par ces phénomènes.

DES RAISONS CULTURELLES

Le changement devient l'une des valeurs clés de nos sociétés postindustrielles. Or, il est précisément l'une des caractéristiques de la classe d'âge des adolescents. Ainsi, par ses caractéristiques mêmes, l'adolescence fait-elle figure aujourd'hui de modèle pour ses aînés. Ne voit-on d'ailleurs pas de plus en plus d'adultes cherchant à imiter des adolescents ?

DES RAISONS PHYLOGÉNÉTIQUES

La phylogenèse concerne l'étude de l'évolution des espèces à travers les âges. Or, de nombreux scientifiques considèrent que le succès rencontré par l'espèce humaine est dû à ce qu'ils appellent « le retardement d'évolution » : en devenant adulte, l'être humain conserve des caractéristiques évolutives (taille du front par rapport à la face, taille de la tête par rapport au corps entier, etc.) qui sont très proches de celles des jeunes, contrairement à ce qu'on observe dans les autres espèces animales à l'exclusion des primates supérieurs. « Retardement » ne doit pas être compris comme une restriction mais au contraire comme une richesse, comme la capacité de conserver plus longtemps et jusqu'à l'âge adulte ce qui caractérise les jeunes d'une espèce animale : la capacité d'apprentissage, d'évolution, de croissance. De ce point de vue, on peut considérer que l'adolescence et sa prolongation vont dans le sens d'un « retardement d'évolution sociale », c'est-à-dire dans le sens d'une société adolescente gardant une capacité d'évolution, de changement, d'adaptation. On peut émettre l'hypothèse que ces « adolescences prolongées », observées de plus en plus fréquemment chez de jeunes adultes, représentent « un retardement d'évolution » qui permet à l'individu de conserver des qualités d'adaptation et de souplesse pendant plus longtemps.

DEUXIÈME PARTIE

Itinéraires

Chapitre III

L'ÉVOLUTION PSYCHOLOGIQUE OU LES PARADOXES DE L'ATTACHEMENT

L'accroissement des connaissances, aussi bien sur la psychologie de l'enfant que sur les différentes étapes du développement, de la naissance à la mort, ont évidemment incité les psychologues à s'intéresser à ce qui se passait profondément dans cette période de passage de l'enfance à l'âge adulte. De nombreux spécialistes ont décrit l'adolescence comme une période de crise, conscients des implications pratiques et théoriques que sous-entend cette notion. L'importance des changements aussi bien sociaux, familiaux, affectifs que psychologiques, les manifestations souvent brusques, changeantes et parfois extrêmes que les adolescents vont connaître dans leur comportement individuel et social, l'aspect incertain mais en même temps très ouvert de cette période de la vie, amènent en effet volontiers à parler d'un temps de crise.

La notion de crise correspond apparemment bien à la recherche d'autonomie et d'indépendance qui est celle des adolescents. Cette quête d'originalité va parfois jusqu'à l'extravagance et la provocation. D'un point de vue spécifiquement psychologique, le surcroît pulsionnel, les modifications corporelles, le travail de désengagement de l'enfance, les réaménagements défensifs, les nouveaux systèmes d'idéalisation, les quêtes identificatoires, les nouvelles formes d'adhésion au groupe sont des caractéristiques spécifiques de l'adolescence. Elles représentent toutes des facteurs favorisant une assimilation entre ces étapes du développement et un mouvement de crise.

Mais ce terme de crise n'est pas sans danger. Il comporte en effet une connotation péjorative qui renforce l'idée selon laquelle l'adolescence est un âge ingrat à passer, le mieux étant de savoir attendre la maturité ou les jours meilleurs. Ce point de vue comporte à notre avis deux écueils : de ne pas reconnaître toutes les potentialités nouvelles qu'offre le processus psychologique qu'est l'adolescence avec le risque de ne pas voir ses éléments positifs ; n'appréhender l'adolescence que de façon superficielle.

Seule une compréhension en profondeur évite d'être entraîné, parfois tout à fait involontairement, dans des attitudes négatives qui ne font que renforcer les manifestations « critiques » de l'adolescent.

On peut distinguer plusieurs étapes dans le processus psychologique caractéristique des adolescents « normaux » : un garçon ou une fille de 14 ans ne vit pas les mêmes mouvements et ne manifeste pas les mêmes conduites qu'un garçon ou une fille de 18 ou 20 ans.

– L'installation de l'adolescence, caractérisée par les transformations corporelles et l'augmentation quantitative de la force instinctuelle et pulsionnelle. Ce début est marqué par les paradoxes si caractéristiques de cette période de l'existence : un besoin de repli sur soi pour affronter tous ces changements, une quête de solitude, en même temps que des mouvements affectifs de plus en plus intenses, de plus en plus affirmés mais aussi de plus en plus contradictoires à l'égard des autres et en particulier des parents.

– La première adolescence proprement dite, qui est l'époque de la recherche de l'ami(e) idéalisé(e), à la fois confident(e) et autre soi-même, partageant avec le sujet chagrins, peines, difficultés, amours, ambitions, enthousiasmes. Cet ami(e) idéalisé(e) peut exister dès le début de l'adolescence mais il (elle) prend désormais une place encore plus importante, venant éventuellement faire concurrence aux parents.

– L'adolescence établie, époque du premier amour et de la recherche d'une relation sexuelle ou de ses équivalents. Elle se manifestera soit sous la forme d'une association harmonieuse entre l'amour, la tendresse et la sexualité, soit sous la forme d'essais répétitifs, dans lesquels amour et sexualité sont séparés. Elle peut aussi se révéler franchement insatisfaisante, évoquant une démarche initiatique, « expérimentale », d'essais et d'erreurs.

– La fin de l'adolescence, moment de consolidation de la

représentation de soi en tant que sujet. Il s'agit à proprement parler de phase de formation du caractère. L'adolescent établit peu à peu ses choix personnels, professionnels, amicaux et amoureux.
– On peut enfin décrire une dernière phase, maintenant répertoriée par les sociologues : la postadolescence. Entré dans le monde des adultes et manifestant ses orientations, ses idéaux, son caractère personnel, le sujet reste cependant encore attaché au monde de l'enfance par un certain nombre d'aspects.

Comprendre ce qui se passe

L'adolescence ne survient pas sur un terrain vierge. Toute l'enfance, avec les événements qui l'ont émaillée, s'est déroulée plus ou moins facilement. Le petit homme a grandi et s'est déjà constitué une certaine personnalité. Puis un assez grand bouleversement vient se profiler à l'horizon : l'adolescence.

LES PULSIONS EN QUESTION

Le début de l'adolescence se caractérise, d'abord et avant tout, par le développement pubertaire, c'est-à-dire par une transformation physiologique de la taille, du poids, des sécrétions hormonales sexuelles. Tout le déroulement de l'adolescence sera marqué par les effets physiologiques mais aussi psychologiques et sociaux de ces transformations corporelles. Les premières règles chez la fille, les premières éjaculations chez le garçon, la masturbation pour les deux. Les premières relations sexuelles s'inscrivent dans un continuum dont l'accomplissement est diversement organisé mais est marqué de toute façon par l'importance et parfois par le débordement d'une excitation sexuelle auxquels le sujet doit se confronter. Cette excitation sexuelle est accompagnée, à un degré sans doute moindre, d'une excitation de l'instinct agressif, lui aussi nouveau, dans son intensité, et parfois tout aussi encombrant pour le sujet ou pour son environnement que l'énergie sexuelle précédemment évoquée. L'activation de ces deux instincts, du reste nécessaire à l'espèce et à sa survie, amène l'adolescent et l'adolescente à s'interroger sur leur monde pulsionnel et à manifester toute une série d'émotions, d'humeurs, de comportements dans les relations entre eux et autrui, à la fois intenses, nombreux et relativement nouveaux, ou parfois même tout à fait nouveaux dans leurs qualités. Freud a défini la pulsion comme un concept limite entre le psychisme et le biologique. Les psychanalystes, et Freud en premier, ont considéré que la fonction principale de l'adolescence consistait dans la mise en place de l'organisation sexuelle mature et définitive pour le reste de la vie du sujet.

Pour tous les psychologues, la principale caractéristique du processus développemental de l'adolescence réside dans la relation que le sujet établit avec son corps. Cette relation s'exprime tour à tour par l'amour, la haine, la joie, la honte, le plaisir ou la furie à l'égard de son corps sexué ou de celui d'autrui. Si l'on s'en tient aux comportements ou aux discours manifestes des adolescents, semblable insistance sur l'importance des pulsions sexuelles et agressives (organisation psychique des instincts) peut étonner. Mais les entretiens psychologiques menés avec un adolescent ou une adolescente permettent de se rendre compte de l'intensité de ces pulsions dans la majorité des actions spécifiques ou considérées comme telles de cette période de la vie.

On ne peut, d'autre part, comprendre l'adolescent sans savoir qu'une de ses préoccupations majeures concerne les transformations de son corps et l'utilisation qu'il en fait.

Le corps est d'abord le premier représentant des pulsions sexuelles et agressives, plus ou moins inconscientes. L'habillement, la coupe de cheveux, le maquillage sont certes le reflet d'une mode, mais peuvent être aussi l'expression symbolique de l'identité sexuelle. Le corps représente en effet un moyen d'expression symbolique privilégié des conflits et des modes relationnels de l'adolescent.

Mais le corps est aussi un « instrument de mesure » et de référence par rapport à l'environnement, aux possibilités de maîtrise de cet environnement ou aux capacités d'exercice personnel de telle ou telle activité. Il constitue un véritable repère spatial. L'importance des transformations corporelles, surtout au début de l'adolescence, a même conduit certains à comparer le sujet à un aveugle qui se déplacerait dans un milieu dont les dimensions auraient changé.

Le bouleversement de cette image du corps est tel qu'elle peut amener le sujet à confondre l'image de son corps et celle de sa personnalité. Il en vient à imaginer qu'en supprimant un aspect jugé inesthétique, il transformera toute sa personnalité.

LES ADIEUX À L'ENFANCE

Comprendre l'adolescent, c'est aussi comprendre qu'il existe pour lui une autre tâche fondamentale d'un point de vue psychologique : faire ses « adieux à l'enfance ». Aux modifications physiologiques et pulsionnelles, s'ajoute en effet un autre grand mouvement intrapsychique, celui de parvenir au changement, au détachement et même au désengagement des comportements, des modes de relations, des plaisirs et des projets construits, élaborés et vécus au cours de l'enfance. Il s'agit d'une véritable perte des « objets infantiles », perte du refuge maternel ou plus largement parental, perte non voulue mais imposée, et ressentie par l'intéressé comme difficile quoique nécessaire.

Ces « adieux à l'enfance » sont bien évidemment progressifs et ne sont jamais complets. L'individu gardera toute sa vie des liens importants avec ce qu'a été son enfance, non seulement par le souvenir, mais aussi par certains traits de caractère. Ces adieux à l'enfance n'en sont pas moins nécessaires pour que le sujet constitue sa personnalité propre par rapport à ses proches et en particulier à ses parents. Ceux-ci devront en retour manifester qu'ils ne souhaitent pas ardemment conserver leur enfant devenu adolescent dans un état d'enfance sans fin, tout en lui montrant qu'ils peuvent continuer à le conseiller, et qu'en tout cas ils ne l'abandonnent pas.

Les moyens psychologiques de faire face

Face aux différentes tâches que nous venons de résumer, l'adolescent met en place certaines défenses psychologiques destinées à se protéger contre les changements qui pourraient exagérément le bouleverser, si ce n'est le déborder. Certaines de ces défenses inconscientes ne diffèrent guère de celles rencontrées à tous les âges de la vie. Nous pensons ici tout particulièrement :
– au refoulement, c'est-à-dire à la capacité de mettre à l'écart,

par l'oubli, une série de pensées, d'émotions ou de sentiments « dangereux » car trop agréables ou trop désagréables ;
– au déplacement, c'est-à-dire à la capacité de lier une représentation, plus conciliable pour la conscience, à une émotion antérieure liée à une représentation « dangereuse » ;
– à l'isolation, c'est-à-dire la capacité d'introduire une rupture entre deux événements de pensées, deux représentations imaginaires elles aussi trop dangereuses dans leurs liens.

À côté de ces défenses psychologiques non spécifiques de l'adolescence, d'autres paraissent plus particulièrement fréquentes à cet âge. Il est habituel de distinguer ici les manifestations défensives vis-à-vis des pulsions sexuelles et agressives des manifestations défensives vis-à-vis du sentiment de perte ou de rupture de lien avec les « objets infantiles ».

Pour les premières, nous citerons :
– l'intellectualisation, qui permet de mieux contrôler les pulsions grâce à la pensée qui détache ainsi le sujet de ses émois affectifs profonds ;
– l'ascétisme, mécanisme défensif utilisant le contrôle du corps et des plaisirs que celui-ci peut donner ;
– la mise en acte, caractérisée par une apparente tendance à l'agir ou à l'impulsivité qui protège l'adolescent de la réflexion, de la prise de conscience d'un conflit intérieur ou d'une souffrance psychique ;
– citons également le clivage et les mécanismes associés, considérés psychologiquement comme des mécanismes de la petite enfance, souvent abandonnés au cours de la seconde enfance, et qui réapparaissent au moment de l'adolescence. Le clivage se manifeste par de brusques passages d'un extrême à l'autre, d'une opinion à une autre, d'un idéal à un autre.

La deuxième série de mécanismes défensifs concerne l'élaboration de protections vis-à-vis des sentiments, des affects désagréables liés aux nécessaires ruptures de liens avec le monde de l'enfance. Les défenses habituellement les plus citées à la suite de la description qu'en a faite Anna Freud sont :
– la défense par déplacement de la libido, c'est-à-dire par attribution à une autre personne de l'amour destiné aux parents ;
– les défenses par renversement des états affectifs : un affect d'angoisse ou un affect dépressif est renversé en son contraire, en une attitude d'apparente sûreté totale ou de joie exagérée ;

– la défense par le retrait de la libido dans le Soi : il s'agit d'un retournement de l'amour à l'égard des parents en un intérêt, si ce n'est un amour pour sa propre personne ;
– la défense par la régression : tout en donnant l'impression qu'elles sont naturelles à l'âge du sujet, certaines attitudes font beaucoup plus penser à des comportements ou à des manifestations de la petite enfance. Le désintérêt, si ce n'est même une relative saleté dans le comportement vestimentaire ou corporel peuvent se ranger sous ce type de défense.

Au total, toutes ces défenses ont pour fonction de protéger le sujet contre une désorganisation ou une disharmonie dans son développement. Selon une étude récente menée par l'université de Stanford, le type de défense utilisé par les adolescents pour faire face aux événements de la vie a un impact sur leur fonctionnement général, tant social que relationnel.

Changement d'identifications et construction de l'identité

LES IDENTIFICATIONS ET L'IDENTITÉ

L'enfant s'identifie essentiellement à ses parents et à un degré moindre à son environnement proche, familial, scolaire et amical. Par identification, nous entendons le processus généralement inconscient par lequel un individu assimile l'aspect, la propriété, l'attribut d'un autre et se transforme en partie ou parfois même en totalité suivant le modèle de celui-ci.

Confronté à un corps se transformant, à nouveau monde pulsionnel et à la nécessité de quitter le monde de l'enfance, l'adolescent est amené à renouveler ses identifications.

Le développement de l'attirance par et vers les autres, en particulier vers la personne du sexe opposé, ainsi que la nécessité de quitter des liens trop proches avec ses parents entraînent l'individu à se constituer une nouvelle identité grâce à un remaniement de ses identifications. Véritable image composite évoluant elle-même au cours de l'adolescence, la constitution de l'identité du sujet s'appuiera dorénavant de plus en plus sur des modèles extra-familiaux, tout en intégrant peut-être encore plus profondément qu'avant une partie identificatoire aux deux parents et en particulier au parent du même sexe. Nous pouvons dire ici « plus profondément » en raison de la nécessité de se reconnaître comme différent et autonome de ce parent tout en s'appuyant au plus profond de soi sur ce qui a pu s'intérioriser de l'image parentale. L'essentiel de ce travail d'identification réside néanmoins avant tout dans le fait que l'adolescent se trouve confronté aux nouvelles espérances que le monde extérieur met en lui. Attentes de ses parents sans doute, de ses pairs également, mais surtout de lui-même.

L'IDÉAL DU MOI

L'idéal du Moi est une composante principale du processus d'adolescence. Il ne s'appuie plus uniquement sur l'idéalisation des parents et l'idéalisation de l'enfant par les parents mais aussi sur l'idéalisation du monde extérieur et l'idéalisation de soi par l'adolescent. La relation entre le Moi, c'est-à-dire ce que l'on est (ou surtout ce que l'on croit être), et l'idéal du Moi (ce que l'on souhaite être) est marquée sous le sceau du projet, du devenir personnel et succède à une relation relativement passive aux projets et aux souhaits des parents. Ces deux projets ne deviennent pas nécessairement contradictoires, mais leur coïncidence est remise en question. L'identification étant un mécanisme psychologique fondamental de l'adolescence, les difficultés dans ce registre peuvent déboucher sur un trouble de l'identité proprement dite.

Intelligence du cœur : affects et émotions

Depuis sa naissance, et peut-être même avant, le sujet ressent des émotions : colère, joie, surprise, dégoût, tristesse, honte sont les principales émotions que tout individu manifeste à un moment ou à un autre de son existence, à l'occasion de tel ou tel événement. Les principaux facteurs qui les déclenchent sont une interruption ou une rupture dans le déroulement de l'action, suivie d'une orientation de l'attention sur la cause de cette rupture, sur la qualité de ce qui la caractérise. Cet ensemble de réactions constitue les différents types d'émotions que nous avons l'occasion de vivre. L'adolescence est précisément une période au cours de laquelle les émotions se manifestent facilement, fréquemment et parfois même bruyamment. Et comme nous l'avons vu précédemment, la caractéristique fondamentale du processus d'adolescence réside justement en une confrontation avec la nouveauté, et par là même correspond à une réaction à l'interruption des actions antérieures.

L'adolescence est particulièrement vivante et soulève, chez le sujet lui-même, et dans son entourage, des réactions passionnelles. Au fond, comme l'émotion, elle ne peut apparaître qu'à la suite de nouveaux stimuli qu'il sera nécessaire d'évaluer pour déterminer s'ils sont agréables ou désagréables, même si les émotions ne se limitent pas au seul sentiment de l'agrément et du désagrément.

L'ADOLESCENT DANS TOUS LES ÉTATS

Qui n'a pas vu un garçon ou une fille particulièrement gai(e), heureux(se) de vivre, en forme, bien dans sa peau le matin et deux heures plus tard, triste, abattue(e), morose et déprimé(e) pour, deux heures encore plus tard, le ou la retrouver à nouveau gai(e), détendu(e), et dynamique ? Qui n'a pas vu un adolescent ou une adolescente passer brusquement d'un sentiment de gêne, si ce n'est de honte, à un sentiment de plaisir et d'excitation amoureuse ? De la tranquillité à un état de colère plus ou moins justifié, colère qui retombera rapidement au profit d'une attitude sereine ?

Cette variabilité des états est-elle due à l'attention que l'adolescent porte, grâce à la dynamique psychique qui l'habite, à la variabilité des stimuli ; à une particulière sensibilité à la nouveauté ; ou encore à une disponibilité physiologique, à une activation émotionnelle particulièrement importante ? Chacun trouvera sans doute sa ou ses réponses mais le constat est bien là : l'adolescence peut être volontiers considérée comme la période du surgissement des affects et des émotions.

QUE FAIRE ?

La question est évidemment de savoir comment réagir à ce monde affectif et émotionnel de l'adolescent. Compte tenu de l'importance quantitative des émotions et de leur facile réversibilité, il est important pour l'entourage de ne pas réagir brusquement, en miroir, mais au contraire de savoir attendre et mettre en mots ce que le sujet exprime parfois plus comme un « cri » que comme une idée construite en une phrase ou une argumentation. Par ailleurs, un certain nombre d'activités atténuent, modulent et même suppriment ces mouvements émotionnels surtout lorsqu'ils sont trop exagérés ; nous pensons en particulier à la musique, mais aussi au sport, activités dont la composante perceptuelle et par là même corporelle n'est sans doute pas étrangère à l'effet bénéfique qu'elles produisent sur la réaction émotionnelle des sujets.

LE PROBLÈME DE L'ENNUI

Nous ne voudrions pas clore ce chapitre sans parler d'un tourment particulier, qui lui non plus n'est pas spécifique de l'adolescence, mais s'exprime très volontiers au cours de cette période de la vie : l'ennui. Beaucoup d'adolescents expriment à un moment ou à un autre ce sentiment d'ennui qu'ils ont du mal à définir et qui les réduit à une position de repli, de malaise et de passivité plus ou moins agressive, parfois difficile à supporter, si ce n'est choquante ou provocatrice pour l'entourage. Cet ennui peut être considéré comme un moyen de défense spécifique contre un envahissement passionnel beaucoup plus bruyant, qu'il s'agisse du reste d'une tristesse et d'un sentiment d'angoisse important ou d'une quête d'excitation, de plaisir et de joie qui, s'ils se réalisaient, seraient exagérés, ce que le sujet sait inconsciemment.

Trois types de processus d'adolescence

Comme nous venons de le voir, le processus d'adolescence est psychologiquement multiple. Il est cependant possible, sans entrer dans le cadre de la psychopathologie dont nous parlerons plus loin, de distinguer différents groupes d'adolescents grâce à des tests psychologiques et des questionnaires sur les représentations de soi et les représentations des autres.

Trois groupes peuvent être distingués :
– un groupe à croissance continue : les sujets sont satisfaits d'eux-mêmes, ne manifestent ni périodes d'anxiété, ni périodes de dépression, ni conflits exagérés avec l'entourage ;
– un groupe à croissance par vagues : les sujets sont plus enclins à la dépression et à la perte d'estime de soi. Les mécanismes de défense dont nous avons parlé précédemment se rigidifient en situations de conflits ou d'insatisfaction, et les conflits et les contradictions de ces adolescents sont plus importants ;
– un groupe à croissance tumultueuse : l'anxiété et la dépression sont plus importantes que dans les groupes précédents. La mésestime à l'égard d'eux-mêmes et des autres est prévalente chez les sujets de ce groupe. Ils sont plus dépendants de leurs parents et manifestent des problèmes comportementaux et familiaux souvent conflictuels.

Cette distinction montre qu'il existe plusieurs façons de vivre son adolescence et que certains groupes méritent une attention plus particulière.

Chapitre IV

PSYCHANALYSE ET ADOLESCENCE

Dans les *Trois Essais sur la théorie de la sexualité,* Freud notait qu'« avec le commencement de la puberté, apparaissent des transformations qui amèneront la vie sexuelle infantile à sa forme définitive et normale ». Pour le père de la psychanalyse, les diverses zones érogènes dites partielles (orale, anale, urétrale) se subordonnent désormais au primat de la zone génitale (organe sexuel). La jouissance sexuelle liée à l'émission des produits génitaux permet d'accéder au « plaisir terminal », opposé en cela aux plaisirs préliminaires liés aux zones érogènes partielles citées plus haut. À la suite de Freud, de célèbres psychanalystes, Melanie Klein, Anna Freud, D. W. Winnicott, entre autres, verront également dans ces modifications physiologiques la source de perturbations dans l'équilibre psychique de l'adolescent. Edith Jacobson développera longuement le rôle de ces modifications dans la réactivation de l'angoisse de castration, aussi bien chez les garçons, que les premières éjaculations conduisent habituellement à se masturber, que chez les filles dont les premières règles renforcent, selon la position psychanalytique classique et controversée, la croyance infantile de castration. Ces transformations et cette accession à la sexualité génitale peuvent être à l'origine de rapports sexuels « expérimentaux » ou de repli défensif vers une homosexualité latente ou transitoirement patente.

Le « pubertaire » et l'« adolescens »

Plus récemment, l'accent mis sur les transformations physiques de la puberté conduit à décrire un véritable processus psychique désigné sous le substantif de « pubertaire ». Le pubertaire serait à la psyché ce que la puberté est au corps (P. Gutton, 1991). Le pubertaire est théorisé comme un processus rendant compte de la pression exercée par le réel biologique de la puberté sur les trois instances psychiques (Moi, Surmoi, Ça). Cette pression vient se heurter à la barrière de l'inceste léguée par l'élaboration du développement œdipien. Les éléments en présence dans l'organisation pubertaire sont donc :

– la pression de « l'éprouvé originaire pubertaire », la pression de la pulsion trouvant son but par le nouvel objet génital ;

– l'horreur des interprétations sur les investissements incestueux ;

– la mise à l'épreuve du Surmoi face à l'entrée dans la catégorie des possibles œdipiens ;

– la recherche par le Surmoi de nouveaux supports car l'alliance établie, en particulier au cours de la période de latence, entre le Moi et le Surmoi se défait ;

– conséquence des facteurs précédents, l'épreuve de réalité devient vacillante et constitue le problème central de cette organisation « pubertaire ».

En contrepoint, un autre processus se développe : l'*adolescens*. Ce processus se situe lui du côté de l'Idéal, de l'inhibition des pulsions quant à leur but, de la désexualisation.

Ces deux processus, étudiés au niveau des modalités psychiques et inconscientes des effets de la puberté, rendent compte, d'un point de vue certes global, du doute par lequel tout adolescent est habité : celui du lien entre le « Je » et son corps et par voie de conséquence entre le « Je » et l'« Autre ».

Le modèle de la « crise d'adolescence » comprenait des risques d'atermoiement. Le modèle du « travail de deuil » comprenait lui des risques de confusions entre le normal et le pathologique. La position actuelle des spécialistes de l'adolescence est un peu différente. Il s'agit désormais de tenter de repérer, parmi les manifestations inhérentes au travail psychique de l'adolescence, ce qui est du domaine propre à ces transformations et ce qui, à l'inverse, témoigne de certains traits pathologiques menaçant de se fixer et surtout entravant le travail de cette transformation. Il s'agit en somme de trouver, sinon une frontière, du moins une différenciation entre ce qui est propre au bouleversement normal de tout adolescent et ce qui est déjà signe de l'enclenchement d'un processus psychopathologique. Bien entendu, cela est plus facile à énoncer qu'à évaluer, et une bonne connaissance de la dynamique de l'adolescence paraît de ce point de vue souhaitable.

On pourrait en fait proposer la métaphore suivante : l'enfance est une période tranquille et silencieuse, lisse comme la surface d'une mare dont les eaux sont calmes. La puberté serait un pavé jeté dans cette mare et provoquerait des ronds de perturbations concentriques. On peut ainsi décrire trois cercles de perturbations qui diffusent depuis le « pavé de cette puberté » : l'espace ou le cercle du corps, l'espace ou le cercle des imagos parentales et l'espace ou le cercle social de la sublimation. Allant du plus intime au plus général, ces espaces ou ces trois cercles sont liés les uns aux autres, ont des retentissements les uns sur les autres.

Un corps fantasmé

Pour le corps de l'adolescent, la transformation pubertaire suscite un double enjeu :
– la nécessité de maintenir un sentiment de continuité d'existence dans un corps en changement ;
– la nécessité d'intégrer cette transformation pubertaire dans le fonctionnement psychique.

On pourrait énoncer le premier enjeu sous la forme d'un paradoxe : comment l'individu pourrait-il avoir un sentiment continu d'existence alors même qu'il est confronté à d'incessants changements ? Comment changer tout en restant le même ? Les changements se traduisent bien entendu par des sentiments de doute sur le plan physique comme sur le plan psychique. L'attention portée au corps, les inquiétudes sur les différentes parties de ce corps, les éventuelles craintes d'allure dysmorphophobique témoignent toutes de ce doute au plan physique. L'adolescent, rêvant et fantasmant, reste souvent de longues heures dans la salle de bains : ce n'est pas tant pour se laver que pour effectuer un travail de reconnaissance, de réappropriation quotidienne de son corps. Au plan psychique le doute se traduit bien entendu par des questions existentielles : « qui suis-je ? », « que deviendrai-je ? », etc.

L'émergence de ce doute, de ces questionnements sur le corps et l'identité suscite bien évidemment de l'angoisse. Le plan identitaire narcissique est sollicité, réveillant directement le vécu de la petite enfance lié en particulier à la stabilité des premières relations ou à leur défaillance. Ce sont les relations d'objet précoces et leur satisfaction éventuelle qui sont ici évoquées. Les défaillances, les carences graves, les manques dans ces relations mais aussi les relations trop symbiotiques représentent autant de menaces réactualisées. En revanche l'existence de bonnes relations d'objet précoces, d'une image interne de relation rassurante et apaisante (en termes kleiniens : un bon objet interne) développe chez l'adolescent une capacité de rêverie, de rêves, de dialogues internes et surtout une certaine tolérance à la souffrance et à la conflictualité. Ce sont des éléments tout à fait essentiels pour pouvoir affronter les tensions psychiques que suscite cet espace du corps fantasmé.

Intégrer la transformation pubertaire est le deuxième enjeu. Il soulève toute la problématique de l'identité sexuée. Si l'enfant avait pu laisser dans l'ambiguïté ou l'indécidabilité le fait d'être soit garçon ou fille, soit garçon et fille, cette ambiguïté n'est plus tenable. Avec l'émergence pubertaire, il doit renoncer à l'omnipotence infantile, c'est-à-dire à la possibilité d'imaginer qu'il disposait d'une bisexualité potentielle. L'émergence pubertaire impose à l'adolescent un choix, le choix fait par son corps qui n'est pas nécessairement le choix fait par son fonctionnement psychique. Certes, dans la majorité des cas, le « sexe de l'âme » et le « sexe du corps » s'accordent et se renforcent. En revanche, dans quelques cas, la vie est là pour nous montrer combien les distorsions peuvent être source de souffrance et/ou de psychopathologie : c'est le cas de façon caricaturale chez les adolescents transsexuels ou, à un moindre degré, chez les adolescentes anorexiques mentales. L'émergence d'un sexe reconnu dans le corps implique, outre la reconnaissance de son identité sexuée, la définition de ses identifications sexuelles. Lesquelles imposent le remaniement des relations à autrui, à un autre différent. Cette élaboration est cependant plus caractéristique de l'adolescent plus âgé, on le verra ultérieurement. En revanche, le jeune adolescent est confronté dès l'émergence pubertaire à un manque fondamental, le manque de l'autre, le manque lié à la complémentarité des sexes. C'est ce manque que l'individu devra assumer, élaborer et si possible intégrer au cours de son adolescence.

Ce manque, source du désir, directement issu de la transformation pubertaire et de l'espace du corps fantasmé, conduit aussi malheureusement à deux risques psychopathologiques essentiels de l'adolescence dont nous reparlerons plus loin : la dépression d'une part, la dépendance et les recherches de substitution d'autre part. Ces risques peuvent être redoublés par des contraintes liées au cercle de famille, c'est-à-dire à l'espace des imagos parentales.

Les imagos parentales

À mesure que le corps se transforme et se spécifie dans un sexe, les relations externalisées et internalisées aux parents vont devoir se transformer. Sous l'impact de cette maturité sexuelle, l'adolescent ne peut plus conserver « l'innocence » des relations qu'il avait avec ses parents. L'émergence pubertaire confronte l'adolescent à la menace fantasmatique incestueuse mais aussi aux éventuels désirs parricides, parfois quasi conscients.

L'adolescent doit « se séparer » de ses parents, mais cette nécessité même lui fait éprouver une autre menace : celle de se perdre. Nouveau paradoxe de l'adolescence.

L'adolescent dit ne pas supporter le besoin de ses parents de toujours savoir où il est. En réalité ce qui est en jeu dans cette interaction est du côté parental la difficulté à renoncer au lien précoce de l'enfance, et du côté de l'adolescent la nécessité de se défaire de ce lien. Lorsque cela se fait aisément, chacun y trouve une part nouvelle d'autonomie. Lorsque cela ne peut se faire, les uns et les autres s'installent dans une relation d'emprise ou de provocation, source de souffrance et de comportement pathologique.

Ainsi le remaniement du lien aux parents est-il lui aussi

dominé par un double enjeu : d'un côté la nécessité de se séparer, mais de l'autre la menace de se perdre, d'un côté la conquête possible de l'autonomie, de l'autre la menace potentielle de la dépression.

Il faut préciser d'emblée que l'autonomie n'est pas l'indépendance et que dans toute autonomie il y a la reconnaissance des limites. À travers le besoin de se séparer, l'adolescent est à la recherche/conquête de ses « limites », limites corporelles (dans ses besoins physiologiques, dans son style d'habillement, dans ses performances physiques), limites intellectuelles et sociales. L'un des modèles les plus typiques de cette recherche de limites par rapport aux interdits parentaux reste l'heure de sortie ou de rentrée d'une soirée.

L'adolescent a besoin de désidéaliser fantasmatiquement ses parents. Cette désidéalisation représente l'action symbolique de ce qu'on pourrait appeler le « meurtre parental ». Comme Winnicott l'a, de longue date, spécifié : grandir est un acte agressif. Dans toute adolescence il y a un « meurtre » : celui des parents. Il s'agit en effet de prendre symboliquement la place des parents, c'est-à-dire d'une certaine manière de les supprimer. Le passage de l'enfance à l'adolescence se marque par le passage du fantasme d'abandon propre à l'enfant au fantasme incestueux et parricidaire propre à l'adolescent. Le plus souvent, les fantasmes sont suffisamment refoulés pour ne pas être trop facilement « réveillés » lorsqu'une situation s'y prête.

Si l'adolescent ne peut tolérer ces moments de souffrance, en particulier parce qu'ils le renvoient à des périodes de souffrance de la petite enfance (séparations multiples, placement, carence affective précoce...), il risque alors d'évacuer le malaise par des conduites à type de passage à l'acte, projection agressive. Si en revanche l'adolescent tolère ces moments de souffrance, il pourra les intégrer et les surmonter dans des comportements de réparation, de sublimation ou de création.

Ces moments d'oscillation affective confrontent également l'adolescent avec la problématique du besoin et de la dépendance. C'est lorsqu'on s'éloigne de l'objet investi que le besoin de cet objet se fait sentir. Si la prise de distance nécessaire à l'adolescence renvoie à des moments de rupture de liens dans la petite enfance, l'adolescent risque de ne pas pouvoir assumer ce moment de flottement. Il se tournera alors éventuellement vers des objets de substitution pour masquer la perception émergente de son besoin de dépendance.

L'espace social sublimé

S'éloignant de ses parents, l'adolescent se trouve confronté aux relations sociales. Un élément essentiel est ici à évaluer : sa capacité à déplacer ses besoins insatisfaits et impossibles à satisfaire vers des relations aux autres ou des relations « autres ». Les parents ne sont plus en mesure de fournir la totalité des satisfactions que l'adolescent pouvait recevoir d'eux quelques années auparavant. Désormais une partie des satisfactions ne pourront provenir que de l'extérieur.

C'est dire l'importance du réseau social qui a pu se constituer dans l'enfance et surtout dans la grande enfance, c'est-à-dire entre 8-9 ans et 11-12 ans. Certains ont appelé cette période l'âge adulte de l'enfance. Au cours de cette grande enfance le rôle des déplacements d'intérêt est essentiel. Ces derniers permettent en effet de nouer des liens de socialisation diversifiés avec les autres adultes mais aussi avec les camarades. Ils permettent aussi des investissements sublimés : sportifs, culturels, artistiques, etc. Tous ces « déplacements » ont pour rôle d'autoriser une prise de distance par rapport aux objets œdipiens et de préfigurer le désengagement de l'amour œdipien en éprouvant des expériences de satisfaction de plus en plus différenciées. En même temps ils permettent de découvrir différents rôles et statuts sociaux et de « faire des expériences ».

L'enfant attend essentiellement qu'on satisfasse son désir, satisfaction qui s'exprime habituellement sous la forme : faire plaisir à maman ou à papa. En revanche, l'adolescent est introduit à la notion d'altérité du désir ou en d'autres termes à la question : « Qu'est-ce que l'autre désire pour moi ? » Cette intégration de la différence des désirs est en jeu dans les relations avec le ou la petit(e) ami(e). Une trace clinique très concrète de cette problématique s'observe à travers l'habituelle timidité dont font preuve un nombre non négligeable d'adolescents. Cette timidité peut d'ailleurs parfois s'inverser en des attitudes de provocation, fréquente manifestation sociale d'une problématique individuelle.

L'autre composante de l'ouverture vers l'espace social est la découverte et l'appropriation du savoir. Cette appropriation nécessite de la curiosité, c'est-à-dire le maintien d'une pulsion épistémophilique persistante (souvent déjà installée heureusement ou non dans l'enfance) permettant à l'adolescent de trouver ses propres motivations. Elle nécessite également le maintien d'un investissement scolaire, c'est-à-dire une capacité de sublimation toujours active, ainsi que la recherche d'une identification socio-professionnelle, c'est-à-dire le désir de s'inscrire dans un système d'idéal qui soit propre à l'adolescent. Nous ne nous étendrons pas plus sur la problématique de la scolarité que nous développerons plus loin, mais soulignerons simplement ici un aspect essentiel pour certains adolescents : la problématique du choix. Certains adolescents sont réellement entravés dans la poursuite de leur scolarité soit par une incapacité à définir un but, soit par des difficultés à assumer un choix. Bien entendu, dans une lecture psychanalytique de la psyché, les deux problématiques sous-jacentes sont d'un côté celle de l'idéal, de l'autre celle de la limite c'est-à-dire de la castration symbolique.

Cercle du corps, cercle de la famille, cercle social : dans ces trois domaines, l'adolescent est confronté à une série de paradoxes, de conflits ou d'oppositions. Dans chacun d'eux, la conquête est possible ; dans chacun d'eux, le risque existe. Cette conflictualité permanente caractérise l'adolescent d'un point de vue psychologique, et l'un des facteurs essentiels de son développement consistera à savoir affronter ce conflit psychique. Tout ce qui ira dans le sens d'un investissement de l'espace psychique interne permettra à l'adolescent de sortir victorieux de ce conflit. En revanche, tout ce qui ira dans le sens de l'appauvrissement de ce fonctionnement psychique : défenses archaïques, projection, passage à l'acte, etc., réduira les capacités d'adaptation de l'adolescent aussi bien à son monde psychique interne qu'à son environnement.

Chapitre V

L'ADOLESCENT ET SA FAMILLE

Grandir est symboliquement un acte agressif, qui signifie prendre la place de quelqu'un. À plus ou moins brève échéance, la classe d'âge des adolescents prendra la place de la classe d'âge précédente. Comme nous l'avons vu, Winnicott a fort bien décrit ce mouvement agressif en parlant de meurtre des parents. Il s'agit bien sûr avant tout d'un meurtre symbolique, celui des images parentales intériorisées issues de l'enfance, autrement dit des représentations que l'enfant se faisait de ses parents.

D'autre part, la transformation pubertaire du corps provoque une exacerbation des pulsions, qu'il s'agisse de pulsions d'agressivité ou d'amour (pulsions agressives, pulsions libidinales). Au début de l'adolescence, cette exacerbation pulsionnelle prend habituellement comme cible la personne des parents. Ceci explique la transformation assez soudaine des rapports entre adolescents et parents. Alors que pendant l'enfance la présence des parents était pour le jeune enfant source de réconfort, de quiétude, de sécurité, à l'adolescence, cette même présence des parents peut devenir source de tension, d'excitation, de malaise. D'une certaine manière, on pourrait dire qu'au moment de l'enfance, plus les parents et l'enfant sont proches, plus l'apaisement est grand ; à l'inverse, lors de l'adolescence, plus parents et adolescents sont proches, plus la tension risque de croître. La proximité des parents est pour l'enfant source d'apaisement, la proximité des parents est pour l'adolescent source d'exaspération (« Tu m'énerves ! » dit l'adolescent à son père ou sa mère). Ce renversement de perspective est tout à fait fondamental à l'adolescence. Il explique en grande partie le nécessaire remaniement des relations parents-adolescent et le besoin de « séparation » dont il sera question ultérieurement.

Devenir adolescent c'est aussi accéder progressivement au statut de sujet, c'est-à-dire à une définition de soi, à une reconnaissance de ses propres identifications, de ses désirs, de ses idéaux. Ce travail de subjectivation plonge adolescent et parents dans un nouveau paradoxe. En effet, l'adolescent a besoin de se différencier de ses parents mais ses identifications de futur adulte ne peuvent acquérir un sens existentiel durable que si elles s'inscrivent dans la lignée familiale. D'une certaine manière, l'adolescent a besoin de se séparer de ceux auxquels il a besoin de s'identifier !

Pour les parents, les paradoxes ne sont pas moindres. La majorité des parents sont satisfaits de voir leur adolescent(e) acquérir son autonomie et accéder au statut d'adulte avec les avantages (et les charges) que cela implique. Néanmoins, derrière cette satisfaction, des sentiments plus ambigus sont souvent perceptibles, provoquant ce que nous avons appelé la « crise parentale ». Celle-ci est suscitée à la fois par les nombreuses pertes auxquelles les parents doivent consentir, et par la tension relationnelle susceptible de s'installer entre deux adultes de générations différentes quand celui-là (le père, la mère) ne veut pas reconnaître le statut auquel celui-ci (le fils, la fille) prétend. Ainsi, face à l'adolescent qui évolue vers l'état d'adulte, le parent peut se sentir abandonné, délaissé, oublié ou s'inscrire dans une rivalité agressive, envieuse et possessive. Ces figures inhérentes à l'ambivalence humaine (complexes de Jocaste, de Laïos) montrent la sensibilité des parents et d'une certaine manière leur vulnérabilité face à ce que leur adolescent leur fait vivre ou supporter, vulnérabilité souvent intensifiée dans les familles recomposées.

Chez les parents comme chez les adolescents, le résultat de ces divers mouvements psychologiques aboutit aux difficultés bien connues du dialogue entre parents et adolescent. On pourrait dire, en forme de paradoxe, que ce dialogue est nécessaire mais qu'il est rarement satisfaisant : c'est, en effet, pour l'adolescent un moyen privilégié d'entrer en contact avec l'un de ses parents que de provoquer le conflit afin de trouver ses propres limites. En même temps que l'adolescent demande à être entendu, compris, il craint tout aussi souvent d'être dévoilé, percé à jour ; d'où ces oscillations rapides, parfois incompréhensibles des adolescents et des opinions qu'ils défendent. Cela peut plonger les adultes dans l'embarras, voire susciter en eux la plus extrême perplexité.

Souvent, l'adolescent passe de longues heures, parfois même des soirées entières, à essayer de convaincre son ou ses parents, à reprendre éternellement le débat sur un même thème : discussion philosophique, religieuse, politique, musicale, sportive... À travers la poursuite de cet impossible dialogue, deux besoins sous-jacents et contradictoires se trouvent satisfaits : d'un côté le besoin de provoquer ses parents, de leur « rentrer dedans », d'affirmer sa différence, besoin dont l'adolescent a plus ou moins clairement conscience ; d'un autre côté, le besoin de continuer à dépendre d'eux, de maintenir le lien comme en témoigne la perpétuation de ce dialogue, même s'il s'agit en apparence d'un dialogue de sourds, d'une incompréhension mutuelle. L'adulte doit donc savoir que, d'une part, ce dialogue est nécessaire à l'adolescent et que, d'autre part, malgré ce qu'il réclame en apparence, le besoin sous-jacent et inconscient sinon d'être « incompris » du moins de garder une part secrète et inconnue des parents (besoin de différenciation) reste le plus fort.

Nous aborderons dans ce chapitre les diverses caractéristiques des relations entre l'adolescent et sa famille, il sera non seulement question des parents comme nous venons de le voir, mais aussi de la famille au sens le plus large : grands-parents, oncles et tantes, frères et sœurs... Bien entendu les adultes ne restent pas indifférents aux divers mouvements, tumultes, qui agitent leur adolescent : eux aussi présentent parfois des réactions qui ne sont pas sans compliquer la qualité des relations parents-adolescent. Mais peut-être est-il nécessaire, avant d'aborder ces divers points, de se poser la question de savoir à quoi servent les parents.

À quoi servent les parents ?

Il peut paraître paradoxal de se poser cette question, dans la mesure où l'utilité des parents pour leur enfant semble aller en quelque sorte de soi. Les parents sont nécessaires et indispensables pour le bébé : ils lui apportent les soins, la vigilance, le confort et la sécurité sans lesquels l'enfant ne pourrait grandir. La dépendance du bébé et du jeune enfant à l'égard d'un ou des adultes pousse également ceux-ci à s'en occuper. Par-delà le désir que l'adulte éprouve à s'occuper d'un enfant, existe aussi cette satisfaction de se sentir nécessaire, indispensable envers un être vulnérable et profondément dépendant.

En apparence, les choses sont complètement différentes lorsque l'enfant devient adolescent. Cet adolescent ne se prive d'ailleurs pas d'affirmer que ses parents ne lui servent à rien, sinon à l'entraver.

On pourrait également *a contrario* prendre comme exemple ces bandes de jeunes adolescents qui, dans les grandes villes des pays défavorisés, errent à l'aventure, à la recherche parfois même de subsistances, sans qu'aucun adulte, parent ou autre, ne s'occupe de ces jeunes personnes. Les parents, pour des raisons diverses, mais souvent hélas strictement matérielles, délaissent leurs enfants dès que ceux-ci semblent capables de pourvoir à leurs propres besoins. Ainsi voit-on de véritables bandes de jeunes aux environs de 12-14 ans s'organiser autour d'un chef et se « débrouiller » sans qu'aucun adulte désormais n'assume la moindre responsabilité.

Inversement, dans nos sociétés, la tendance serait plutôt à la prolongation de la dépendance, l'adolescent, puis le jeune adulte, restant de plus en plus longuement au sein de sa famille. Bien évidemment les raisons de cette dépendance prolongée sont multiples, avec au premier rang des facteurs économiques et culturels. Tout d'abord, le prolongement des études et leur complexité progressive maintiennent un nombre de plus en plus grand d'adolescents dans une situation de dépendance matérielle à l'égard de leurs parents. Mais il y a également les difficultés croissantes d'insertion sociale, citons notamment les fortes proportions actuelles de jeunes au chômage. Enfin, il ne faut pas méconnaître certaines composantes de nature plus culturelle, telles que la tolérance et l'acceptation de plus en plus grandes des parents à l'égard de la vie sentimentale de leurs enfants, laissant ces derniers « s'installer » dans une vie de couple sous le toit familial. Nous aurons l'occasion de revenir sur cette évolution.

Mais les parents ont-ils pour seul intérêt de fournir un toit et une sécurité matérielle ?

PRENDRE DES COUPS

Bien que volontairement provocateur, cet énoncé est significatif. Les parents de l'adolescent doivent accepter l'idée qu'ils devront prendre des coups pendant la période d'adolescence de leur enfant. Coup est bien entendu à prendre ici au sens symbolique, même si dans un certain nombre de cas il existe aussi des parents physiquement battus comme on le verra ultérieurement.

Les parents doivent d'abord accepter d'être l'objet de cette tension violente dirigée contre eux ; ils sont en général situés en première ligne de l'agressivité éprouvée par nombre d'adolescents. Une des fonctions essentielles des parents est alors de survivre à cette tension agressive, c'est-à-dire qu'ils ne doivent pas être détruits, atteints en profondeur, déprimés, défaits, par cette agressivité. En un mot ils ne doivent pas renoncer à leur fonction, ils ne doivent pas se dérober ni être trop fortement affectés par cet état de choses. Inversement, il est dangereux aussi qu'ils soient complètement indifférents, l'indifférence traduisant parfois une manière de démission ou un renoncement. Survivre implique à notre sens la capacité d'être toujours sensible, voire d'être touché et ému par les comportements de l'adolescent, mais cela implique aussi la capacité de continuer à s'intéresser, à se soucier, à savoir interdire.

PROTÉGER ET CONTENIR

S'ils sont la première cible des pulsions agressives de leur adolescent, les parents ont aussi une fonction plus positive, du moins pour eux, qui est celle d'être un garant et une protection. En effet, l'adolescent est un être vulnérable parce qu'il n'est pas conscient de ses propres limites. La recherche de ses limites peut d'ailleurs le conduire dans des situations extrêmement périlleuses. Le rôle des parents est précisément de veiller à l'environnement dans lequel évolue l'adolescent, afin que celui-ci soit le moins possible source d'expériences traumatisantes. Environnement qui, bien entendu, avec l'âge s'élargit. Enfin, les parents, surtout la mère, restent le refuge privilégié en particulier au début de l'adolescence. L'absence d'un tel refuge peut pousser l'adolescent à manifester des attitudes de désespoir, à éprouver des sentiments de perte irrémédiable. Ainsi, tandis que l'adolescent clame son besoin d'indépendance, exprime son sentiment d'autosuffisance, il a en même temps un besoin profond de sentir près de lui la permanence de ce refuge, en particulier maternel.

On le voit, la fonction parentale est, elle aussi, paradoxale puisqu'il s'agit d'être un refuge, de contenir et de limiter, mais aussi de permettre des expériences, de prendre des coups et d'y survivre. Dans tous les cas le dialogue entre parent(s) et adolescent reste l'instrument privilégié de cette relation autour duquel s'organisent ces diverses lignes de tension.

Le dialogue parents-adolescents : s'identifier, se différencier

Nous avons, dans l'introduction de ce chapitre, souligné les difficultés et les paradoxes de ce dialogue parents-adolescents. Il n'est pas évident de se comprendre entre parents et adolescents, d'autant que la compréhension concerne divers registres. En effet, qu'est-ce que « se comprendre » ?

Certes, il s'agit d'abord de comprendre le sens des mots, la signification du message et/ou du discours. C'est le niveau explicite de la communication. Mais comprendre implique aussi de percevoir la disposition affective, morale sous-jacente. C'est le niveau en quelque sorte implicite de la communication, niveau qui ne véhicule pas nécessairement le même type de message. Dans l'exemple donné dans la suite de ce chapitre, concernant un dialogue où l'adolescent affirme bien haut l'impossibilité de parler et d'être compris, tout en continuant de parler, on discerne aisément les deux niveaux de compréhension : on peut comprendre que l'adolescent « ne veut rien entendre », qu'il s'oppose aux arguments avancés par les parents. On peut aussi comprendre que la poursuite de ce difficile dialogue témoigne du besoin encore persistant du lien affectif.

Ces niveaux hétérogènes de compréhension s'observent aussi dans la qualité variable du dialogue. Certains psychologues distinguent trois types de dialogue : informatif, interactif, et de compréhension émotionnel. Le dialogue informatif consiste à échanger des informations, dialogue neutre qui serait plutôt celui du travail. Le dialogue interactif a pour but essentiel d'échanger des émotions, des affects, dialogue vivant, voire pulsionnel. Enfin le dialogue de compréhension émotionnel pourrait être défini comme un dialogue informatif sur un dialogue interactif, c'est-à-dire la capacité de saisir les affects et de s'en informer au moment où ils s'échangent.

La difficulté avec l'adolescent est que ces divers niveaux sont constamment emmêlés, brouillés, intriqués. Demandant une information, l'adolescent, au moment où il la reçoit, la ressent souvent comme un échange affectif et vice versa d'ailleurs. Le paradigme de ce type de décalage est illustré par la fréquente ponctuation (venant soit de l'adolescent, soit du parent) : « de toute manière, tu veux toujours avoir raison ».

Ainsi, la fonction et le fonctionnement du dialogue parents-adolescents sont complexes. On pourrait les résumer de la manière suivante : grâce au dialogue, l'adolescent pourra affirmer sa différence sans céder à la violence, de même qu'il pourra reconnaître sa ressemblance sans céder à la confusion. La difficulté pour l'adolescent est bien celle-ci : comment se différencier d'autrui, en particulier de sa famille, sans aboutir à un rejet plus ou moins violent de ce qui provient précisément de cette famille ; et d'autre part comment, une fois cette différenciation opérée, se reconnaître dans une lignée, dans une histoire, sans courir le risque de voir sa personnalité se dissoudre, se confondre dans un magma familial indifférencié. De ce point de vue la tonalité du dialogue entre parents et adolescents est importante. Certes, la qualité affective de ce dialogue ne s'invente pas à un moment précis, mais découle d'une histoire : celle de l'adolescent, mais aussi et surtout, celle des parents et de leurs propres relations avec leurs parents, c'est-à-dire les grands-parents. Nous aurons l'occasion de voir, en parlant de la crise parentale, c'est-à-dire la réaction des parents face à leur adolescent, que les adultes ne restent pas indifférents et sont sollicités dans ce qu'ils ont de plus intime et de plus personnel par leur propre adolescent. Quoi qu'il en soit, le ton de ce dialogue détermine en grande partie la distance qui pourra s'instaurer entre l'adolescent et son, ou ses parents. La complicité, le copinage, la rigidité, l'hostilité, peuvent être les tonalités dominantes du dialogue parents-adolescents.

De nos jours, dans nos sociétés sans modèle éducatif clairement énoncé, ce sont souvent les adultes qui cherchent une proximité avec leur adolescent, qui souhaitent « être compris », et qui, de façon paradoxale, tendraient parfois à renverser les rôles habituels. Ainsi, le parent copain désire gommer une génération, souhaite maintenir la nostalgie d'une adolescence attardée ou conserver l'illusion de sa jeunesse. Ailleurs, le parent complice cherche à séduire l'adolescent, comme pour mieux s'identifier à lui et retrouver la nostalgie des années passées. L'adolescent risque alors de ne pas trouver les limites que précisément il recherche ; d'autre part, quand le parent veut ressembler à l'adolescent il lui complique en quelque sorte la tâche parce qu'il entrave sa possibilité de différenciation et d'autonomisation ; de même lorsque, complice, il adopte consciemment ou inconsciemment une attitude de séduction, cela aboutit à une excitation, « excitation » intolérable chez l'adolescent, excitation qui devra être évacuée de différentes manières, mais parfois de façon plus ou moins pathologique : fugues, passages à l'acte, utilisation de produits toxicomaniaques, etc.

À l'opposé, la rigidité et l'hostilité systématiques ne permettent pas à l'adolescent de faire l'expérience de ce dialogue, car le conflit devient vite d'une intensité telle que cela contraint l'adolescent soit à renoncer, soit à fuir. Entre ces deux extrêmes, les parents devront accepter l'idée d'un dialogue, accepter l'idée que ce dialogue sera rarement satisfaisant tout en le poursuivant. Il est souhaitable qu'ils ne renoncent pas à leurs idées, leurs croyances, il est même souhaitable qu'ils ne renoncent pas à les faire partager à leur adolescent, tout en sachant qu'à une certaine période de l'adolescence leur enfant ne peut accepter ces idées. L'adolescent a cependant besoin de connaître les pensées, les opinions, les théories que soutiennent ses parents et auxquelles ils adhèrent, comme pour mieux définir sa propre pensée.

Nous aborderons maintenant de façon brève le dialogue en considérant d'abord le point de vue des parents, ensuite le point de vue de l'adolescent.

DU CÔTÉ DES PARENTS

Comme nous l'avons dit précédemment, il est souhaitable que les parents maintiennent un dialogue avec leur adolescent, même s'ils doivent en connaître les limites et le caractère souvent insatisfaisant. L'absence de dialogue, ou la dérobade incessante, seront le plus souvent vécus par l'adolescent comme une marque d'indifférence, voire de quasi-abandon. Cependant, si ce dialogue est nécessaire, il n'est pas pour autant facile. Chacun a pu en faire l'expérience.

Bien entendu la situation la plus souhaitable est celle qui voit un adulte et son enfant devenu adolescent partager un même intérêt, une même passion, un même objectif, quelle que soit la nature de cet intérêt commun. Pouvoir ainsi préserver un espace commun avec un adolescent est une chance et un atout souvent essentiel. Mais cela n'est pas toujours possible, soit qu'il n'existait pas dans l'enfance (il est toujours difficile de le découvrir juste au moment de l'adolescence), soit parce que l'adolescent marque un recul, refuse ou interrompt cette activité commune.

Pour les parents, le dialogue avec leur adolescent nous semble sous-tendu par deux ordres de problèmes. Celui de l'autorité parentale d'abord, qui s'était exercée dans l'enfance, qui continue de s'exercer à l'adolescence, mais avec des aménagements qui seront l'objet d'incessants compromis. Ensuite celui de la « crise parentale », c'est-à-dire l'ensemble des manifestations émotionnelles, affectives, relationnelles que la présence, les pensées et les agissements de l'adolescent suscitent chez l'un ou l'autre des deux parents. Cette crise parentale témoigne du fait que les parents ne sont pas insensibles à ce que vit leur adolescent, qu'ils en sont même profondément touchés. Les parents réagissent aux divers changements observés chez leur adolescent, et cette réaction pourra faciliter, empêcher, voire aggraver les problèmes rencontrés par l'adolescent lui-même.

- L'autorité parentale

Il s'agit d'un domaine et d'une notion qui sont probablement très influencés par les conceptions sociales et les idéologies dominantes à telle ou telle époque. S'il était de bon ton de décrier toute autorité parentale à la fin des années soixante et durant les années soixante-dix, il semble de nos jours que la situation en aille autrement. Peut-être même a-t-on tendance inversement à faire de nos jours l'apologie d'une certaine autorité. Encore faut-il savoir ce qu'il est nécessaire de mettre à l'intérieur de cette autorité. C'est précisément ce que souvent les adolescents contestent, en déclarant que les manifestations d'autorité de leurs parents sont arbitraires, inutiles, représentent une volonté gratuite de limitation, et même de brimade.

S'il est relativement facile de faire acte d'autorité dans une société où les rituels et les codes sociaux sont assez bien définis, il est beaucoup plus délicat pour les parents de faire acte d'autorité dans une société où il ne semble pas exister, du moins en apparence, de codes, de rituels clairement énoncés. Une des difficultés des parents d'aujourd'hui est bien l'absence de règles communément acceptées par l'ensemble du groupe social. Il y a toujours un sous-groupe culturel, social, politique, ethnique, pour réfuter une éventuelle règle sociale. Il est vrai également que nos sociétés occidentales se caractérisent par une grande permissivité, une relative souplesse et une absence de règles précises, du moins en ce qui concerne le comportement des individus. Les parents risquent donc d'être livrés à eux-mêmes, face à des adolescents qui contestent et exigent une suppression de tous les interdits, sans pouvoir se référer à un cadre social, à une loi ou une norme qui serait partagée par un groupe suffisamment large. Chaque adolescent a toujours dans le cercle de ses relations un ami, une amie, qui lui, elle, a le droit de faire « ça ». Il peut aussi bien s'agir de sortir le soir, d'aller en « boum », de fumer, de partir en vacances sans les parents, de rester seul à la maison un week-end, de prendre sa mobylette pour aller plus ou moins loin, d'interrompre sa scolarité, etc.

D'une certaine manière nos sociétés ont gagné la liberté d'innover, mais cette liberté d'innover se paye d'un prix relativement lourd : il n'y a plus la sécurité que garantit l'existence d'une règle, d'un rituel, d'un code social. En quelque sorte, chacun doit se débrouiller avec les moyens du bord. Pour avancer un peu dans ce problème de l'autorité parentale, il nous semble nécessaire d'opérer une distinction entre l'autorité formelle et l'autorité morale.

QUELLE AUTORITÉ ?

- L'autorité formelle est celle qui édicte une règle, un devoir et qui toujours contient une relative part d'arbitraire. Il s'agit de donner un ordre ou d'énoncer un interdit et d'en demander soit l'exécution, soit le respect. C'est souvent contre elle que l'adolescent s'élève en premier.

- L'autorité morale est beaucoup moins voyante, mais elle est tout aussi importante et fondamentale. Cette autorité découle des liens qui existent entre les membres d'une même famille, liens de respect mais aussi liens affectueux, liens de dépendance, liens de soumission, etc. Ce type d'autorité renvoie bien entendu à la petite enfance et au type de rapport qui s'est instauré à cette période de la vie, non seulement dans la réalité mais aussi dans la pensée de chacun des membres de cette famille. En d'autres termes, cette autorité morale, symbolique, renvoie aux images parentales intériorisées dont il a déjà été plusieurs fois question, c'est-à-dire les représentations mentales que chacun se fait de telle ou telle personne et pour l'adolescent les représentations mentales qu'il se fait d'un côté de son père, de l'autre de sa mère. Ces images intériorisées, images paternelles, images maternelles, structurent la vie psychique de l'adolescent et sont à l'origine de ses réactions, internes d'abord, comportementales ensuite. Ces liens internes, qui unissent l'adolescent à ses parents, constituent le support sur lequel repose cette autorité de nature morale, autorité des liens affectifs. Ce type d'autorité est ressenti par l'adolescent comme une marque de dépendance, d'autant que, de son côté, l'adulte ne se prive pas d'utiliser une certaine dimension de séduction comme vecteur de cette autorité. Lorsqu'il était enfant cela se traduisait par la demande d'un des parents : « fais ça pour me faire plaisir... » Très vite l'enfant fait connaissance avec ce pouvoir remarquable qu'il détient sur ses parents en leur faisant ou non plaisir. Avec leurs adolescents les parents, de façon plus ou moins consciente, peuvent utiliser ce rapport de séduction souvent pour éviter un rapport d'opposition ou de conflictualité, soit parce qu'il fait souffrir, soit parce qu'il leur fait peur.

Pour éclairer ce que nous venons de dire sur la notion d'autorité parentale, il serait peut-être utile de donner deux brefs exemples.

Une adolescente de 15 ans ayant consulté pour un épisode dépressif évoque ses vacances. Elle a passé quinze jours avec sa mère et son beau-père en Hollande. Nous lui demandons si ses vacances lui ont plu. Elle fait alors une moue incertaine qui signifie, semble-t-il : « peut-être oui, peut-être non ». Nous précisons alors notre question : peut-être a-t-elle vu des choses intéressantes, par exemple des tableaux dans les musées ? Cette adolescente se lance alors dans une assez longue explication : sa mère lui proposait le matin d'aller visiter divers lieux. À ce moment elle n'avait pas envie de bouger, elle préférait « traînasser » avec son frère plus jeune, laisser le temps passer. Cependant sa mère et son beau-père insistant, elle devait partir avec eux en boudant. Très souvent, pendant le cours des visites de la journée, elle était vivement intéressée par ce qu'elle voyait mais, à la fin de la journée, lorsque sa mère lui posait la question : « alors cela t'a plu ? », elle était soudain prise d'une colère intense et de l'impérieuse nécessité de déclarer que cela l'avait ennuyée, qu'il n'y avait rien d'intéressant, que cela ne lui avait pas plu. Cependant elle reconnaissait en elle-même le dilemme puisque très fréquemment elle avait été assez contente de la journée, de ce qu'elle avait vu, et même parfois en avait retiré un plaisir manifeste. Elle était assez perplexe de se sentir obligée de répondre à sa mère que rien ne l'avait intéressée. Cet exemple nous paraît assez caricatural et de l'exercice d'une certaine « autorité parentale » et de la position de l'adolescente face à cette autorité. D'un certain côté cette adolescente ne supportait pas que sa mère exige sa venue avec eux. Elle manifestait cela par son opposition et sa bouderie en suivant de manière passive et plus ou moins hostile sa mère et son beau-père. Cependant comme cette adolescente est assez ouverte au monde, elle prenait un intérêt certain à ce qu'elle découvrait. Mais elle était dans l'impossibilité de reconnaître que sa mère avait peut-être raison. Cela aurait signifié pour elle au pire une démission, et dans un moindre degré une soumission, mais soumission qui restait toujours intolérable à ses yeux. C'est pourquoi elle devait nier farouchement tout plaisir pris à la visite, afin de marquer sa différence d'une part et de préserver le secret de son plaisir d'autre part. Elle était cependant consciente de ce paradoxe et nous avons pu éclaircir ce problème avec elle. Il nous paraît également important de relever l'insistance relative que la mère déployait pour voir ses enfants l'accompagner : elle aurait pu laisser ses enfants seuls dans la journée. Ceci aurait risqué d'être vécu par l'adolescent comme une marque d'abandon, de désintérêt.

Prenons un autre exemple tiré de la vie quotidienne. Un adolescent souhaite sortir un soir, l'un de ses parents lui dit : « d'accord mais je veux que tu rentres à 23 heures », bien entendu la limite horaire énoncée peut être variable selon l'âge, selon les circonstances (année scolaire, vacances), selon la nature de la sortie, selon les autres adolescents présents. Souvent, lorsqu'il s'agit des premières sorties autorisées, l'adolescent respecte la limite horaire. Mais il n'est pas rare qu'un jour il se mette à contester vigoureusement l'horaire : « pourquoi 23 heures, et pas 23 heures 30 ou 24 heures, et pourquoi pas 22 heures, etc. ? » Beaucoup de familles ont connu ce genre de discussion. Cette courte phrase : « je veux que tu rentres à 23 heures » contient en réalité les deux types d'autorité que nous avons précédemment énoncés. À « 23 heures » signale les limites du cadre que l'adulte entend fixer pour son adolescent et témoigne de l'autorité parentale formelle. Il y a de toute évidence un certain arbitraire dans cette limite, arbitraire que l'adolescent ne manque pas de relever le plus souvent. Bien entendu les parents mettent en avant des justifications matérielles, ou relatives au type de sortie, aux autres adolescents qui accompagnent leur enfant, et bien d'autres arguments encore. Cependant, cette discussion souvent prolongée sur l'arbitraire de la limite masque l'autre type d'autorité, qui la plupart du temps, elle, n'est pas remise en question, à savoir : « je veux que tu rentres... » En effet, l'adulte énonce clairement sa volonté que l'adolescent rentre le soir à la maison, et « ne découche pas », du moins au début de l'adolescence. Très souvent d'ailleurs le jeune adolescent ne met pas en question cette autorité alors même qu'il se focalise sur l'heure du retour. Ne pas donner d'heure peut apparaître pour certains adolescents comme un manque de limite, et là aussi comme une marque de désintérêt voire de quasi-abandon. L'adolescent, d'une certaine manière, peut entendre : « cela m'est égal que tu rentres ou ne rentres pas ».

- Les domaines de l'autorité

Par-delà les deux exemples que nous venons de donner, l'autorité parentale s'exerce en un certain nombre de lieux que nous allons énoncer brièvement.

Il faut savoir que ces lieux sont souvent le siège de conflits d'autorité, conflits qui se centrent volontiers sur l'aspect formel de cette autorité, mais dont la fonction tacite est d'évaluer la qualité du lien, c'est-à-dire la nature de l'autorité morale.

Le corps de l'adolescent et tout ce qui l'entoure dans son environnement immédiat correspondent fréquemment à la zone privilégiée où s'exercent ces interdictions. L'adolescent entretient souvent avec son corps un rapport particulier, le considérant comme un objet étrange, voire étranger, et, surtout au début de l'adolescence, comme un objet qui appartiendrait plus à ses parents qu'à lui-même. D'abord spectateur de ce corps qui se modifie, l'adolescent cherchera peu à peu à se l'approprier, et cela souvent aux dépens des parents, en particulier de la mère. Nous ne ferons que citer ici les conflits éventuels autour de la vêture, de la coiffure, de la manière de se tenir, de la manière de manger, de dormir, etc. Tantôt le corps est l'objet d'une attention excessive, voire exclusive, tantôt à l'inverse il peut être complètement délaissé, négligé. Mais dans tous les cas, surtout comme nous l'avons dit au début de l'adolescence, le rapport que l'adolescent entretient avec ce corps en transformation témoigne assez fidèlement du type de rapport que l'adolescent a établi avec ses parents.

Un autre domaine, lieu des éventuels conflits d'autorité, concerne l'espace d'évolution de l'adolescent. Tout d'abord, bien entendu, sa chambre, la manière dont il l'entretient, dont il en ferme constamment la porte, refusant l'entrée de quiconque dans cet espace ou, au contraire, en faisant une chambre ouverte à tous ; on peut évoquer aussi la salle de bains monopolisée longuement sans aucun souci des besoins des autres membres de la famille. Autre élément tout aussi déterminant : les bruits de l'adolescent envahissent parfois l'ensemble de l'espace familial. Une musique assourdissante peut obliger dans certains cas les parents à se réfugier dans leur chambre (de ce point de vue, le *walkman* représente un progrès relatif).

L'emploi du temps de l'adolescent peut aussi être l'objet de tensions soit pendant les périodes scolaires, soit pendant les vacances. Les heures de sortie, les heures de retour à la maison, l'absence de la maison ou au contraire la présence permanente à la maison, tout cela peut alternativement, pour l'un ou l'autre adolescent, donner lieu à des discussions, des dialogues, voire des conflits entre parents et adolescents. Nous ne ferons que dire un mot des copains, ou de l'ami qui brusquement devient l'objet de tout l'intérêt de l'adolescent. Là encore, certains parents, surtout avec le jeune adolescent, veulent établir un contrôle sur ces relations, contrôle dont bien entendu celui-ci cherche fréquemment à se défaire. Pour preuve de ces remarques les questions des parents concernant la famille des amis de leurs enfants : « qu'est-ce que font ses parents ? », questions qui amènent la réplique de l'adolescent : « qu'est-ce que ça peut vous faire ? » En réalité les parents cherchent à cerner le milieu culturel et social des relations de leurs enfants, lesquels contestent qu'on puisse ainsi évaluer une personne en fonction du statut social des parents. Des conflits encore plus graves peuvent apparaître : interdiction de fréquentation, contrôle plus ou moins strict, exigence de connaître les amis, etc. Ces interdictions parentales deviennent caricaturales quand il s'agit « du ou de la petit(e) ami(e) ».

L'AUTORITÉ COMMENT ?

Comme nous l'avons déjà dit, l'exercice de cette autorité parentale nécessaire doit éviter deux écueils. D'un côté un renoncement, un défaitisme ou un laisser-aller qui très rapidement est vécu par l'adolescent comme une indifférence, un abandon des parents à son égard. À l'opposé, une autorité qui peut être trop rigide, fixée uniquement sur les contraintes formelles. Cette autorité rigide, qu'on rencontre dans des « familles hyperstructurées », ne permet pas à l'adolescent de faire l'expérience du dialogue et ne lui donne que deux solutions : soit la rébellion ouverte avec les passages à l'acte qui s'ensuivent, soit la soumission et le renoncement. Mais, dans l'un et l'autre cas, le travail psychologique progressif qui caractérise cet âge de la vie sera entravé ou profondément modifié.

Signalons pour clore ce point que l'autorité parentale met en jeu les relations du couple. Jadis, on a beaucoup insisté sur l'importance pour les parents de ne pas se dévaloriser l'un l'autre, par exemple que l'un ne conteste pas systématiquement les décisions de l'autre, etc. Cela paraît évident, surtout dans les familles recomposées. Il faut cependant souligner que l'attitude inverse peut aussi devenir une gêne pour l'adolescent. Quand systématiquement les positions éducatives, les attitudes autoritaires sont rigoureusement semblables entre le père et la mère, l'adolescent ne peut faire l'expérience de la différenciation et d'une saine distinction dans les fonctions et rôles parentaux.

LA CRISE PARENTALE

Les parents ne restent pas insensibles à toutes les modifications qu'ils observent chez leur adolescent et dont ils subissent en partie le contrecoup. Ils y sont d'autant moins insensibles qu'eux aussi traversent parfois une période difficile de leur propre vie. En effet, lorsque les enfants deviennent adolescents, les parents eux se trouvent au milieu de la quarantaine, voire au début de la cinquantaine. Cet âge correspond à ce que certains auteurs ont décrit en parlant de « crise du milieu de la vie » (Erickson) ou « crise de la maturité ». Soudain, à cette époque, le temps paraît avoir passé très vite ; c'est l'âge où on réévalue ses ambitions, la vie se réorganise en fonction du temps qui reste, le temps passé prenant soudain plus d'importance que le temps à venir. C'est l'âge des bilans, l'âge où la pensée et la réflexion prévalent souvent sur l'action. Sur le plan professionnel, c'est l'âge où l'individu est parvenu au sommet de ses compétences, mais où les espérances deviennent moindres, c'est l'âge où, sur le plan familial, une série de pertes peuvent survenir (par exemple le décès des parents, c'est-à-dire les grands-parents de l'adolescent), c'est l'âge, enfin, où le couple doit souvent se restructurer.

Le risque majeur est que ces difficultés, rencontrées par nombre d'adultes à cette période de la vie, entrent en résonance avec les difficultés propres des adolescents, aboutissant à une amplification réciproque de celles-ci. Tout ceci peut aboutir à un éclatement de la cellule familiale, éclatement normal lorsqu'il s'agit du départ de l'adolescent hors du toit familial, éclatement plus total et plus excessif lorsqu'il s'agit aussi de la séparation du couple parental ou des réaménagements plus ou moins douloureux et conflictuels opérés par ce couple.

Nous décrivons ces difficultés sous le nom de « crise parentale ». Celle-ci comprend différents volets.

- **L'inceste possible**

C'est parfois très brutalement qu'un des parents prend conscience de la maturité sexuelle de son enfant. Aussi longtemps que l'immaturité physiologique se maintient, le parent peut avoir à l'égard de son enfant diverses conduites d'amour et de tendresse qui n'ont aucune ambiguïté. Jeux de caresses, câlineries diverses sont possibles et non angoissantes dans la mesure où l'un des partenaires est, de par sa physiologie, immature. Mais à l'adolescence, c'est tout autre chose : les rapprochements physiques, l'adolescente qui vient sur les genoux de son père pour lui faire un gros câlin, l'adolescent qui enlace tendrement, mais un peu trop fortement sa mère, tout cela perd l'innocence de l'enfance. Certains parents perçoivent confusément l'attirance que leur adolescent peut exercer sur eux. En termes psychologiques, cela signifie que les désirs incestueux se trouvent éveillés et risquent de parvenir à la conscience des parents. Ces derniers peuvent y réagir en s'interdisant toute possibilité de rapprochements avec leur adolescent : ainsi certains interdits, certaines attitudes particulièrement rigoureuses sont-ils des défenses contre cette reviviscence des désirs incestueux. D'autres parents ont tendance à projeter sur leur adolescent ces pulsions et désirs, risquant ainsi de « sexualiser » toutes les conduites de leur adolescent. Bien entendu ceci risque d'être vécu par l'adolescent lui-même comme une sorte de provocation, et finit par l'inciter à « passer à l'acte », comme pour donner raison aux menaces de ses parents.

Dans d'autres cas, le rapprochement physique peut entraîner une telle tension chez l'adolescent qu'il a besoin de l'évacuer. C'est ce qu'on observe en particulier dans les crises de colère, voire les crises agressives au cours desquelles l'adolescent casse du matériel, mobilier, objets divers. Ces crises de colère se produisent en particulier entre mère et fils, les deux protagonistes semblant incapables de faire face à la tension nouvelle apparue depuis que l'adolescent est devenu pubère.

Dans un nombre non négligeable de cas, face à l'émergence de la puberté et à la transformation de l'adolescent, les parents cherchent à l'extérieur du couple des rapprochements de substitution. Ce que la littérature et le langage populaire évoquent sous le terme de « démon de midi » n'est rien d'autre que cet éveil de la problématique œdipienne et incestueuse. Les parents tentent alors de chercher à l'extérieur de la famille et du couple une issue à ce conflit. Certains d'entre eux sont ainsi conduits à choisir un nouveau partenaire sexuel dont l'âge n'est pas très éloigné de celui de leur adolescent.

- Un travail de « deuil »

Les parents, comme leurs adolescents, doivent également effectuer à cette période de la vie une sorte de travail de deuil. Des projets ont souvent été élaborés en commun par les parents et leurs enfants. À l'adolescence ces projets sont remis en question et les parents doivent moduler ceux-ci en fonction de la réaction de leurs adolescents. Ces projets des parents sont alimentés par un espoir et traduisent l'idéal parental. Ils sous-tendent le désir des parents de voir une partie de leurs ambitions, des idéaux qu'ils avaient projetés sur leurs propres enfants, se réaliser. Cependant l'adolescent ne reprend pas toujours à son compte ces projets parentaux, il est même habituel qu'il les rejette ou les repousse, du moins pendant un certain temps. Les parents doivent donc renoncer à cet idéal projeté sur leur adolescent, alors même que celui-ci cherche à l'extérieur de la famille de nouveaux modèles, de nouveaux idéaux, de nouvelles figures d'identification.

Les parents doivent également, comme nous l'avons déjà dit, renoncer à l'exclusivité de la maturité génitale. Jusqu'alors ils étaient, dans la famille nucléaire, les seuls à disposer de ce privilège. Désormais, leur adolescent peut aussi avoir une vie sexuelle et amoureuse. Il peut également susciter l'attirance, l'admiration et le désir des autres. Il peut même détourner les regards qui étaient jusque-là dirigés vers l'un des parents. Ainsi, mère et fille se promenant dans la rue, le regard des hommes risque de se diriger plus fréquemment vers la fille que vers la mère. Cette dernière peut, dans un certain nombre de cas, fort mal supporter ce changement, se sentant devenir vieille, croyant avoir perdu toute séduction, etc.

Enfin, le deuil peut porter sur les propres identifications des parents en tant que parents, c'est-à-dire sur les joies, sur les plaisirs qu'ils ont eus en tant que géniteur et éducateur. Ils étaient également les confidents de leur enfant, les personnes auprès desquelles celui-ci venait se réconforter et se rassurer. Toutes ces fonctions à l'adolescence risquent d'être mises à mal, même si au début cela reste intermittent car l'adolescent oscille entre des phases de rejet et des phases de rapprochement où ce rôle parental lui est encore nécessaire.

Plus concrètement encore, certaines mères risquent de se retrouver au quasi-« chômage » lorsqu'elles avaient soit interrompu leurs études, soit arrêté leur travail pour élever leurs enfants. Brusquement, autour de la quarantaine, les enfants quittent le foyer : elles se retrouvent alors dans une maison vide, moins occupées qu'auparavant. Il est évident que les difficultés sociales actuelles ne font que renforcer cet aspect des choses. Plusieurs associations se penchent d'ailleurs sur ce problème. Elles se préoccupent de la réinsertion professionnelle des femmes de 40-50 ans qui ont consacré une vingtaine d'années de leur vie à élever leurs enfants. De nombreuses femmes au foyer sont ainsi guettées par une sorte de dépression, ce que certains adolescents perçoivent parfaitement. Il est évident que ceci peut compliquer la tâche de l'adolescent, qui risque de se sentir coupable de ses simples désirs d'autonomie.

Nous pourrions résumer ce point en constatant que désormais les parents ne peuvent plus « tout » et ne sont plus « tout » pour leur adolescent contrairement à ce qu'ils représentaient pour leur enfant. Les parents doivent accepter le fait que « ailleurs » (les parents du copain, une autre ville, un autre métier, etc.) c'est mieux.

- Le souvenir de l'adolescence

L'adolescence est une période dont on ne se souvient pas aisément, ou du moins dont il est difficile de conserver à la fois les souvenirs et les émotions. Chez certains adultes, l'adolescence est embellie, idéalisée ; d'autres gardent le souvenir de leurs faits et gestes, mais ont oublié les émotions et les affects contradictoires qu'ils ont vécus à cette époque. Il est rare que l'adulte conserve un souvenir fidèle de son adolescence, l'embellissant ou au contraire la noircissant *a posteriori*. En revanche, face à leur adolescent, les parents seront confrontés à une réminiscence de ce passé en grande partie oublié. Or cet oubli s'est produit grâce à des mécanismes psychologiques de défense, tels que l'idéalisation déjà citée ou le refoulement. Au sortir de l'adolescence beaucoup d'adultes opèrent ce refoulement, voire une sorte de renoncement ou de reniement de leurs idées, désirs, fantasmes de la période d'adolescence dont ils cherchent à se défaire maintenant qu'ils sont devenus des « adultes ».

Cependant, la présence de l'adolescent qui vit maintenant des choses similaires confronte les parents à une levée de ce refoulement : une grande partie de leur conflictualité datant du temps de leur adolescence et qui avait pu être oubliée, refoulée ou déniée se trouve ainsi de nouveau présente, comme offerte en spectacle à leurs propres yeux. Leurs enfants reproduisent, « rejouent » cette période délibérément enfouie.

Cette levée du refoulement peut aboutir chez certains parents à la crispation sur des positions défensives et autoritaires, ou, inversement, à des renoncements complets sous prétexte de laisser l'adolescent faire ses propres expériences. Dans les cas favorables, cette levée du refoulement permet cependant une meilleure compréhension de l'adolescent par les parents, un contact plus chaleureux et plus profond et une tolérance qui n'est ni rigidité ni renoncement. Mais, en tout état de cause, le risque existe de voir les conflits de l'adolescence réactualisés chez les parents ; ces conflits entrent en résonance avec ceux de leur enfant, ne permettant ni aux uns ni aux autres de trouver une issue satisfaisante.

- Le besoin de savoir où il est, ce qu'il fait

Il s'agit en d'autres termes du désir de maîtrise exercé par les parents sur leur adolescent, qui est évidemment ravivé par la rupture de l'équilibre établi jusque-là. L'adolescent fuit le milieu familial, les relations entre celui-ci et ses parents sont souvent imprégnées d'une agressivité notable, comme nous l'avons déjà évoqué. Il remet en cause la maîtrise que ses parents souhaitent exercer sur ses conduites, en particulier quand il s'agit de l'aspect formel de l'autorité parentale. Il remet également en cause la maîtrise sur ses propres sentiments et ses affects, ce que nous avons appelé l'autorité des liens affectifs et l'autorité morale. Chez les parents, le désir de maîtrise peut être d'autant plus vif qu'il est également la conséquence d'une résistance au changement comme on la rencontre chez beaucoup d'adultes, résistance qui s'accentue à mesure que l'âge va croissant.

Certes, l'interdiction de sortie de tel ou tel adolescent, au-delà d'une certaine heure, est justifiée par une crainte consciente mais elle est souvent sous-tendue par ce besoin de contrôle, et peut être la source d'attitudes réactionnelles comme l'enfermement d'un adolescent dans sa chambre. Bien entendu, ceci suscite chez ce même adolescent des réactions symétriques en escalade : plus il est contraint et enfermé, plus il voudra s'évader et échapper à cette maîtrise.

Dans d'autres cas, ce désir de maîtrise se traduit de manière plus subtile par des tentatives de contrôle de la vie sociale, relationnelle, intellectuelle de l'adolescent ; ou encore par un contrôle du comportement vestimentaire, alimentaire, ou de la vie quotidienne tel que dormir, se laver, etc. Certains parents développent des exigences démesurées sur l'un ou l'autre de ces domaines, exigences qui rencontrent la plupart du temps des attitudes d'opposition de plus en plus exacerbées chez leurs adolescents. Dans quelques cas l'adolescent se soumet, mais c'est toujours une perte dans l'accession à son autonomie, non seulement sur le plan de la réalité matérielle, mais souvent aussi, hélas, sur le plan de la réalité psychique.

Cette lignée conflictuelle représente un bon exemple de ce que nous appelons la « séparation ». Se « séparer » ne consiste pas seulement à mettre une distance entre deux personnes. Cela consiste aussi à être dans l'ignorance plus ou moins temporaire de ce que fait l'autre, où il est, avec qui il est, etc.

Une mère avec son jeune enfant sait toujours ce que fait celui-ci : il est à l'école, chez sa nourrice, il va à telle activité, etc. L'enfant, même s'il ne tient pas la main de sa mère, est inclus dans le psychisme maternel : la maman a une représentation psychique précise de son enfant, où il est, ce qu'il fait, avec qui il le fait. Cette représentation psychique constitue le lien imaginaire qui unit l'enfant et son parent. De son côté, l'enfant aime dire à son parent où il va, ce qu'il fait, etc.

Cela change à l'adolescence. On devient parent d'adolescent le jour où pendant quelques heures, un après-midi, on n'a pas su où était « passé » son enfant. Rentrant un soir de son travail, le jeune (typiquement entre 12-13 ans) n'est pas là. Quelques appels téléphoniques aux amis habituels se révèlent sans succès. Le parent, selon sa tolérance à l'angoisse (c'est-à-dire sa tolérance à la séparation psychique), est plus ou moins inquiet. Peu avant l'heure du repas familial, le jeune rentre détendu et heureux, ne comprend pas l'inquiétude parentale et déclare qu'il a passé l'après-midi chez son nouveau copain (ou copine) dont il avait d'ailleurs parlé à ses parents quinze jours ou trois semaines auparavant : « tu ne te rappelles pas ? ». Là encore, selon sa propre tolérance à l'angoisse le parent admoneste son enfant ou accepte l'initiative de son adolescent.

Pendant cet après-midi, la « séparation psychique » s'est mise en place : pendant quelques heures le parent n'a pas su où était son enfant ni avec qui il était, ni ce qu'il faisait.

À l'inverse, certains parents ne supportent pas cette ignorance, cette incertitude. « Il peut faire ce qu'il veut, ce que je veux c'est savoir où il est », déclarent constamment ces parents angoissés. Et ils rajoutent souvent « on ne peut pas lui faire confiance ». Derrière cette affirmation et ce besoin, c'est d'une part la nécessité de maintenir le lien infantile et d'autre part l'angoisse d'avoir à affronter la séparation qui sont perceptibles.

- La dette de l'adolescent : après tout ce que nous avons fait pour lui...

Enfin la plupart des parents attendent d'être remboursés d'une dette, la dette de tout ce qu'ils ont investi dans leur enfant, autre voie de compensation pour toutes ces atteintes qu'ils subissent alors. Le temps leur inflige des atteintes narcissiques, des déceptions dans les divers investissements qu'ils ont pu avoir jusqu'à présent.

Jadis les parents attendaient de leurs adolescents que ceux-ci pourvoient à leur vieillesse et leur offrent une protection sociale qu'eux-mêmes n'étaient plus en mesure de s'assurer. Certes, de nos jours la protection de la vieillesse est en grande partie garantie par la société, mais cette demande n'en reste pas moins vive, même si elle s'exprime de façon plus symbolisée. Les parents attendent de leurs adolescents la réalisation d'une partie de leurs propres désirs, mais ils attendent aussi que cette réalisation compense en partie les pertes qu'ils sont en train de subir. Pour les parents, avec l'heure de l'adolescence de leur enfant arrive, du moins le pensent-ils, le temps des récoltes. Mais pour l'adolescent, ce serait plutôt le temps des semailles : la terre risque d'être retournée avant que les récoltes ne soient faites et engrangées.

Bien évidemment, le degré de métaphorisation, de symbolisation de cette demande de remboursement varie d'une famille à l'autre, et dépend dans une large mesure du niveau social et culturel de la famille. Parfois il s'agit d'une exigence quasi matérielle, l'adolescent va enfin pouvoir et devoir payer de retour ses parents, en les aidant matériellement ou financièrement à l'entretien de la maison. Ailleurs la demande est plus symbolique et l'adolescent devra travailler à ses études pour poursuivre l'ascension sociale à laquelle les générations familiales précédentes ont elles aussi travaillé. Cette dette peut prendre un aspect paradoxal et parfois négatif, ce qu'on pourrait exprimer d'une certaine manière par la loi du talion : « ce que nous avons vécu, toi adolescent, tu dois le vivre aussi ». Les parents attendent que l'adolescent ressente et vive les mêmes choses comme pour s'en sentir eux-mêmes justifiés et libérés. Il est aisé de comprendre qu'une telle position correspond à des mécanismes rigides et archaïques : dans ces familles, en obligeant la génération des adolescents à vivre les mêmes choses, les mêmes affects, les mêmes conflits, les mêmes tensions, que ceux qui ont été vécus par la génération parentale, il semble que les parents puissent ainsi se sentir projectivement soulagés de cette conflictualité qui a longtemps été refoulée. Ils font ainsi payer à leur adolescent le poids de leur propre dette impayée envers leurs propres parents, c'est-à-dire les grands-parents de l'adolescent. Ce faisant, les parents trouvent enfin une identification parentale vis-à-vis de leurs propres parents (la génération des grands-parents) et se servent de la génération des enfants (l'adolescent) pour « régler leurs comptes ». On observe souvent un tel comportement et de telles exigences dans les cas de rupture entre l'adolescent et ses parents, rupture qui marque une sorte d'expulsion de l'adolescent hors du toit familial et qui souvent provoque chez l'adolescent un blocage de tout ce travail psychique précédemment énoncé.

Ainsi, face à ces adolescents en plein changement, en plein conflit psychique, qui se débattent pour trouver une solution, les parents non seulement ne sont pas indifférents, mais éprouvent eux aussi des remises en question, revivent des conflits anciens parfois estompés, ressentent des exigences nouvelles face à cet adolescent. Pour certains couples, pour certains adultes confrontés à leur « crise du milieu de la vie », la conflictualité avec l'adolescent peut prendre la place d'une conflictualité latente à l'intérieur même du couple ou réactiver un conflit conjugal latent.

Notre expérience de psychologue et psychiatre d'adolescents nous a montré que dans un nombre non négligeable de cas c'était la conjonction entre la crise observée chez l'adolescent et la crise observée chez les parents qui enfermait les uns et les autres dans un registre de plus en plus pathologique. Le rôle du consultant est alors de tenter de dénouer les fils d'un nœud extrêmement serré, de façon à ce que l'évolution puisse réapparaître chez les uns comme chez les autres.

DU CÔTÉ DES ADOLESCENTS

Après avoir envisagé, dans le cadre de ce dialogue parents-adolescents, les positions occupées par les parents, nous allons aborder la position occupée par l'adolescent. Deux besoins contradictoires cohabitent chez lui pendant toute cette longue période entre l'enfance et l'âge adulte : le besoin de séparation et le besoin de dépendance.

Bien que contradictoires, ces deux besoins vont pendant longtemps coexister chez l'adolescent. On peut même dire que l'intensité de l'un peut exacerber et renforcer l'intensité de l'autre, ces deux besoins s'influençant réciproquement. Par exemple, un adolescent qui éprouve un intense besoin de dépendance mettra en avant un besoin farouche de séparation, pouvant même aller jusqu'à la rupture. Inversement, un autre adolescent, qui n'éprouve pas un besoin intense de dépendance, pourra très bien ne pas manifester de désir de séparation. Nous verrons qu'il existe une dialectique subtile entre séparation et dépendance, dialectique qui se joue non seulement entre les personnes concrètes, mais aussi au niveau des images intériorisées, des représentations mentales des personnes appartenant à l'environnement proche de l'adolescent en question.

- Le besoin de séparation

Ce besoin de séparation fait partie du processus même de l'adolescence, comme nous l'avons vu au chapitre précédent.

La séparation est d'abord et avant tout interne. Dans un premier temps, elle se caractérise par un sentiment de déception que l'adolescent éprouve et exprime envers ses parents. La déception traduit le travail de désidéalisation parentale que l'adolescent doit affronter. En effet, auparavant le petit enfant idéalisait ses parents, ce que chaque adulte connaît bien. Inversement, à l'adolescence, quel que soit le statut social, professionnel, culturel des parents, survient souvent cette période, plus ou moins longue ou brève, au cours de laquelle l'adolescent se dit déçu : il ne peut pas parler à ses parents, ils ne comprennent rien, ils ne l'écoutent pas, etc. Néanmoins, comme nous l'avons déjà signalé, cette désidéalisation et cette difficulté de communication peuvent ne concerner qu'un domaine particulier de la vie et en épargner d'autres.

Bien entendu ce travail intrapsychique interne n'est pas sans retentissement sur le comportement. C'est l'âge où l'adolescent va chercher ses modèles en dehors de la famille et, dans le même mouvement où il dévalorise ses parents, il se met à idéaliser un modèle extérieur. Il peut s'agir d'un adulte du voisinage, d'une vedette connue du monde musical, sportif, artistique, d'une théorie philosophique, religieuse... L'adolescent peut établir des liens d'amitié avec un adulte, liens dont on conçoit aisément les éventuels risques si cet adulte en abuse, quelle qu'en soit la façon : endoctrinement philosophico-religieux, incitation provocatrice, séduction de type homosexuel, etc. Dans la majorité des cas heureusement, cette relation sera un moment intermédiaire entre la désidéalisation parentale et le rétablissement d'un équilibre au cours duquel le jeune adulte se forgera peu à peu son propre idéal. Lorsque l'adolescent cherche à s'éloigner de ses parents pour trouver un idéal de substitution, le groupe des pairs représente aujourd'hui l'autre possibilité : la bande, le groupe de copains constituent fréquemment l'expérience intermédiaire entre le vécu familial de l'enfance et le vécu affectif de l'âge adulte. D'autres adolescents se forgent une sorte de « roman familial », rêvant à d'autres parents qui seraient les leurs, reprenant en partie le roman familial que s'inventent certains enfants. Concrètement, ce besoin de séparation s'exprime par le désir de faire des choses à l'insu de ses parents : il sait, par exemple, que ses parents ne savent pas où il est, avec qui il est... C'est pour l'adolescent une manière d'échapper à l'espace psychique parental. En général, l'adolescent ne fait rien de particulier, au maximum il boit une bière et fume « un joint », le plus souvent il refait le monde ou une partie du monde avec ses amis.

Quoi qu'il en soit, ce besoin de séparation explique pourquoi le dialogue parents-adolescents est souvent difficile, y compris pour l'adolescent lui-même. Bien qu'il demande à être entendu, compris, ce n'est pas toujours évident qu'il le désire en profondeur, comme nous l'avons déjà évoqué. Nombre d'adolescents prennent soin de garder le secret de leurs sorties, de leurs fréquentations et plus encore de leurs fantasmes, de leurs fantaisies, d'autant que ceux-ci et celles-ci les inquiètent souvent. De ce point de vue les parents sont loin d'être les mieux placés pour être les dépositaires des confidences de l'adolescent.

- Le besoin de dépendance

Il s'agit d'un besoin tacite, qui doit rester « non dit » pendant une grande partie de l'adolescence. Ce « non-dit » risque d'être d'autant plus fort que le besoin en est vivement ressenti. Au début de l'adolescence, vers 13-15 ans, le jeune se sent bien entendu très dépendant de ses parents. Une grande partie des conduites bruyantes de l'adolescent : opposition, colère, refus divers peuvent être comprises comme une tentative de lutte contre ce besoin de dépendance, cette crainte de la soumission et de la passivité. Il est important de garder à l'esprit que cette dépendance entre adolescents et parents peut concerner les deux pôles de l'interaction. Certes il s'agit souvent d'une dépendance de l'adolescent à l'égard de ses parents, surtout comme nous venons de le dire en début d'adolescence. Mais dans un nombre non négligeable de cas, on rencontre aussi une dépendance d'un parent à l'égard de son adolescent. Ceci s'observe plutôt avec des adolescents plus grands. Dans le cadre de la crise parentale, précédemment évoquée, certains parents reportent sur leur adolescent, leurs attentes, leurs espoirs, leurs désirs dont ils n'ont pas obtenu la réalisation dans leur vie professionnelle, conjugale, amoureuse, etc. Il s'agit alors d'une dépendance de nature plutôt affective. Le prototype en est ces adultes qui dépriment ou se mettent à aller mal au moment où leurs adolescents acquièrent une autonomie matérielle et également affective. Ceci est tout à fait caricatural lorsque les parents sont séparés et que l'un des deux vit depuis longtemps seul avec ses enfants.

- La rupture, l'expulsion

Il arrive encore assez souvent que l'adolescent rompe brutalement le lien qui l'unit à ses parents en partant de chez lui, parfois même sans laisser d'adresse et pour une période assez longue. Ce besoin de rupture traduit en général chez l'adolescent une lutte contre un besoin de dépendance tout aussi intense. D'ailleurs, il n'est pas rare que l'adolescent, en même temps qu'il rompt ainsi en apparence avec ses parents, se mette à devenir dépendant, en particulier d'une drogue. Cette rupture vient en réalité prendre la place du travail progressif de séparation intrapsychique et maintient le plus souvent un lien secret avec une image œdipienne parentale, tantôt excitante, tantôt envahissante, tantôt redoutée. De la même manière, du côté des parents, l'expulsion de leur adolescent peut être la stratégie comportementale adoptée pour ne pas avoir à affronter le changement provoqué par le processus psychique de leur adolescent. Nous entendons parfois ces propos : « on le reprendra quand tout sera redevenu comme avant ». Hélas il est rarement possible d'effacer le passé et de faire qu'une certaine période n'ait pas existé. Ce désir témoigne en réalité chez les parents d'une grande difficulté, voire d'une impossibilité ou d'un refus d'accepter les changements et d'en tirer les conséquences.

Rupture et expulsion se voient en particulier dans le cas des familles qui présentent des fonctionnements extrêmement rigides où nulle remise en cause n'est autorisée et où toute cette dialectique conflictuelle que nous avons longuement évoquée ne peut pas trouver de place. Toutefois il ne faut pas considérer que tous les départs des adolescents hors du toit familial sont la conséquence d'un processus de rupture ou d'expulsion. D'ailleurs le mouvement naturel de séparation doit aboutir non seulement à une séparation psychique interne, mais aussi à une séparation matérielle. La situation actuelle serait plutôt l'inverse de la rupture-expulsion se traduisant par l'installation prolongée de l'adolescent chez ses parents.

• L'adolescence prolongée

Une des caractéristiques essentielles des sociétés industrielles est probablement le développement d'une période de plus en plus longue où l'adolescent, puis le jeune adulte vit avec ses parents ou l'un d'entre eux sous le toit familial. Cette adolescence prolongée est l'objet de nombreux écrits plus ou moins caustiques et sarcastiques. Il est certainement nécessaire de s'interroger plus profondément sur les raisons de cette postadolescence prolongée. Il s'agit là d'une réalité sociale de plus en plus fréquente dans la quasi-totalité des pays occidentaux.

Pour notre part, nous discernons trois séries de facteurs : culturels, sociaux et économiques.

Les facteurs culturels : la libéralisation des mœurs et la tolérance plus grande des adultes face à l'émergence de la sexualité, puis à la vie sexuelle proprement dite de leurs adolescents ont joué probablement un grand rôle.

Du côté des adolescents, il n'est plus exceptionnel, il est même habituel, que le petit ami (ou la petite amie) soit aisément accepté par une des deux familles. Cette acceptation peut aller jusqu'à l'installation du jeune couple dans l'appartement ou la maison parentale. On peut constater qu'une telle situation concerne des adolescents de plus en plus jeunes, dans certains cas, à partir de 16-17 ans. Si un tel état de fait permet aux adolescents d'assumer mieux que ceux des générations précédentes leur vie sentimentale et sexuelle, en revanche on peut légitimement se poser la question de savoir ce que ces adolescents peuvent désormais avoir à conquérir de nouveau. Il ne faut pas oublier que les voies de la sublimation dépendent en partie des limitations sociales, culturelles, morales, etc. Sans faire l'apologie des interdits, il est néanmoins légitime de s'interroger sur le sens que peut avoir pour l'adolescent une situation dans laquelle plus aucune conquête essentielle n'est à effectuer.

Mais il est également nécessaire de s'interroger sur ce qui se passe du côté des parents. On peut partir d'une remarque banale et fréquemment entendue : « il faut bien en passer par là ». Comme si les parents devaient accepter, subir, cette situation dans la crainte d'une relative rupture ou à tout le moins d'un départ de leur adolescent dans « l'autre famille ». Il semble que de nombreux parents soient prêts à de multiples concessions pour garder leur adolescent sous le toit familial. Peut-être est-ce la crainte des interdits, peut-être est-ce une réaction par rapport à leur propre adolescence ? En effet la génération des parents actuels a probablement connu une adolescence où les règles morales étaient encore assez strictes chez leurs propres parents, alors qu'eux-mêmes commençaient à bénéficier d'une certaine libéralisation des mœurs. On pourrait dire, d'une certaine manière, que cette génération de parents accorde à ses adolescents ce qu'elle-même aurait souhaité obtenir de ses parents.

Plus fondamentalement, nous mettrons en opposition cette

prolongation observée dans les liens filiaux avec la fréquence constatée des ruptures des liens conjugaux. On peut émettre l'hypothèse que la prolongation accrue des liens filiaux représenterait peut-être le contrecoup de la fragilité de plus en plus grande des liens conjugaux. Nous avons assez fréquemment l'occasion de constater cette situation d'adolescence prolongée chez des adolescents et des jeunes adultes ayant des parents séparés et vivant chez l'un de leurs parents, en particulier la mère.

Un facteur social : il est évident que la durée et la complexité croissante des études imposent à nombre de jeunes adultes une dépendance matérielle et financière prolongée.

Un facteur économique : c'est probablement le facteur le plus récent, mais il joue un rôle non négligeable, en particulier dans les classes sociales moins favorisées. La récession économique, et le chômage dont on sait qu'ils touchent de manière très importante les jeunes jouent un rôle important dans le maintien de certains adolescents et jeunes adultes chez leurs parents. Il s'agit là d'une postadolescence subie, non choisie, comme hélas beaucoup d'autres paramètres dans les classes sociales peu favorisées. Même pour les adolescents qui n'affrontent pas directement le chômage, cette période est celle des « petits boulots », d'une relative précarité de l'emploi et des changements professionnels fréquents, qui n'assurent pas toujours l'autonomie totale du jeune adulte.

Pour conclure, on pourrait dire que le désir de partir dépend de ce qu'on découvre et de ce qu'on gagne. Ce qu'on découvre est à la hauteur des limitations et des interdits qu'on devait respecter ou subir auparavant ; ce qu'on gagne résulte des circonstances sociales et économiques qui permettent au jeune adulte de trouver sa place dans la société. On peut dire que la génération actuelle des jeunes n'a, dans un certain nombre de cas, plus grand-chose à découvrir et fort peu à gagner lorsqu'ils quittent le toit familial. Mais il nous paraît peu justifié de se tourner uniquement du côté des adolescents et des jeunes adultes, car la génération parentale est, elle aussi, impliquée dans cette postadolescence prolongée.

Toutefois il ne faudrait pas faire de ce problème une caractéristique de notre société ni un élément universel. Il faut d'abord constater que dans de nombreux autres pays, et dans certaines classes sociales très défavorisées, la situation serait plutôt l'inverse : les jeunes, s'autonomisant très vite, accèdent à une indépendance précoce, même si cette indépendance est plus souvent un abandon ou un désintérêt des parents qu'un réel mouvement positif. D'autre part, sur le plan historique, ce n'est pas la première fois que la génération des jeunes commence par s'installer et vivre avec celle des parents. Nous ne ferons qu'évoquer la situation des campagnes européennes au siècle précédent : il n'était pas rare que les jeunes couples s'installent dans la même ferme que les parents en attendant de prendre leur succession. De même, au Moyen Âge ou plus avant encore dans l'Antiquité, la « maison » voyait cohabiter plusieurs générations sous le même toit, l'autorité du *pater familias* s'étendant sur deux, voire trois générations. Il est donc nécessaire de relativiser la situation actuelle et de ne pas en faire obligatoirement un signe de décadence ou d'immaturité de la jeunesse actuelle. Pour notre part, il nous semble que cette période d'incertitude prolongée, de fluctuation, de changements possibles, peut aussi être comprise comme une adaptation à la complexité croissante des sociétés postindustrielles, et que cette phase de latence sociale donnera peut-être à la génération future une souplesse, une adaptabilité et une plasticité sociale plus grandes que celles de la génération précédente.

Le reste de la famille

Outre les parents, d'autres membres de la famille peuvent jouer un rôle important dans le dialogue avec l'adolescent. Il s'agit en particulier des grands-parents et des tantes et oncles.

LES GRANDS-PARENTS

La génération des grands-parents, si elle n'est pas au premier plan des interactions avec l'adolescent, joue néanmoins un rôle essentiel. Elle permet pour l'adolescent une inscription dans le temps et l'histoire, en particulier l'histoire de la famille. En effet, le heurt des générations parents-adolescents empêche souvent les uns comme les autres de prendre le recul nécessaire par rapport à la conflictualité présente. La génération des grands-parents est celle qui, grâce au recul possible, peut permettre à l'adolescent de découvrir son rôle dans l'histoire familiale. Cette troisième génération permet en effet que se transmette « le mythe familial », garant de l'histoire de la famille et de sa continuité à travers les générations. Ce « mythe familial » est ce qui donne un sens, une signification à chacun des membres de cette famille. En l'absence de cette troisième génération, le risque est de voir les relations des parents et celles des enfants uniquement focalisées sur les interactions actuelles, qu'elles soient dominées par des phases de conflits ou par la séduction. En outre, la fonction des grands-parents est de permettre à l'adolescent une modulation plus adaptée des images parentales œdipiennes. Nous voulons dire par là que l'adolescent, à travers le récit que font les grands-parents concernant leur enfant, c'est-à-dire le père ou la mère de cet adolescent, découvre des personnes différentes avec leur passé, leur succès, leurs échecs, leurs plaisirs, etc. La trace clinique de cette fonction est tout à fait claire à travers l'intérêt pris par beaucoup d'adolescents concernant l'enfance de leurs propres parents telle que la racontent complaisamment leurs grands-parents.

Très concrètement, de nombreux adolescents manifestent une entente excellente avec leurs grands-parents, alors même qu'ils sont en conflit ouvert, en opposition majeure avec leurs parents. Pour nous, cliniciens, cet écart entre les tensions avec les parents et la bonne entente avec les grands-parents représente un bon indice du travail psychique effectué par l'adolescent et d'une certaine normalité. Voici un bref exemple tout à fait typique.

Un adolescent de 17 ans, dont le père est chef d'entreprise, nous est adressé par les parents en raison de son opposition à tout ce qu'ils disent et représentent. Cet adolescent est d'ailleurs sur le point de refuser la poursuite de sa scolarité. Il a arrêté de nombreuses activités, reste une grande partie de son temps dans sa chambre. Au cours d'un entretien les parents signalent qu'un des seuls plaisirs de cet adolescent est d'aller dans la maison familiale, en Bretagne, chez ses grands-parents. Par la suite, au cours des entretiens que nous aurons avec cet adolescent, il sera de nombreuses fois question de ses séjours dans la maison familiale.

Il nous racontera alors combien il aime monter au grenier, fouiller dans la malle et retrouver les souvenirs d'un ancêtre, arrière-grand-père, qui était marin, capitaine au long cours. Cet adolescent restait de longues heures à rêvasser, à lire des livres de bord de son aïeul. Il se plaignait de ne pas pouvoir parler avec ses propres parents. Peu à peu, au cours des entretiens, cet adolescent confirmera son intérêt pour différentes matières scolaires, en particulier la géographie, et découvrira autour de cet intérêt une voie possible pour un métier.

LES TANTES ET ONCLES

Figures naturelles de déplacement par rapport aux images parentales, l'existence de tantes ou oncles peut permettre à l'adolescent d'établir des relations, là encore plus modulées, avec divers membres de sa famille. De nombreuses familles le savent bien, où certains adolescents en conflit avec leurs parents sont ainsi accueillis par un oncle ou une tante. On peut d'ailleurs remarquer que dans certaines cultures, en particulier dans certaines ethnies d'Afrique, c'est précisément à une tante ou un oncle qu'est dévolue l'éducation des adolescents.

Dans tous les cas, la richesse des interactions familiales est un bien précieux dans le cadre des rapports parents-adolescents. La société actuelle, par le morcellement des habitations et les fréquents déménagements, a eu trop tendance à réduire la famille à son noyau essentiel, parents-enfants, en faisant disparaître la troisième génération et une partie des collatéraux. Nous avons souvent l'occasion de voir combien la pauvreté des relations familiales au sens large, l'absence de rapport avec les grands-parents, tantes, oncles, cousins accentuent la conflictualité des rapports parents-adolescents. D'ailleurs, lorsque les parents sont en situation de rupture avec leurs propres parents (les grands-parents de l'adolescent), il est fréquent que cela présage une situation de future rupture entre eux-mêmes et leurs propres enfants. Certains parents vont même jusqu'à interdire à leurs enfants la fréquentation des grands-parents. Nous nous trouvons là dans des situations de coalitions intergénérationnelles : deux générations se liguant contre la troisième, coalition qui traduit en général des dysfonctionnements plutôt graves au sein des familles.

D'une manière générale, les parents ne doivent pas se formaliser de la relative bonne entente qui peut exister entre leurs enfants et leurs propres parents (les grands-parents), ou entre leurs enfants et leurs propres frères et sœurs (oncles et tantes), quand bien même l'entente entre eux et leurs enfants est médiocre, voire très difficile. Ils doivent au contraire admettre que par ce biais l'adolescent cherche au sein de la famille une identification et un rôle possible, c'est-à-dire qu'il cherche à s'inscrire dans l'histoire familiale.

LES FRÈRES ET SŒURS

Les frères et sœurs représentent aussi des figures de déplacement possible pour les relations parents-adolescents. D'une manière générale la présence de frères ou sœurs est, elle aussi, un élément de richesse. On constate assez fréquemment des modifications sensibles dans les interactions entre frères et sœurs au moment de l'adolescence.

On sait que, dans l'enfance, la qualité du lien fraternel représente souvent un déplacement et une illustration de la nature du lien aux parents. Ainsi voit-on des rapports de complicité chaleureuse entre frères et sœurs ou, à l'opposé, des rapports de rivalité, ou encore des relations de jalousie, voire parfois des rapports dominés par des affects d'agressivité ou de haine. Dans la majorité des cas on observe une fluctuation dans ces types de rapport au sein d'une même fratrie et d'un couple à l'autre de frères ou de sœurs. À l'adolescence, il n'est pas rare de constater que le lien entre frères et sœurs prend une tonalité caricaturale qui résulte à la fois du lien fraternel de l'enfance, et de la qualité des relations actuelles avec les parents.

Ainsi, certains rapports fraternels s'établissent sur le registre d'une complicité accrue, d'autres au contraire semblent se figer dans une rivalité permanente. On voit également s'installer des relations de quasi-haine entre frères et/ou sœurs. Dans d'autres cas, on observe un éloignement et une « rupture » quasi totale avec la fratrie, comme si la séparation de l'adolescent avec ses frères et sœurs était incluse dans la séparation avec ses parents.

En ce qui concerne l'aîné de la fratrie, il est également fréquent de constater qu'il peut adopter avec ses jeunes frères et sœurs les attitudes parentales que précisément il dénonce chez ses parents, attitudes qui sont souvent reprises avec vigueur, voire une sévérité extrême. Ceci s'observe tout particulièrement chez des adolescents de familles migrantes qui se trouvent à la jonction de deux cultures et qui, tout en contestant le lien à leurs parents et en exigeant pour eux-mêmes les normes habituelles de la société dans laquelle ils vivent, se mettent à imposer à leurs jeunes frères et sœurs des règles de conduite issues directement de leur culture d'origine. Là encore ce paradoxe apparent traduit en réalité le besoin de se séparer des parents, et en même temps une nécessaire recherche d'identification, laquelle ne peut trouver sa source que dans l'histoire familiale.

Chapitre VI

LA VIE AMOUREUSE ET SEXUELLE

> La mesure de l'amour, c'est d'aimer sans mesure.
>
> Saint Augustin

Le sexe n'est pas l'amour. Il faut cependant beaucoup d'idéalisme ou de résignation pour qu'un couple se maintienne lorsque l'accord sexuel n'est pas satisfaisant. L'adolescence représente ce moment tout particulier où les enjeux de l'harmonie entre la vie amoureuse et la vie sexuelle se jouent, de façon toujours plus exigeante pour les filles, de manière moins initialement attentive pour les garçons.

La puberté et la transformation du corps constituent une caractéristique fondamentale de l'adolescence. Des besoins nouveaux vont apparaître qui conditionneront peu à peu l'accession à une vie sexuelle et amoureuse nouvelle. Cependant cette évolution ne se fait pas en un jour. Il est même évident que, du fait de l'avance de la puberté, cette évolution se fait sur des périodes relativement longues, durant deux, trois, quatre ans. Précisons d'emblée que, lorsque nous parlons de sexualité, cela doit être entendu dans un sens relativement large et ne se limite pas strictement à la pratique sexuelle. D'autre part, si la sexualité de l'adolescent est maintenant un sujet dont on parle volontiers, voire peut-être même trop, il ne faudrait pas croire pour autant qu'avant cet âge l'enfant ignore tout de la sexualité. La sexualité ne commence pas avec l'adolescence et Freud, l'un des premiers, avait montré que très jeune l'enfant développait une curiosité envers la « chose sexuelle » et qu'il se forgeait également très jeune diverses « théories sexuelles ». À travers les différentes manipulations masturbatoires du jeune enfant, garçon ou fille, par les questions posées sur le zizi ou la fente, par les interrogations de l'enfant sur l'origine des bébés et les conditions de la fécondation, les enfants ont déjà un ensemble de représentations concernant la sexualité.

Du point de vue psychanalytique, la sexualité ne concerne pas seulement les organes sexuels mais aussi l'ensemble du corps. La sexualité, dans son sens le plus large, inclut l'ensemble des plaisirs tirés du fonctionnement du corps et des divers organes. Ainsi, en suivant les théories de Freud, le jeune bébé qui tète le sein ou le biberon le fait d'abord pour satisfaire un besoin, la faim, mais le fera très vite aussi pour satisfaire un plaisir, le plaisir de la succion. Rapidement celui-ci deviendra indépendant de la faim, comme en témoigne largement le tètement du pouce, des tétines, etc. Pour Freud, ce plaisir pris à la succion représente ce qu'il appelle la « prime de plaisir » liée à la satisfaction du besoin, la faim, puis de la pulsion, la pulsion orale. De même, la pulsion anale s'étaye d'abord sur le besoin physiologique de la défécation. Le plaisir de donner/retenir prendra le pas sur la satisfaction du besoin proprement dit du fait de l'éducation à la propreté. Ces diverses zones corporelles représentent pour le bébé autant de lieux de plaisir (la bouche avec la langue et les lèvres, mais aussi l'ensemble de la peau stimulée par les caresses, également le fonctionnement sphinctérien urinaire et anal, et même les divers organes des sens) auxquels se trouvent fixés des fragments de la pulsion dite sexuelle qui sont appelés pulsions prégénitales. Le rôle de la puberté, suivi par le développement de la maturité sexuelle, sera précisément de regrouper ces diverses pulsions prégénitales dans un ensemble unifié sous le primat de la génitalité. Ce regroupement des zones de plaisirs partiels, puis d'une certaine manière leur ordonnancement pour permettre à l'individu de trouver la satisfaction sexuelle, représente le travail psychique propre à l'adolescent. C'est ce qui le différencie de l'enfant. Comme nous l'avons précisé, ce travail ne se réalise pas en un jour : il est fait d'attentes, d'avancées, de reculs (régression), d'incertitudes, de doutes, d'inhibitions ou de passages à l'acte, illustrant les difficultés de la mise en place de cette sexualité pour chaque individu.

Il est d'autant plus difficile de parler de sexualité à propos des adolescents, que la société et l'évolution des mœurs jouent un rôle considérable. Jadis, l'œil collé au trou de la serrure, les enfants cherchaient à savoir ce que leurs parents faisaient dans la chambre conjugale. De nos jours, les adultes aimeraient bien savoir ce que leurs adolescents font dans leurs chambres mansardées. Inversion des rapports de génération, puisque maintenant, même très jeune, l'enfant sait que pour faire un bébé on met « le zizi dans la fente », tandis que les adultes s'interrogent sur la sexualité de leurs adolescents. Les nombreux sondages, articles, enquêtes qui presque chaque semaine ou chaque mois ont pour thème la sexualité de l'adolescence, l'amour au lycée, l'âge des premiers rapports, la masturbation témoignent de cette singulière curiosité. Si ces nombreux écrits ont pour rôle bénéfique de dédramatiser la sexualité et certaines des pratiques qui sont y liées, ils risquent aussi, derrière l'avalanche de chiffres, de faire oublier la réalité psychique et le vécu de chaque individu. Nous avons déjà signalé combien, à l'adolescence, ce passage du collectif à l'individuel ou vice versa était toujours délicat et combien le plan collectif ne devait ni masquer ni se substituer au plan individuel.

En conséquence, nous aborderons d'abord dans ce chapitre la puberté et les modifications physiologiques essentielles, ensuite nous traiterons du plan psychologique individuel, avant d'aborder le plan collectif social.

La puberté

La transformation du corps, qui correspond à la puberté, s'étend sur une période de dix-huit mois à deux ans environ. Cette transformation du corps est sous la dépendance d'un certain nombre d'hormones. La puberté débute en moyenne vers 11 ans chez la fille, vers 12 ans 1/2-13 ans chez le garçon, mais cet âge doit plus être compris comme un âge physiologique qui correspond à ce qu'on appelle « l'âge osseux », qu'à l'âge chronologique réel. Certains enfants en effet ont un âge osseux légèrement différent de leur âge réel sans qu'il y ait là des conditions franchement pathologiques. Cet écart fréquent explique aussi l'âge variable d'apparition des premiers signes pubertaires selon les individus. C'est pourquoi une manière possible de prévoir approximativement le début de la puberté est de réaliser une radiographie du poignet qui permet d'obtenir l'âge osseux. Il existe en effet des variations individuelles dans le début d'apparition de la puberté. On considère que les limites extrêmes sont les suivantes : chez la fille, entre 8 et 14 ans, chez le garçon, entre 10 et 16 ans. En dehors de ces dates extrêmes, les pédiatres parlent de précocité ou de retard pubertaire sans que cela implique nécessairement l'existence d'une pathologie. Certaines circonstances peuvent provoquer ce retard telles que l'existence de maladies chroniques (diabète infantile, insuffisance rénale de l'enfant, etc.), ou de mauvaises conditions hygiéno-diététiques (carence alimentaire).

Outre ces variations individuelles, qui sont en partie sous la dépendance de facteurs héréditaires, il existe des variations collectives. On a constaté une avance régulière du début de la puberté qui correspondait environ à un gain d'un an tous les vingt-cinq ans. Ainsi à titre d'exemple, l'âge des premières règles est passé de 17 ans à 13 ans en moins d'un siècle en France. Actuellement il semble que l'âge de ces premières règles se stabilise, dans la majorité des pays industrialisés, autour de 12 ans et demi. Cette régulière avance pubertaire n'est pas sans poser des problèmes sociaux importants. En effet, du fait de cette avance, les jeunes se trouvent de plus en plus tôt confrontés à un corps pubère et sexuellement mûr, alors même qu'ils sont dans une situation sociale de dépendance de plus en plus prolongée. C'est une des causes importantes de l'extension du temps de l'adolescence. Les raisons de cette avance pubertaire ne sont pas toutes bien connues, mais il semble que l'amélioration de l'alimentation et de l'hygiène, donc des conditions d'élevage des jeunes enfants, soit un des facteurs les plus importants.

LA PUBERTÉ CHEZ LA FILLE

Les premiers signes peuvent être l'apparition d'une petite boule, dite nodule, légèrement sensible à un sein. Succède une augmentation de taille de l'aréole en même temps que le sein se développe. Les organes génitaux se modifient également, la muqueuse vulvaire se rosifie, s'humidifie. Les petites lèvres se développent et se colorent. Il n'est pas rare qu'il y ait une discrète leucorrhée, petit écoulement de liquide blanchâtre qui reste physiologique. En même temps la pilosité se développe, pubienne d'abord, environ six mois après le début de la poussée mammaire puis axillaire.

On note une importante poussée de croissance, en même temps que le corps se modifie dans son aspect pour prendre les caractéristiques féminines. Le gain statural peut atteindre 6 à 11 centimètres par an environ.

Les premières règles marquent, sur le plan physiologique, la fin de la puberté. En France, elles apparaissent en moyenne vers 12 ans 1/2-13 ans, mais il faut noter qu'il existe des variations individuelles assez importantes comme nous l'avons déjà signalé. Après ces premières règles, les cycles peuvent présenter pendant plusieurs mois une grande irrégularité, aussi bien dans leur durée que dans l'abondance des règles. On peut considérer que seuls les premiers cycles réguliers et normaux marquent réellement l'entrée dans la vie gynécologique adulte. L'ensemble du processus dure en moyenne trois ans.

LA PUBERTÉ CHEZ LE GARÇON

Elle débute par l'augmentation de volume des testicules vers 11 ans environ, puis se poursuit par la modification des organes génitaux externes. On constate un accroissement de la taille de la verge, un plissement et une pigmentation du scrotum. Les premiers poils pubiens apparaissent ensuite et se développent latéralement sur la racine des cuisses, sur le scrotum. En quatre ans environ, la verge et le scrotum atteignent leur aspect adulte. La pilosité axillaire se développe vers la mi-puberté. La pilosité faciale et thoracique survient vers 16-17 ans.

En début de puberté, les modifications mammaires ne sont pas exceptionnelles, marquées par une légère intumescence ou boursouflure qui peut être discrètement douloureuse. Ceci est tout à fait normal, mais peut être une cause d'inquiétudes extrêmement vives chez certains adolescents.

Le gain statural est de 8,5 centimètres la première année, de 6,5 centimètres la seconde année en moyenne. Il peut atteindre 12 centimètres en un an. La silhouette du corps se modifie par un élargissement du thorax, la voix mue.

La première éjaculation, qui, comme les premières règles, marque symboliquement l'achèvement de la puberté, survient souvent sous la forme d'une émission nocturne au cours d'un rêve sexuel.

L'acné, événement cutané d'ordre physiologique, qui est sous la dépendance des secrétions androgènes chez le garçon comme chez la fille, est ressentie par beaucoup d'adolescents comme une véritable complication. Sa localisation peut être variable, sur le visage bien sûr, mais aussi sur la face antérieure du thorax, sur le dos.

Le développement des seins est chez la fille souvent discrètement assymétrique au début. Cette assymétrie peut provoquer une grande inquiétude chez l'adolescente.

Chez le garçon, l'intumescence mammaire transitoire peut être, elle aussi, à l'origine d'angoisse profonde renforçant une incertitude ou une inquiétude sur la détermination sexuée.

Tous ces événements banals en soi peuvent focaliser les angoisses de l'adolescent et entraîner des perturbations psychiques durables, sous forme, par exemple, de repliement, de refus de contact. C'est pourquoi il est important de bien les connaître afin de pouvoir rassurer chaque adolescent qui en souffre.

La profonde transformation de l'image du corps, l'irruption de la maturité sexuelle bouleversent le fonctionnement psychologique de chaque individu. Ce sont maintenant les conditions de cette transformation psychique que nous allons aborder.

LE LIEN ENTRE LA PSYCHÉ ET LE CORPS SEXUÉ

Le problème pour l'adolescent est bien celui-ci : que faire avec ce nouveau corps désormais porteur d'un sexe reconnaissable ? L'adolescent doit d'abord reconstruire, modifier son identité pour y intégrer cette nouvelle identité sexuelle.

L'identité sexuée

L'IMAGE DU CORPS

Le développement de l'identité sexuée repose d'abord sur la reconnaissance, puis l'acceptation de la nouvelle image du corps qui implique elle-même un contenu et des limites. La transformation pubertaire modifie ce contenu et ces limites, d'où l'importante période de flottement. Aussi, l'adolescent a besoin de surveiller son corps, de le contrôler : c'est pourquoi il s'enferme régulièrement dans la salle de bains, pendant de longues heures parfois, pour s'examiner de face, de profil, voire de dos grâce au jeu des miroirs, véritable « travail » de reconnaissance de l'image de soi. L'image du corps est ce que l'adolescent investira comme résultat du sentiment que son corps est un objet unique qui lui appartient. Mais celle-ci n'existe pas seulement pour soi-même, elle existe aussi pour autrui. Elle renvoie à la société et aux échanges mutuels entre son image et celle des autres. Elle se structure aussi à travers le regard que les autres portent sur ce corps et le jugement qui l'accompagne. De ce point de vue l'adolescent est profondément dépendant de son environnement, qu'il s'agisse des proches adultes, parents et autres, mais aussi des pairs.

LE SENTIMENT D'IDENTITÉ

Le travail de reconnaissance, puis de stabilisation progressive de l'image du corps, débouche sur le sentiment d'identité. On considère que celle-ci est acquise lorsque l'individu parvient à s'identifier de façon permanente dans les différents secteurs de sa vie, qu'il s'agisse de sa sexualité adulte, de ses rapports avec l'autre sexe, à la fois sur le plan individuel et sur le plan social, de ses ambitions et objectifs professionnels, etc. L'identité sexuée fait évidemment partie intégrante de cette identité ; elle consiste à se reconnaître dans un sexe. Dans l'immense majorité des cas, le sexe du corps et le sexe « psychique » sont en correspondance.

À l'adolescence la transformation du corps impose le choix

entre le masculin et le féminin. De façon encore paradoxale, l'accession à l'identité sexuée débute souvent par une perte, celle de la bisexualité potentielle et de l'indétermination de l'enfance. En effet le jeune enfant peut maintenir une certaine ambiguïté tant que le corps reste impubère. Le petit garçon, tout en sachant qu'il est un petit garçon, peut s'amuser à des jeux de fillettes sans que cela mette trop en péril son sentiment d'identité. De même, la petite fille peut jouer au garçon sans que cela soit une menace pour son sentiment de féminité. Il n'en va pas de même à l'adolescence où l'individu ne peut plus jouer de ses ambiguïtés. Chez beaucoup d'adolescents, ce choix sexué imposé par le corps se traduira par une lutte intense entre les tendances actives et les tendances passives de la personnalité. Il est de tradition d'attribuer les tendances actives au pôle de la masculinité, les passives à celui de la féminité. Cette intégration du couple activité-passivité représente un travail psychique important. Ainsi certains adolescents font preuve d'une sorte d'hyperactivité par peur de la passivité. Inversement d'autres s'enfoncent dans une inertie passive par peur d'une activité assimilée souvent à la violence et à une pulsion destructrice. Ce couple passivité-activité jouera un rôle essentiel dans les relations que l'adolescent établira avec son partenaire amoureux. De nombreuses difficultés dans la vie amoureuse et sexuelle des adolescents traduisent les tensions dues à l'intégration de ce couple activité-passivité et à l'acceptation de chacune de ces composantes.

LA DISTANCE PAR RAPPORT AUX IMAGES PARENTALES

En même temps que l'individu se reconnaît dans une nouvelle image du corps et une nouvelle identité sexuée, il lui faut modifier le rapport qu'il entretenait jusque-là avec ses parents et leurs représentants internes, c'est-à-dire les images parentales. L'émergence de la maturité sexuelle rend désormais possibles les relations sexuelles, et oblige l'adolescent à un relatif travail d'éloignement de ses parents : la menace incestueuse liée à l'excitation pulsionnelle explique ce besoin. L'adolescente peut se sentir « excitée » par son père, l'adolescent peut se sentir attiré et séduit par sa mère. Il est bien évident que si les parents de leur côté adoptent des attitudes séductrices plus ou moins conscientes, cela peut aviver la tension interne de l'adolescent. Par conséquent, l'adolescent se « détache » de ses liens œdipiens, c'est-à-dire ses parents réels, mais aussi leurs images intériorisées.

La puberté et la maturité sexuelle donnent un sens nouveau aux relations avec les parents, y compris celles de la petite enfance. À l'adolescence, le remaniement « après coup » de la « névrose infantile » fonde les bases de l'organisation de la personnalité du futur adulte. Pour prendre une analogie, on pourrait dire qu'au plan psychologique l'adolescence est comparable à ce travail de développement fait au laboratoire d'un cliché pris dans la petite enfance.

L'ensemble de ces mouvements, qu'il s'agisse de la stabilisation progressive de l'image du corps, de la reconnaissance et de l'acceptation d'une identité sexuée, de la mobilisation des images parentales œdipiennes et de leur relative mise à distance, conditionne le choix que l'adolescent fera pour l'élection de ses futurs partenaires amoureux, en d'autres termes le choix d'objet sexuel (le mot « objet » doit être ici compris dans le sens philosophique : « objet » de mon amour, « objet » de mon désir, c'est-à-dire ce vers quoi tend une pulsion).

De la quête de soi-même à la conquête de l'autre

Le choix de l'objet sexuel, c'est-à-dire l'objet vers lequel va se diriger la pulsion amoureuse, encore appelée pulsion libidinale, dépend de nombreux facteurs qui sont en général régis par des dispositions inconscientes. L'identité sexuée joue alors un rôle essentiel. L'adolescent doit s'identifier dans un sexe déterminé, sexe qui est celui de son corps mais aussi celui de son fonctionnement psychologique. L'adolescent doit se reconnaître homme ou femme et, passée la puberté, il est impossible de se reconnaître comme étant tout à la fois les deux ou ni l'un ni l'autre. Certaines conduites pathologiques témoignent d'ailleurs de ce refus d'un choix : c'est par exemple le cas des adolescentes anorexiques mentales.

Cette définition de l'identité propre, en particulier de l'identité sexuée, se fait progressivement et peut être étayée par certains choix qui sont donc, par conséquent, d'inspiration essentiellement narcissique. Ainsi l'adolescent peut aimer celui ou celle qu'il considère comme le propre reflet de lui-même ou d'elle-même, celui ou celle qu'il ou elle aimerait être. Aimer celui ou celle qu'on croit être est le type même du choix narcissique, aimer celui ou celle qui ressemble à son idéal est un autre choix, moins directement narcissique, mais cependant déterminé par l'image idéale de soi-même que chacun se construit, précisément, au cours de l'adolescence. L'adolescent peut encore choisir celui ou celle dont il est aimé pour étayer la propre estime qu'il se porte ou pour combler les craintes et les incertitudes sur cette estime : se sentir aimé de quelqu'un apporte bien la confirmation que l'on a une certaine valeur, au moins pour cette personne. Beaucoup d'adolescents, on le sait, doutent intensément de leur valeur.

Outre la définition de soi-même et de son rôle sexuel, il y a dans le choix de l'objet sexuel un jeu de conquête de l'autre. Le paradoxe est que cette conquête doit commencer par un éloignement, celui des parents et des imagos parentales intériorisées. Dans ce mouvement le choix de l'autre peut se faire en fonction de ces images œdipiennes, alors l'adolescent(e) peut choisir inconsciemment un objet qui présente des caractéristiques similaires à celles de ses imagos œdipiennes. Pour le psychologue, le choix inverse, c'est-à-dire le fait de choisir une personne qui a les caractéristiques opposées aux imagos œdipiennes, présente la même signification. Ainsi la fille choisira un garçon qui soit ressemble à son père, soit en est l'image opposée. Inversement le garçon choisira une petite amie qui soit ressemble à sa mère, soit en est l'image inverse. Cette ressemblance, ou cette opposition n'est pas nécessairement globale et peut ne concerner qu'un domaine de la personnalité : type de caractère, intérêt dans la vie, allure physique, etc.

Ce travail psychologique ne se fait pas en un jour, ou en une fois. Il y aura des périodes de doute, de certitude et d'enthousiasme, des avancées, des retours en arrière, des découvertes soudaines avec le sentiment d'avoir obtenu la totalité des réponses, des désillusions, etc. Ce sont toutes ces incertitudes, tous ces flottements, ces va-et-vient, que les parents connaissent bien concernant la vie « amoureuse » de leurs adolescents, surtout au début de l'adolescence. Mais, par rapport à lui-même, le jeune doit élaborer également les problématiques suivantes : l'intégration progressive de la pulsion sexuelle et l'harmonisation avec les autres pulsions qu'il éprouvait et ressentait pendant la petite enfance. Ces pulsions dont nous avons déjà parlé dans l'introduction de ce chapitre, en particulier la pulsion orale et la pulsion anale, devront peu à peu s'intégrer, trouver leur place au sein de la pulsion sexuelle. Elles constituent en quelque sorte le préambule de la vie affective de l'individu. Là encore, l'adolescent risque d'être confronté à des situations difficiles : en effet il veut souvent mettre en avant la pulsion sexuelle, à la fois comme réponse à sa tension interne et comme rejet des pulsions dites « partielles » de son enfance ; mais en même temps il n'est pas rare que cette pulsion sexuelle soit source d'inquiétude relativement vive alors que les satisfactions de l'enfance, en particulier les satisfactions orales, sont bien connues et source d'une relative quiétude. C'est pourquoi, pendant assez longtemps, l'adolescent risque d'osciller entre des phases de progression et des phases de régression où se trouvent mis en avant tantôt un type de satisfaction, tantôt l'autre.

Ce n'est que progressivement, au terme de l'adolescence, que l'ensemble de la vie pulsionnelle pourra être unifié et que ces diverses pulsions partielles, cutanées, orales, anales, etc., pourront être intégrées dans la sexualité et dans la relation sexuelle, sous la forme des actes préliminaires au coït lui-même : jeux de caresses, baisers, etc. Au début la vie sexuelle de l'adolescent est souvent dominée par une sorte de clivage. Ainsi certains adolescents mettent en avant le besoin de tendresse parce que la relation génitale elle-même est source d'anxiété. Inversement certains adolescents veulent d'abord et avant tout évacuer la pulsion sexuelle dans un acte sexuel dénué de toutes ses pulsions annexes, en particulier de toute relation tendre, parce qu'ils redoutent une possible régression à ces diverses pulsions partielles.

En même temps, l'adolescent doit passer du domaine de l'auto-érotisme au domaine de l'hétérosexualité. Il doit d'abord renoncer au fantasme de se satisfaire lui-même et d'être son propre objet de plaisir, accepter sa dépendance à l'autre pour trouver sa satisfaction. Ce passage est illustré par la masturbation avec les pensées et les fantasmes qui s'y associent.

Si les premières conduites masturbatoires sont plutôt guidées par le besoin d'évacuer une tension, peu à peu l'adolescent élabore au cours de cet acte masturbatoire un scénario imaginaire où se trouve souvent impliqué un partenaire. Le lien qui s'établit entre ce scénario imaginaire et l'acte masturbatoire représente, d'une certaine façon, un « apprentissage » de la sexualité et du plaisir qui peut y être lié. Si la masturbation a perdu le caractère pathologique et honteux qui lui était rattaché par le passé, c'est bien parce qu'elle représente, de par sa fréquence et sa banalité mêmes, une des conduites pivots organisatrice de la future sexualité de l'adolescent.

Du fantasme à la réalisation sexuelle

La mise en acte de la sexualité, qu'il s'agisse au début de la masturbation, puis plus tard d'une relation sexuelle dans sa plénitude, a toujours mobilisé chez l'individu sa vie imaginaire et fantasmatique. Bien des rêveries à l'adolescence tournent autour de la conquête amoureuse. Cela implique non seulement le choix d'un(e) partenaire avec la définition de ses caractéristiques (sexuelles, esthétiques, intellectuelles, morales, physiques...), mais aussi l'élaboration progressive d'un « scénario » amoureux. C'est ainsi que s'intègrent les pulsions prégénitales et génitales, libidinales ou agressives sous forme de diverses fantaisies (jeux de caresses et baisers, fantaisies homo ou hétérosexuelles, sadiques ou masochistes, voyeuristes, etc.). L'endormissement est le moment privilégié au cours duquel l'adolescent se construit un tel scénario. Progressivement, la masturbation accompagne et conforte ces rêveries qui se déroulent dans un climat affectif propre à chaque individu. Pour certains la qualité ludique et hédoniste prédomine. D'autres vivent leur rêverie et masturbation avec anxiété, d'autres encore avec honte. Ce scénario constitue toujours un compromis entre les exigences pulsionnelles et les aménagements névrotiques. Comme tout compromis il est exceptionnel qu'il soit d'emblée satisfaisant ; en général il évolue dans le temps, mais cette évolution varie d'un adolescent à l'autre. Certains y incluent des événements ou des personnes de leur vie quotidienne, transformant régulièrement leurs fantaisies ; d'autres au contraire s'attachent à un déroulement plutôt fixe, voire figé et immuable pendant de longues périodes. Ainsi l'ensemble des traits de la personnalité se trouvent à la fois représentés et mobilisés à travers ce « scénario ». Le temps de la « réalisation » sexuelle verra s'opérer peu à peu le travail psychique de conjonction entre ce scénario imaginaire et la réalité de la relation amoureuse : le partage à deux puis l'échange de ces scénarios amoureux fonderont la relation d'amour entre les deux personnes. Mais dans quelques cas au contraire le travail psychique aura pour but de maintenir une disjonction entre un scénario imaginaire gardé secret et une relation limitée à sa « fonction » sexuelle : le but de l'individu sera alors d'« exploiter » son partenaire pour alimenter en secret son scénario sexuel. La sexualité d'un couple s'organise autour de cette double acceptation et reconnaissance : de soi-même et de l'autre, ou au contraire de ce double refus et méconnaissance de soi-même et de l'autre.

Mais la société ne laisse pas ainsi les individus libres de leur corps et de leurs affects. En matière de sexualité, la pression culturelle, quelle qu'en soit la nature, est considérable. Jadis la force des interdits et les menaces qui pesaient comme conséquence de la réalisation sexuelle étaient source d'une angoisse relativement vive. Ainsi chez la fille, la crainte de la grossesse envahissait souvent ses pensées ; chez le garçon la peur de la grossesse de la partenaire, à un moindre degré celle de la syphilis, a pu, dans les générations précédentes, susciter bien des inhibitions.

De nos jours, les appréhensions évoquées ci-dessus paraissent dépassées. Mais d'un point de vue collectif et culturel l'adolescent est désormais confronté, non plus à des interdits, mais à des exigences. En témoignent les questions répétitives que se posent les adolescents et qu'ils osent parfois formuler auprès du gynécologue, du psychologue, du psychiatre... : « Est-ce que je suis normal ? » ; « Est-ce que c'est normal ? ». Ce besoin de normalité, toujours énoncé avec anxiété, représente probablement le tribut que paye chaque adolescent à la libération sociale des mœurs. N'ayant pas d'interdit à respecter et moins de menaces à redouter, en contrepartie, la société exige qu'il se plie à une norme, celle d'une sexualité qualifiée de « normale », sexualité heureuse, libérée, orgastique, dans laquelle l'individu doit trouver son bonheur.

Chacun reconnaîtra aisément certains discours des médias, conversations de salon, messages publicitaires, thèmes d'œuvres artistiques, etc. Cependant, faire l'amour avec l'exigence sociale que cela soit « bien » fait peut être aussi angoissant que de faire l'amour en bravant risques et interdits. Cette exigence de normalité peut constituer pour beaucoup d'adolescents le premier écran d'anxiété ou d'angoisse face à la sexualité, masquant le registre plus personnel des fantaisies et des fantasmes sexuels. Sous-jacente à cette interrogation anxieuse sur la normalité, l'adolescent cache souvent une crainte plus secrète, mais aussi plus angoissante, « la peur d'être fou ».

Cette crainte est en réalité liée à l'émergence des multiples pulsions, libidinales certes, mais aussi agressives et également la réactivation des pulsions partielles de l'enfance. Dans certains cas, l'adolescent acceptera la régression vers celle-ci ; dans d'autres cas au contraire, il refusera avec énergie cette possible régression et aura besoin de maintenir à distance ces pulsions partielles. Dans tous les cas, la cohabitation de ces diverses tendances pulsionnelles, des besoins en apparence opposés, la difficulté à unifier ces besoins, le doute dans l'identité de soi et l'identité sexuelle, l'incertitude dans la conquête de l'objet et des caractéristiques de cet objet expliquent les flottements et cette « peur d'être fou ». Face à cette crainte, on comprend mieux le besoin « d'être normal », d'autant qu'il est renforcé par le discours culturel et social.

Cependant, là encore, la physiologie prend le contre-pied du besoin psychique momentané de l'adolescent. En effet, pour passer du domaine du besoin au registre du plaisir, il est nécessaire qu'une certaine répétition s'instaure avec les essais et les erreurs que cela implique. Les premières conduites sexuelles, les premières relations risquent à l'évidence de ne pas apporter la satisfaction extrême que le jeune adolescent croit devoir obtenir. Cette insatisfaction relative risque d'aller à l'encontre de ce besoin de normalité. De même l'adolescent n'accepte pas toujours, au début, les divers fantasmes et fantaisies qui traduisent l'activation des multiples pulsions. Il peut craindre que ces fantasmes et fantaisies témoignent « d'une certaine folie », à l'égard de laquelle il peut développer un comportement d'évitement aboutissant à une sorte de refus de la vie imaginaire et à une recherche de sexualité purement « opératoire », c'est-à-dire strictement limitée au comportement.

Enfin, dernière remarque allant dans le même sens, il est évident qu'aujourd'hui les adolescents accèdent plus facilement aux relations sexuelles que la majorité de ceux des générations précédentes. Or, parvenir au plaisir implique la reconnaissance en soi de toute cette élaboration psychique, de cette mise en représentation mentale dont il a été question précédemment. Cela demande du temps dont on pourrait dire qu'il est le temps du désir. Certains adolescents arrivent à la sexualité sans avoir véritablement éprouvé ce temps du désir. Gabriel, adolescent de 16 ans, dépressif depuis un an, n'arrivant plus à investir le travail scolaire, évoque ainsi ses relations amoureuses : oui il a eu des relations sexuelles avec une ou deux filles, mais « ça s'est fait comme ça... j'en avais pas vraiment envie [...] On a commencé à flirter puis on a fait l'amour ». Gabriel n'a même pas eu le temps d'éprouver le désir pour avoir une activité sexuelle, d'où une sexualité vécue dans une sorte d'indifférence.

Notre expérience nous montre que la sexualité qui engage l'individu dans sa globalité ne saurait être aussi facile, aussi immédiatement évidente et satisfaisante pour l'adolescent, qu'un certain discours médiatique se plaît à le laisser entendre. La libéralisation des mœurs, mais avec toujours la pression des normes sociales, la courbe du temps dans notre société ne respectent pas nécessairement le besoin de tolérance de l'individu envers son monde de fantasmes et de fantaisies et l'indispensable durée pour que s'organisent le désir et le plaisir.

Les voies de la sublimation

Nous avons déjà précisé que le terme sexualité ne devait pas être entendu dans son sens restreint. L'ouverture à la sexualité peut aussi pousser l'adolescent vers d'autres découvertes et d'autres conquêtes. Ainsi peut-on évoquer le phénomène de « l'ami » que découvrent beaucoup d'adolescents vers 13-15 ans. Il s'agit d'une relation avec un autre, en général du même sexe, mélange d'une relation à soi-même et d'une relation à autrui. Cet « ami » représente tout à la fois le double narcissique, l'image idéale de soi-même, une sorte de relation amoureuse marquée par le désir de plaire et d'intéresser, etc. À titre d'exemple il suffit de voir la déception que l'adolescent éprouve lorsqu'il a l'impression d'avoir été « trompé » par son ami. Le phénomène de l'ami concerne un peu plus les filles que les garçons. Chez ces derniers le phénomène de la bande, dont il a déjà été question, semble plus fréquent.

Évoquons aussi ce « premier amour » que vivent beaucoup d'adolescents : il s'agit d'une brusque illumination, sentiment de découverte absolue, cet autre apportant tout ce qui est attendu. La littérature a abondamment illustré ce sujet à travers Tristan et Yseult, Roméo et Juliette, etc. De nos jours, c'est souvent pendant les vacances qu'une telle aventure est vécue par l'adolescent. À travers ce premier amour il peut faire l'expérience de l'illusion d'abord, de l'enthousiasme, vivre transitoirement un sentiment de complétude. Être amoureux révèle un nouvel état : tout l'être est tourné, tendu vers cet autre ; l'adolescent vit dans l'attente de cette complétude susceptible de combler enfin ce manque éprouvé. Mais la durée de cet état amoureux, de ce premier amour, est souvent inversement proportionnelle à l'intensité émotionnelle. Par la suite l'adolescent devra accepter la relative désillusion, la déception, puis la dépressivité transitoire qui en résulte. Il fera l'expérience d'une guérison et d'un rétablissement. Les parents connaissent ces moments émotionnels et affectifs intenses que traverse leur adolescent, et savent en général qu'ils doivent les respecter et prendre patience.

L'ENVIRONNEMENT CULTUREL ET FAMILIAL

En moins d'une génération, l'évolution des mœurs a subi une transformation radicale. Il y a probablement peu de domaines où les changements sociaux ont été si profonds en un temps si court : alors que la sexualité était objet de répression et d'interdit, elle est devenue, en moins d'une génération, chose acceptée, montrée, voire dans certains cas exhibée. Or, il n'est pas évident que l'évolution intrapsychique de chaque individu soit allée dans le même sens. S'il y a eu des générations où l'adolescent avait à conquérir le droit à sa sexualité, face à une société moralisatrice, de nos jours l'adolescent aurait plutôt besoin de préserver un espace personnel et de s'abriter des intrusions de la société devant une sexualité exhibée, voire envahissante. À notre sens, les interrogations de beaucoup d'adolescents concernant leur « normalité » résultent très directement de ce dévoilement de la problématique sexuelle. La pudeur dont font preuve un grand nombre d'adolescents, leur réticence à parler de sexualité ne témoignent pas seulement d'une gêne ou d'un malaise ; cette pudeur est souvent aussi le moyen, pour l'adolescent, de se protéger face à cette curiosité du monde des adultes.

Si certains slogans ont popularisé la notion de « faire l'amour », il ne faut pas oublier cette insistance sur le « faire » aux dépens du vécu lui-même. Ainsi l'expression « être amoureux » risque de prendre un aspect désuet par rapport à « faire l'amour ». Là encore les adolescents actuels, peut-être pour se démarquer de la génération des adultes, semblent précisément sur le point de revenir à des valeurs morales plus qu'à des valeurs comportementales.

Favoriser ainsi l'agir aux dépens des processus de pensée et des processus psychiques a pu conduire certains adolescents à adopter des pratiques sexuelles de plus en plus précoces, sans que la vie affective émotionnelle et fantasmatique soit prête à intégrer cette expérience. Le besoin de normalité peut conduire à une recherche de relation pour « faire comme tout le monde ». Il peut s'agir là d'une pratique sexuelle dépouillée des éléments de rêverie, de fantasme, indispensables à l'obtention d'un plaisir orgastique. L'adolescent, préoccupé par le seul faire et le besoin de normalité, peut s'enfoncer dans cette sexualité « opératoire » que nous avons déjà évoquée et dont il ne retirera qu'un plaisir médiocre.

Les codes et les limitations sociales étant en partie abolis, le rôle des parents n'en est que plus délicat concernant le problème de la vie amoureuse et sexuelle de leurs adolescents. Tout d'abord sur le plan social, on peut remarquer que, pour la première fois dans l'histoire de l'humanité, deux générations cohabiteront pendant plusieurs années, voire parfois dix-quinze ans, en ayant chacune pour leur compte une vie sexuelle. En effet, dans les générations précédentes, il n'était pas rare que la génération des enfants s'ouvre à la vie sexuelle et amoureuse au moment précisément où la génération des parents interrompait cette même vie sexuelle, quelles que soient les raisons de cette interruption, qu'il s'agisse du décès d'un des adultes, d'une interruption du fait de la ménopause ou d'autres raisons. Actuellement, la vie sexuelle de l'individu a tendance à commencer de plus en plus tôt et à se prolonger de plus en plus longtemps. Voir cohabiter deux générations qui, chacune pour son compte, connaît une vie sexuelle pleine et entière constitue un problème culturel et psychologique nouveau.

Or, comme nous l'avons vu précédemment, l'adolescent a besoin, du moins au début, de mettre à distance ses parents et leurs images afin de ne pas se trouver confronté à la menace incestueuse imaginaire. Les parents, de leur côté, doivent accepter cette distance et maintenir une barrière intergénérationnelle. Ce besoin se trouve clairement illustré, du côté des adolescents, par la pudeur parfois soudaine que certains développent envers leurs parents : ils s'enferment dans la salle de bains, évitent la nudité, parfois même montrent du dégoût pour ce qui a été touché par les parents. D'autres adolescents ne développent pas ce type de pudeur, mais les parents doivent savoir qu'ils deviennent sensibles et vulnérables à une trop grande « intimité ». Ainsi un adolescent pourra se sentir excité, et par conséquent mal à l'aise, de voir sa mère nue, de même pour une adolescente à l'égard de son père. Il est sûr, là encore, que les mœurs ont grandement évolué, mais dans le cercle familial, cette relative absence de pudeur qui ne posait aucun problème pour l'enfant peut devenir source de tension pour l'adolescent.

Pour les parents, maintenir cette barrière intergénérationnelle peut être d'autant plus difficile qu'autour de la quarantaine, ils se sentent encore jeunes et n'ont pas du tout envie de renoncer aux privilèges de leur vie amoureuse. Nous avons décrit la crise parentale au chapitre consacré aux relations entre l'adolescent et ses parents et avons montré combien la sexualité nouvelle de l'adolescent pouvait leur poser de problèmes. Certains adultes expriment d'ailleurs directement leur déplaisir de voir leurs adolescents accéder à une vie amoureuse et sexuelle, comme si eux-mêmes se sentaient menacés dans l'exercice de la leur, et avaient du mal à renoncer à en avoir le privilège exclusif par rapport à leurs enfants.

D'autres parents, au contraire cherchent à abolir la distance des générations en établissant des relations avec leurs enfants sous le sceau de la complicité : mère et fille d'un côté, père et fils de l'autre, se racontent leurs aventures ou même cherchent ensemble des aventures.

D'une manière générale, l'intrusion des parents dans la vie amoureuse et sexuelle de leurs adolescents est plus source d'excitation chez ce dernier que d'apaisement, de réassurance. Le cas le plus fréquent maintenant est celui de la mère qui, avant même que sa fille en ait parlé, évoque la nécessité de prendre la pilule, voire conduit sa fille chez le gynécologue de façon plus ou moins autoritaire. Si certains adolescents peuvent trouver là une liberté que leurs parents n'avaient pas, d'autres ressentent ces propos comme une sorte d'intrusion, voire de dépossession de leur corps, ou même de désintérêt, de dévalorisation. Lorsqu'une mère dit à sa fille : « il faut que tu prennes la pilule... », parce qu'elle-même est angoissée à l'idée de la sexualité chez sa fille et de ses conséquences, l'adolescente peut de son côté entendre : « tu peux faire ce que tu veux de ton corps, maintenant cela n'a plus d'importance ». Là encore, avant que l'adulte n'impose sa solution, il est souhaitable que l'adolescente en ressente le besoin, en exprime le désir et assume l'intégralité de cette conduite. Bien entendu l'adolescente doit savoir que, si elle désire prendre la pilule, ses parents accepteront cette éventualité et elle pourra consulter un gynécologue.

Un autre problème concerne la présence, sous le toit familial, du ou de la petite amie de l'adolescent. Il n'y a plus de règle sociale communément partagée et chaque famille devra trouver sa solution. Pour notre part il nous semble essentiel que le jeune couple d'adolescents ait quelque chose à conquérir dans les rapports nouveaux qu'ils établissent entre eux, que cette conquête soit source de découverte et de plaisir. Les parents doivent éviter de se réjouir à la place de leurs adolescents en leur dérobant le plaisir de la découverte et de la conquête. Lorsqu'il y a une trop grande intrication entre la vie familiale et la vie amoureuse des adolescents, il nous semble qu'une partie de cette conquête, de ces découvertes et de ce plaisir est confusément dérobée à la génération des adolescents pour être accaparée par la génération des parents. Cette sorte de promiscuité qui ne respecte pas les barrières intergénérationnelles s'avère bien plus source de déception, voire de conduites pathologiques, que d'avantages et de bienfaits.

En conclusion, s'il est donc évident que dans le domaine de la sexualité les rapports parents-adolescents ont fondamentalement évolué, il est non moins évident que, malgré cette évolution ou en dépit de celle-ci, une distance témoignant de la barrière intergénérationnelle reste nécessaire et que les parents ne sont pas toujours, surtout en début d'adolescence, les mieux placés pour être les confidents de leurs adolescents.

LES PRATIQUES SEXUELLES À L'ADOLESCENCE

Les pratiques sexuelles sont certes le pôle le plus perceptible de la sexualité de l'adolescent, l'objet le plus immédiat de la curiosité sociale, l'élément qui peut focaliser l'inquiétude des parents. Mais le lecteur aura compris à la suite de tout ce qui précède que, pour nous, ces « pratiques sexuelles » sont la conséquence d'un processus psychique complexe qui concerne d'abord et avant tout l'individu, le rapport qu'il entretient avec son identité, avec ses « images œdipiennes », processus dont résultera ce que nous avons appelé le choix de l'objet sexuel et les voies de la sublimation.

Nous évoquerons maintenant quelques enquêtes concernant les pratiques sexuelles et les réflexions que leurs résultats peuvent inspirer, ensuite la nature de ces pratiques. Enfin nous aborderons quelques cas de difficultés pouvant ouvrir la voie à des conduites pathologiques.

Entrée des jeunes dans la sexualité

La mesure de l'âge auquel les nouvelles générations ont eu leurs premiers rapports sexuels est difficile à établir. En effet, certains jeunes n'ont pas encore eu de rapports sexuels, ce qui modifie le calcul de l'âge moyen au premier rapport. C'est la raison pour laquelle, dans l'enquête sur l'analyse des comportements sexuels des jeunes publiée en 1996 (ANRS information), à laquelle nous allons faire essentiellement référence, les chercheurs H. Lagrange et B. Lhomond ont préféré se référer à l'âge médian : âge auquel 50 % des jeunes d'une tranche d'âge ont fait tel ou tel acte (6 445 questionnaires utilisables auprès de jeunes âgés de 15 à 18 ans de lycées d'enseignement général ou professionnel, de centre d'apprentissage, d'organismes de formation).

PREMIERS BAISERS, PREMIÈRES CARESSES

L'âge auquel 50 % des jeunes ont échangé leur premier baiser est le même pour les deux sexes : 14 ans. Pour les premières caresses, les garçons se montrent légèrement plus précoces que les filles (15 ans et 7 mois contre 15 ans et 11 mois). D'une section scolaire à l'autre, la précocité des premiers baisers et des premières caresses ne change pas beaucoup. Toutefois, les apprenties sont plutôt plus tardives que les lycéennes.

LE PREMIER RAPPORT SEXUEL

Près de trois ans et demi séparent l'âge médian du premier baiser de l'âge médian du premier rapport sexuel. L'âge médian de ce dernier est de 17 ans et 3 mois pour les garçons, de 17 ans et 6 mois pour les filles. À titre d'anecdote, le premier rapport sexuel a eu lieu pendant les vacances pour 63 % des jeunes, filles ou garçons.

Y a-t-il eu une évolution depuis trente ans de l'entrée dans la sexualité ? L'âge moyen des premiers rapports aurait tendance à baisser. En 1972, le rapport Simon le fixait à 19,2 ans pour les garçons, 21,5 ans pour les filles. Dans l'enquête publiée en 1996, il semble qu'il y ait un rapprochement entre les âges médians des deux sexes.

Mais d'un sexe à l'autre, les écarts observés selon les filières de formation sont importants. Ainsi, pour les garçons, l'âge médian du premier rapport sexuel est de 17 ans et 7 mois pour les lycéens de l'enseignement général ou technique, et de 16 ans et 9 mois pour les apprentis, soit un écart de 10 mois. Pour les filles, l'âge médian au premier rapport est de 17 ans et 8 mois pour les lycéennes de l'enseignement général ou technique et 17 ans et 1 mois pour les apprenties, soit un écart de 7 mois.

Les élèves de l'enseignement général, plus précoces pour le baiser que les élèves de LES et les apprentis, le sont moins pour la relation sexuelle. De plus, s'il y a convergence des calendriers des filles et des garçons dans l'enseignement général, dans l'enseignement professionnel et, parmi les apprentis, les garçons précèdent les filles.

ET LES SENTIMENTS !

Les sentiments qui poussent à l'acte sexuel, plus que les actes pratiqués, distinguent les filles et les garçons. Majoritairement, les filles font l'amour par amour (60 %). Près de la moitié des garçons le font par attirance ou par désir physique, l'amour ne concerne que 38 % d'entre eux. Il y a un décalage entre le motif invoqué pour la première relation sexuelle et le sentiment déclaré pour son partenaire ; dire qu'on est amoureux rend légitime le premier rapport sexuel. 93 % des garçons disent avoir eu du plaisir contre 65 % des filles. Ces différences n'empêchent pas que 87 % des filles et 70 % des garçons disent être amoureux de leur partenaire. Avec le sentiment, c'est l'élément sur lequel les filles se démarquent nettement des garçons.

Filles et garçons n'arrivent pas toujours avec la même expérience : en effet, 70 % des filles ont eu leur premier rapport avec un partenaire qui n'était pas vierge, ce n'est le cas que de 47 % des garçons. Les garçons interrogés entrent plus souvent dans la vie sexuelle à parité d'expérience avec leur partenaire, alors que les filles sont majoritairement initiées par un partenaire plus expérimenté, ce qui est bien sûr lié au fait que les filles ont plus souvent que les garçons un partenaire plus âgé qu'elles d'au moins deux ans.

Leur premier rapport sexuel n'est pas une chose dont les adolescents parlent avec leurs parents ; seuls 16 % des garçons et 26 % des filles l'ont fait, mais ils sont sans doute dans un climat de confiance puisque pour près de 90 % d'entre eux leurs parents ont bien réagi.

DURÉE DE LA PREMIÈRE RELATION

La durée d'une relation est définie comme le nombre de mois durant lesquels les partenaires ont des relations sexuelles ; dans le cas d'une relation interrompue et reprise, la durée est égale au nombre total de mois de la relation diminué du nombre de mois d'interruption.

Cette première relation est pour la majorité quelque chose qui se conjugue au passé. En effet, 82 % des garçons et 59 % des filles ne « sortent plus avec » leur premier partenaire.

La moitié des jeunes ont eu une première relation dont la durée varie d'un jour à un mois. Il y a proportionnellement plus de garçons que de filles à avoir une première relation sexuelle courte (un mois ou moins). Inversement, les filles sont plus nombreuses à avoir une première relation longue de six mois ou plus.

FRÉQUENCE DES RAPPORTS SEXUELS ET NOMBRE DE PARTENAIRES AU COURS DE LA VIE

Près de la moitié des jeunes ont des rapports sexuels moins d'une fois par semaine. La fréquence des rapports est plus élevée lorsque la relation dure que lorsqu'elle est brève, ce qui n'étonnera personne. Par ailleurs, les filles, qui ont des relations plus longues, ont des rapports sexuels plus fréquemment que les garçons.

La proportion des jeunes qui ont eu plusieurs partenaires sexuels (avec ou sans pénétration) au cours de leur vie, pour les garçons, passe de 35 % (15-16 ans) à plus de 50 % (18 ans) ; elle varie entre 24 % à 15-16 ans et 40 % à 18 ans pour les filles. Le nombre de garçons qui ont eu cinq partenaires ou plus dépasse 12 %, alors que les filles sont 5 % à être dans ce cas.

La proportion de jeunes ayant plusieurs partenaires avec lesquels ils ont pratiqué le coït au cours des douze mois précédant l'enquête avoisine 40 % pour les garçons et 27 % pour les filles.

De ceci nous devons garder à l'esprit qu'une exposition au risque liée à l'acquisition de nouveaux partenaires touche de la même façon tous les jeunes, quel que soit leur âge, dès lors qu'ils se sont engagés dans des pratiques sexuelles avec pénétration.

En conclusion, outre cet abaissement de l'âge du premier rapport sexuel, on note également une évolution plus rapide pour les filles que pour les garçons. Cette évolution a une conséquence importante : de plus en plus fréquemment la première expérience sexuelle des adolescents se fait entre jeunes du même âge et non plus entre un adolescent et un adulte. Les adolescents ont donc tendance à faire cette découverte de la sexualité entre eux. En revanche, il existe toujours une différence entre les filles et les garçons pour deux paramètres :
– l'ensemble des enquêtes montre que les garçons ont plus de partenaires que les filles ;
– de même il existe une différence entre garçons et filles dans l'implication affective au moment du premier rapport.

Les quelques données recueillies ici ne doivent pas laisser croire que les résultats sont toujours semblables d'une enquête à l'autre. Cette constatation nous paraît importante afin de ne pas s'obnubiler sur un chiffre mais plutôt de dégager l'orientation générale et l'évolution d'ensemble des mœurs sur quelques années. Ces chiffres peuvent permettre toutefois de dire que, si les relations sexuelles sont désormais possibles et se réalisent chez les adolescents, ceux-ci n'en mènent pas pour autant une vie de débauché. Ainsi, même si plus de la moitié des adolescents de 15 à 18 ans disent avoir eu des relations, il en reste cependant un grand nombre pour déclarer qu'ils n'en ont pas eu. Enfin, il faut signaler l'importance et la place privilégiée que les « sentiments » occupent constamment dans les enquêtes sur la vie sentimentale des adolescents. Ainsi en 1987 ils étaient 85 % à considérer que, « vivre une passion » est une action « moderne » et souhaitable (sondage BVA-*Le Monde* et NRJ, septembre 87) et en 1996, 87 % des filles et 70 % des garçons disent être amoureux de leur partenaire.

LA MASTURBATION

Les adolescents ne l'évoquent jamais dans le discours spontané, ni dans les entretiens non directifs. Cependant, lorsque la question est directement posée, ils acceptent d'y répondre assez facilement. 90 % des garçons et 40 % des filles déclarent s'y adonner pendant une période plus ou moins longue et avec une fréquence variable au moment de l'adolescence.

Cette masturbation amène à la première éjaculation dans 68 % des cas chez les garçons et au premier orgasme dans 84 % des cas chez les filles (rapport Kinsey). Si la masturbation déclarée s'établit chez les filles à un niveau bien inférieur à celui atteint chez les garçons, la proportion de celles qui se sont masturbées augmente avec l'âge de manière significative.

Cette hiérarchie de la fréquence des pratiques masturbatoires suit, chez les garçons, un ordre strictement inverse de la précocité génitale : ceux qui se masturbent le plus souvent entrent le plus tard dans la sexualité génitale. En revanche, les garçons et les filles qui flirtent (embrassent ou caressent, sans avoir de rapports génitaux) se masturbent autant que ceux qui n'échangent ni baiser ni caresse.

LES FANTAISIES SEXUELLES CONSCIENTES

Une enquête américaine a étudié les fantaisies sexuelles élaborées consciemment par les adolescents (1 177 collégiens). La grande majorité des pensées ou rêveries citée en premier par ces adolescents était de caresser un partenaire que l'on aime ou de lui faire l'amour. Des fantaisies homosexuelles étaient citées par 3 % des adolescents, des fantasmes sadiques par 24 % des garçons et 6 % des filles, des fantasmes masochiques par 20 % des filles et 11 % des garçons, des fantasmes voyeuristes par 35 % des garçons et 25 % des filles.

CE DONT LES SONDAGES NE PARLENT PAS OU PEU

Si les sondages sont prolixes sur l'acte lui-même, sur l'âge des premiers rapports, leur fréquence, le nombre de partenaires, ils sont en revanche beaucoup plus discrets, voire quasi muets sur les sensations éprouvées, le plaisir retiré, l'impression de satisfaction.

En ce qui concerne l'orgasme, celui-ci est plus souvent obtenu, au début, par la masturbation que lors des rapports sexuels. Selon le rapport Kinsey, la fréquence maximum des orgasmes est atteinte dans la deuxième année qui suit la puberté.

Au sujet du plaisir ou de la satisfaction, un sondage SOFRES, déjà ancien (février 84), montrait que 59 % des personnes, tous âge et sexe confondus, gardaient un souvenir agréable de la première expérience sexuelle, et 32 % se disaient déçues.

En dehors de tout sondage, notre expérience de clinicien nous conduit à la constatation suivante : lorsque l'adolescent a des relations sexuelles pour satisfaire un certain besoin de normalité (pour faire comme tout le monde en quelque sorte), et d'autant plus qu'il est relativement jeune, le plaisir retiré de la relation sexuelle est souvent minime. S'il y a une satisfaction c'est « celle de l'avoir fait » plus que des sensations réellement éprouvées au moment de l'acte amoureux. L'opinion de cette adolescente est certes caricaturale mais elle ne constitue pas une exception : « en deux minutes, tout était terminé. Je n'avais pas la moindre sensation agréable mais j'étais soulagée de pouvoir me rhabiller en vitesse. Nous descendîmes boire un café. Là seulement je me sentis heureuse que ça ait eu lieu. J'étais passée de l'autre côté, j'étais enfin une femme » (enquête de Castarède). Cette absence de plaisir ou ce plaisir modéré qui ne répond pas aux attentes parfois imaginées peut conduire certains adolescents à se vivre comme « pas normal » ou du moins à s'interroger sur leur normalité.

À l'inverse, certains adolescents se trouvent rassurés par une expérience sexuelle satisfaisante, par l'établissement d'une relation amoureuse qui permet la découverte de l'autre, l'ouverture partagée à des intérêts nouveaux. À travers cette relation amoureuse, tout un travail psychique de déplacement, de substitution, de détachement par rapport aux imagos œdipiennes peut s'opérer. Les satisfactions retirées compensent largement et au-delà les pertes par rapport à l'enfance ou les craintes initiales. L'adolescent peut alors « se laisser aller » dans cette relation amoureuse dont l'acte sexuel sera l'heureux et satisfaisant paradigme. Il faut préciser que ce type de relation s'observe plus souvent chez le « grand » adolescent, vers 17-18 ans, que chez le jeune adolescent.

Les difficultés dans l'établissement de la sexualité

LES DIFFICULTÉS TRANSITOIRES

Entre les premières masturbations du jeune adolescent et la découverte du, ou de la partenaire avec lequel l'individu établit une relation pleine et entière à l'orée de l'âge adulte, il se passe une période assez longue. Il n'est pas exceptionnel que pendant cette période l'adolescent vive diverses expériences allant de l'auto- à l'hétéro-érotisme, pouvant éventuellement changer de partenaire, ayant diverses expériences. Les difficultés dans la réalisation sexuelle sont sinon constantes au début, du moins extrêmement fréquentes.

Chez le garçon, on peut citer la relative fréquence de l'éjaculation précoce, plus rarement l'impuissance (absence d'érection), ou encore l'anorgasmie (absence d'éjaculation). Ces deux dernières difficultés sont moins fréquentes que la première, mais elles peuvent survenir au cours des premiers rapports sexuels.

Chez la fille, on peut évoquer la douleur à l'intromission (dyspareunie), la douleur vaginale (vaginisme), l'absence de sensation éprouvée, l'absence d'orgasme.

Si les premières relations sexuelles sont effectuées dans un climat de confiance avec un partenaire envers lequel l'adolescent éprouve tendresse et affection, ces difficultés s'atténueront et disparaîtront ; le couple des adolescents accédera progressivement à des relations de plus en plus satisfaisantes. En revanche, ces premières expériences peuvent être source de traumatismes psychiques, surtout si elles ont été accomplies « pour voir comment c'était », avec le besoin de normalité comme guide essentiel ou pour tenter d'échapper à un lien œdipien trop contraignant. Dans ces conditions l'adolescent peut se vivre comme porteur d'une sexualité anormale ou d'un appareil génital lésé, tous fantasmes qui vont dans le sens d'une « angoisse de castration » autour de laquelle risquent ensuite de se pérenniser et de se figer les diverses difficultés énoncées. Bien entendu lorsque l'entourage, c'est-à-dire le ou la partenaire, mais aussi les amis et surtout les parents, entendent eux aussi avec anxiété les doutes et inquiétudes de l'adolescent, toutes les conditions sont réunies pour que l'acte sexuel s'accompagne d'une angoisse importante. Des troubles névrotiques peuvent ainsi se constituer.

LA MULTIPLICATION DES PARTENAIRES

Certains adolescents cherchent, à travers la multiplication des partenaires et des aventures, une solution à des relations sexuelles vécues comme insatisfaisantes. Ces adolescents sont relativement peu nombreux, puisqu'à peine 7 % des garçons reconnaissent avoir eu six partenaires au moins ou plus, chiffre qui pour les filles est de 2 %. Néanmoins il faut savoir que la multiplication des expériences sexuelles et des partenaires représente souvent pour l'adolescent, surtout s'il est jeune, une sorte de fuite dans le passage à l'acte qui risque, peu à peu, de dévitaliser la conduite amoureuse, réduisant celle-ci au simple « coït ». Certains adolescents cherchent ainsi à soigner leurs déceptions, voire même leur dépression. La relation amoureuse risque alors de ne plus être vécue comme une occasion d'établir des liens et des échanges affectifs avec une personne. Souvent, ces relations sexuelles multiples s'inscrivent dans un vécu basé uniquement sur une dimension utilitaire, d'exploitation de l'autre. L'abord psychologique en profondeur de ces adolescents montre qu'ils souffrent souvent d'un doute profond sur leur sentiment d'identité, ou d'un lien extrêmement fort et serré à des images œdipiennes dont ils n'ont pas pu se dégager suffisamment. Ainsi, en apparence ils cherchent de multiples partenaires, mais c'est parfois pour mieux conserver dans le secret de leurs fantasmes un lien privilégié avec l'un de leurs parents.

Bien entendu, la multiplication de ces expériences sexuelles ouvre la porte aux complications liées à ce type de pratique : survenues de grossesse, maladies sexuellement transmissibles, et maintenant menace du sida.

LE VIDE SEXUEL

L'adolescent qui n'a pas de relations sexuelles est-il anormal ? Il y a vingt ans cette question aurait suscité la surprise si ce n'est la stupéfaction ! De nos jours un adolescent qui n'a pas de relations sexuelles peut, dans certaines conditions et certains milieux, être tenu pour quelqu'un d'anormal. On peut d'ailleurs considérer qu'une telle interrogation est le revers de l'interrogation symétrique de l'adolescent au médecin ou à son confident : « Est-ce que je suis normal ? » Toutefois il est nécessaire de ne pas se limiter aux seules relations sexuelles, et d'envisager la vie sexuelle de l'adolescent dans son ensemble. Il convient en particulier de distinguer les fantaisies et fantasmes liés à la sexualité, les pratiques masturbatoires et la relation sexuelle elle-même.

L'ABSENCE DE RELATIONS SEXUELLES

Si le fait d'avoir des relations sexuelles n'implique pas la normalité comme on l'a déjà vu, il est vrai aussi que l'adolescence est l'âge où l'influence de l'environnement est particulièrement grande. L'opinion des autres adolescents joue souvent un rôle prépondérant pour l'individu lui-même. De ce point de vue le groupe des pairs a effectivement tendance à dire à l'adolescent qui n'a pas de relations sexuelles : « cela n'est pas normal » ; c'est la raison pour laquelle certains adolescents, poussés par un besoin de conformisme ou par la pression du groupe, ont ainsi des relations sexuelles. Selon nous, avoir des relations sexuelles ou ne pas en avoir ne peut en aucun cas être tenu comme critère de normalité. L'acte en lui-même, s'il ne s'inscrit pas dans une relation humaine avec toute sa complexité, et s'il ne prend pas un sens dans l'organisation imaginaire de l'individu, s'avère en général dénué de toute valeur intrinsèque.

De ce point de vue, l'exemple des adolescentes anorexiques mentales est intéressant à considérer. Il y a dix-quinze ans environ, les adolescentes qui présentaient un tableau d'anorexie mentale n'avaient en général aucune relation sexuelle. Actuellement on rencontre de plus en plus souvent des adolescentes qui présentent également une anorexie mentale mais qui ont une vie sexuelle donnant toutes les apparences externes de la « normalité », c'est-à-dire qui ont des relations sexuelles avec un ou quelques amis. Cependant ces adolescentes présentent, tout comme leurs aînées, les mêmes perturbations psychologiques liées à l'anorexie mentale. Simplement elles se conforment à la pression du groupe et de l'environnement.

Étant donné que les adolescents actuels peuvent plus facilement accéder à une pratique sexuelle que ceux des générations précédentes, dans certains cas, le refus de relation sexuelle peut traduire des positions névrotiques déjà bien installées ou même des angoisses plus profondes. Mais, plus que des relations sexuelles elles-mêmes, il s'agit souvent des conduites masturbatoires.

L'ABSENCE DE CONDUITE MASTURBATOIRE

On a vu précédemment que la masturbation permettait d'établir des liens entre l'activité fantasmatique et l'activité physique elle-même, était un intermédiaire allant de l'auto-érotisme au fantasme imaginaire impliquant l'autre, puis à une représentation mentale d'une relation hétérosexuée. L'absence de toute activité masturbatoire peut, dans certains cas, traduire une défense « ascétique » de l'individu qui cherche ainsi à contrôler ses pulsions. Ce type de comportement s'observe en général chez les adolescents ou adolescentes aux exigences morales élevées. Dans certains cas cela peut s'accompagner d'investissements sublimatoires dans lesquels l'adolescent trouve un équilibre tout à fait satisfaisant. Dans d'autres cas, ces exigences morales peuvent traduire la sévérité du Surmoi et s'intégrer dans une structure névrotique. Chez d'autres adolescents, l'absence de conduite masturbatoire peut témoigner de craintes imaginaires encore plus importantes et profondes.

Certains adolescents, qui ont constitué une image médiocre et fragile de leur propre identité, peuvent en effet vivre la masturbation et surtout l'éjaculation comme une menace envers leur intégrité corporelle. Au maximum les fantasmes de perte de substance de perte de soi-même, peuvent se rattacher à la masturbation. On comprend dans ces conditions que ces types d'abstinence témoignent en réalité d'angoisses extrêmement profondes.

L'ABSENCE DE FANTASME OU FANTAISIE SEXUELLE

À un degré supplémentaire, certains adolescents s'interdisent toute vie imaginaire se rattachant de près ou de loin à une dimension sexuelle. L'expérience montre qu'il s'agit souvent d'adolescents qui craignent de voir s'activer à la moindre pensée sexuelle des fantasmes de type incestueux ou qui confondent la vie fantasmatique et l'acte. Ces adolescents ont une « méfiance » à l'égard de leur vie imaginaire, imposant soit le recours à un strict conformisme social en surface, soit à une abrasion de toute la vie fantasmatique, abrasion qui se paye en général d'un aspect de débilité ou plutôt de niaiserie. Certains épisodes psychotiques ou d'allure délirante semblent souvent être la conséquence de ces ultimes tentatives pour contrôler l'émergence des fantasmes sexuels, alors même que le corps, sous l'influence de la poussée pubertaire, se transforme et prend un aspect de plus en plus sexualisé.

La grossesse à l'adolescence

Nous rangeons la survenue d'une grossesse chez de jeunes adolescentes au rang des complications et des difficultés de la sexualité, parce qu'un tel événement provoque, en général, une série de perturbations aussi bien chez l'adolescente elle-même que dans son environnement.

Plus les adolescentes sont jeunes, plus la grossesse présente un risque, aussi bien pour la mère que pour le bébé, car les complications gynécologiques puis obstétricales sont d'autant plus fréquentes que la mère est jeune. En outre, chez le bébé, les anomalies génétiques semblent également plus fréquentes quand la mère est très jeune.

Au plan psychologique, la survenue d'une grossesse traduit en général un profond malaise chez l'adolescente, perturbations dans son identité sexuelle ou difficultés dans sa relation aux parents.

Enfin au niveau de la famille la découverte d'une grossesse, dans ces conditions, est toujours source de tensions extrêmes. 3,3 % des filles qui ont eu des relations sexuelles ont été enceintes une fois dans leur vie. 72 % d'entre elles ont fait une IVG ; 16 % ont fait une fausse couche ; 12 % ont eu un enfant. On trouve le pourcentage le plus important de grossesses chez les jeunes filles des centres d'apprentissage ou de formation. C'est aussi chez ces jeunes femmes que le recours à l'IVG est le moins fréquent.

La plupart des jeunes filles révèlent tardivement leur grossesse (50 % après la vingtième semaine), ce qui compromet la prévention et dans certains cas le traitement des éventuelles complications gynécologiques. Il arrive même que l'adolescente cache sa grossesse jusqu'au moment de l'accouchement, grossesse qui est découverte à l'arrivée aux urgences d'un hôpital. On imagine l'aspect catastrophique qu'un tel événement peut produire : absence totale de surveillance médicale, absence de préparation psychologique, grossesse vécue dans la crainte et l'angoisse, familles désorientées. Tous les éléments d'un conflit aigu se trouvent réunis. La survenue de ces grossesses et leur déroulement illustrent les difficultés d'une politique de prévention à l'adolescence. Dans un nombre important de cas, les adolescentes enceintes sont elles-mêmes filles d'une mère qui les a eues quand elle était adolescente. Souvent on constate qu'elles utilisent de manière très fantaisiste les moyens contraceptifs (en particulier la pilule). Pour certaines d'entre elles la recherche ou la provocation d'une grossesse est même un moyen soit d'affirmer leur féminité, soit de témoigner de leur révolte contre le milieu familial. Ainsi, certaines adolescentes, après avoir accouché,

« donnent » leur bébé à leur mère et acquièrent de ce fait une autonomie qu'elles n'avaient pas auparavant ou qu'elles ne s'autorisaient pas à conquérir. En raison de ce contexte psychologique particulier, où dominent souvent des éléments de carence affective et/ou éducative, il est évident que les conditions d'élevage du jeune enfant seront souvent très précaires. Il est rare que la jeune mère puisse garder son bébé passés les premiers mois ou la première année ; elle doit en général interrompre ses études. Lorsque l'enfant grandit, très vite celui-ci devient une source de tensions supplémentaires entre l'adolescente et sa famille.

Dans un nombre important de cas, les adolescentes acceptent l'abandon de leur enfant qui peut ensuite être adopté par une famille. Cependant l'abandon rencontre souvent une désapprobation sociale que l'adolescente n'est pas toujours capable d'affronter à cette période de fragilité psychologique que représentent une grossesse et le moment de l'accouchement.

Beaucoup d'enfants se trouvent ainsi délaissés après des conflits répétés entre les familles (grands-parents de l'enfant) et placés à la DASS vers l'âge de 3-4 ans, expérience que l'on peut considérer comme plus néfaste que l'abandon suivi par une adoption dès le plus jeune âge, tant pour l'enfant que pour la jeune mère.

Le contexte psychologique dans lequel se déroule ce type de grossesse, sa révélation tardive, ne rendent pas toujours l'interruption volontaire de grossesse praticable. En outre, certaines adolescentes cherchent, parfois agressivement, grâce à leur grossesse à accéder à un statut : celui d'une femme adulte maîtresse de son corps et de sa destinée. En conséquence elles refusent souvent la proposition d'un avortement thérapeutique et, quand elles finissent par l'accepter, c'est, dans un nombre non négligeable de cas, pour être de nouveau enceintes quelques mois plus tard.

L'homosexualité

Moins de 5 % des adolescents se disent concernés par cette question. Il semble qu'après 18-19 ans la proportion d'adolescents et de jeunes adultes reconnaissant des pratiques homosexuelles augmente légèrement. L'homosexualité est une conduite qui tra-

duit en réalité des motivations psychologiques complexes et parfois fort différentes les unes des autres. Il faut distinguer :
- le fantasme ou la crainte d'être homosexuel ;
- les pratiques d'allure homosexuelle (attouchements) voire une véritable relation homosexuelle mais passagère ;
- les relations subies de la part d'un adulte demandeur ;
- la prostitution vénale ;
- enfin l'homosexualité comme pratique régulière et exclusive de toute autre relation.

Nous aborderons brièvement ces différentes questions car, si les pratiques homosexuelles et le choix homosexuel rigoureux ne concernent effectivement qu'un nombre limité d'adolescents, il n'en va pas de même des fantasmes d'homosexualité et parfois des expériences de type homosexuel au début de l'adolescence.

LA CRAINTE DE L'HOMOSEXUALITÉ, L'HOMOSEXUALITÉ FANTASMÉE

Certains jeunes adolescents se sentent parfois plus attirés par des adolescents de même sexe, et développent la crainte d'être homosexuels. Beaucoup d'auteurs considèrent que cette crainte est relativement normale au début de l'adolescence et fait en quelque sorte partie du développement. En effet, dans le cours du processus identificatoire, l'adolescent a besoin de mettre à distance le parent du même sexe, ce qu'il fait souvent dans un contexte agressif. Toutefois, certains adolescents, pour contrôler cette agressivité, ou pour la dénier, adoptent une position inverse de relative soumission envers le parent du même sexe. D'autres, au contraire, se sentent attirés par l'image qu'ils souhaiteraient avoir. Qu'il s'agisse d'une soumission à l'égard du parent du même sexe pour dénier toute tendance agressive envers celui-ci, ou qu'il s'agisse de la recherche d'une image idéale du sexe auquel ils appartiennent, dans les deux cas le choix d'objet peut s'apparenter à un choix homosexuel. Ce choix transitoire ne fait que traduire le travail psychique résultant du lien œdipien au parent du même sexe.

Dans certains cas ces pensées, ces craintes, ces fantasmes peuvent connaître un début de mise en acte avec la pratique d'attouchements ou de quelques ébauches de relation.

ATTOUCHEMENTS HOMOSEXUELS, RELATIONS HOMOSEXUELLES PONCTUELLES

Lorsqu'ils se pratiquent entre adolescents du même âge, les attouchements ont plus souvent comme rôle de rassurer le narcissisme de l'adolescent et de susciter un certain éveil à la sensualité que celui de confirmer ou de provoquer le destin homosexuel de l'individu. Dans les internats accueillant des adolescents ou des adolescentes, ces jeux et moments de rapprochement corporel sont bien connus des pédagogues, des éducateurs. Ces moments suscitent à la fois une attirance inquiète, un rejet honteux et une dévalorisation méprisante. Les masturbations mutuelles, les jeux sexuels entre adolescents du même sexe traduisent en général la quête narcissique de l'individu et un mouvement de régression face à la crainte hétérosexuelle plutôt qu'un réel choix homosexuel. En revanche la réaction des adultes peut être déterminante lorsqu'elle donne le sens d'un choix homosexuel délibéré à de telles conduites. L'adolescent peut se sentir identifié comme homosexuel par l'adulte et dans un second temps, utiliser agressivement cette identification contre son corps et son choix d'identité sexuée. Il faut savoir que de telles pratiques homosexuelles intermittentes n'inscrivent pas nécessairement l'adolescent dans un destin homosexuel durable et exclusif. Elles doivent d'abord être dédramatisées, de façon à ce que le vécu de honte, très fréquent, ne conduise pas l'adolescent à une répétition de ces comportements.

LE TRAUMATISME HOMOSEXUEL SUBI PAR L'ADOLESCENT

Il est quelques cas où l'adolescent, surtout chez le garçon, est victime de véritables violences homosexuelles. Dans ces situations, il semble que l'attitude de l'entourage, les mesures judiciaires associées certes justifiées, peuvent parfois produire plus de conséquences néfastes que les faits eux-mêmes, du moins en ce qui concerne les adolescents. Des enquêtes montrent que, passé la période du traumatisme, ceux-ci ne présentent pas, par la suite, de déséquilibre psychique majeur qui les conduise à modifier ultérieurement leurs comportements sexuels. La compréhension de l'entourage, mais aussi sa capacité d'« oublier » ce traumatisme, sont certainement ce qui permettra le mieux à l'adolescent de ne pas être durablement envahi par cette expérience.

L'HOMOSEXUALITÉ VÉNALE

Elle concerne surtout les garçons. L'homosexualité vénale implique deux séries de facteurs : d'une part des facteurs liés à l'environnement. L'adolescent est en général pris dans un réseau où il se trouve exploité par des adultes. S'y ajoutent d'autre part des facteurs psychologiques : des carences affectives, des carences éducatives voire un état d'abandon sont souvent au premier plan chez ces adolescents et jeunes adultes. Le lien avec la toxicomanie est souvent rencontré.

L'HOMOSEXUALITÉ EXCLUSIVE ET PERSISTANTE

Seul un petit nombre d'adolescents, surtout à partir de 17-18 ans, semblent s'organiser définitivement dans un choix d'objet homosexuel qui exclut tout objet hétérosexuel. Ce choix traduit en général une orientation définitive dans l'identité sexuée. La pratique régulière de relations homosexuelles confirmera peu à peu l'adolescent, puis le jeune adulte dans cette identité sexuée.

Si nous avons ainsi insisté sur les différents types d'homosexualité c'est pour montrer que sous ce terme se cachent, en réalité, des dimensions psychologiques extrêmement variables.

Les parents doivent savoir que l'existence de fantasmes homosexuels ou même d'une relation homosexuelle intermittente en début d'adolescence n'inscrit pas nécessairement l'individu dans un choix homosexuel ultérieur. En revanche, ils doivent savoir que la répétition de ce type d'expérience, et surtout l'exclusivité de ce type de relation sexuelle, aboutiront sans doute à la constitution d'une identité durablement installée.

En parler, c'est prévenir

Nous aborderons ici trois questions : la contraception, le sida et les abus sexuels.

LA CONTRACEPTION

Lors du premier rapport sexuel, plus des trois quarts des jeunes déclarent avoir utilisé des préservatifs et un cinquième la pilule. Si on les interroge sur le dernier rapport sexuel, la proportion d'utilisateurs de préservatifs « descend » à 72 % chez les garçons et à 51,1 % chez les filles, alors que l'usage de la pilule augmente fortement.

Soulignons que 10 % des jeunes, filles et garçons confondus, n'utilisent aucune précaution lors du premier rapport sexuel. Ce pourcentage est moins élevé lors du dernier rapport.

Le phénomène le plus remarquable du point de vue des précautions est la forte progression dans le temps de la proportion de jeunes qui ont utilisé des préservatifs lors de leur premier rapport sexuel. Parmi ceux qui ont eu leur premier coït en 1989, 56 % à 58 % ont utilisé des préservatifs. En 1993, on atteint 82 % à 87 % d'utilisateurs lors du premier rapport sexuel.

L'utilisation massive des préservatifs par les garçons les plus jeunes lors de l'entrée dans la sexualité constitue un fait nouveau. Mais entre 15 et 18 ans, l'utilisation croissante de la contraception orale semble entraîner une baisse de l'utilisation des préservatifs.

CONNAISSANCES ET ATTITUDES
À L'ÉGARD DE L'INFECTION À VIH

Toute population confondue, on estime que de 7 000 à 8 000 nouvelles contaminations ont lieu chaque année en France. Le nombre de cas de sida diagnostiqués chez les personnes contaminées par voie hétérosexuelle a doublé en cinq ans et continue de progresser.

L'enquête de 1996, citée précédemment, met en évidence une bonne connaissance des modes de transmission du Virus de l'Immunodéficience Humaine (VIH) chez l'adolescent, meilleur que celle de la population générale. La connaissance des voies de transmission du VIH (rapports sexuels, injection de drogue, transfusion) est assez bien établie : il n'y a pas de variations significatives selon le sexe, l'âge, l'activité sexuelle, ni la filière scolaire.

Les croyances injustifiées dans la transmission par contact

ou par proximité (baisers, caresses) sont moins répandues que chez l'adulte. On trouve également une plus grande expression de tolérance et de solidarité avec les personnes atteintes et une demande légèrement moindre de dépistage obligatoire. En revanche, des différences significatives selon la filière scolaire apparaissent s'agissant des croyances en une transmission par contact ou partage de mêmes lieux. L'importance accordée à cette transmission montre que les apprentis connaissent mal les informations diffusées sur les virus.

Les données présentées indiquent que la prévention a moins d'influence dans les filières scolaires professionnelles. Le sentiment que le risque ne peut être maîtrisé y est plus fréquent. Ce risque va de pair avec une représentation de la maladie comme un mal insidieux se transmettant par contact.

LES ABUS SEXUELS

Dans l'enquête « analyse du comportement sexuel des jeunes » (publiée en 1996), la question de l'éventualité d'abus sexuels n'a été posée qu'aux personnes ayant eu des rapports sexuels. 15,4 % des filles et 2,3 % des garçons déclarent avoir subi des rapports sexuels forcés. Dans 45 % des cas, les rapports forcés sont antérieurs à ce que les jeunes considèrent comme leur premier rapport sexuel. Les agresseurs de ces rapports forcés n'ont pas été considérés comme des partenaires.

Toutes les filles sexuellement contraintes l'ont été par un ou plusieurs hommes ; les garçons l'ont été dans 72 % des cas par une femme et 28 % par un homme. Nous ne parlerons que des jeunes filles qui sont les principales victimes (six fois plus que les garçons).

Pour les filles, les rapports forcés leur sont imposés dans plus des trois quarts des cas par des jeunes. 85 % de ces rapports ont été commis par des hommes connus, jeunes ou adultes, qui appartiennent ou non à la famille.

Le risque d'être forcée à avoir un rapport sexuel est donc plus lié aux hommes de l'entourage qu'à des inconnus. L'âge auquel ces jeunes filles ont été sexuellement forcées varie de 4 à 18 ans.

Les cas d'inceste concernent 8 % des jeunes filles qui ont eu des rapports sexuels forcés. Ce sont majoritairement des situations qui ont commencé avant la puberté et durent longtemps. Les rapports incestueux commis par un adulte commencent pour les trois quarts avant 15 ans et se répètent dans la moitié des cas. Ceux qui sont commis par un jeune de la famille (souvent un frère) débutent presque tous avant 12 ans et se poursuivent quasi systématiquement.

Au terme de ce chapitre, nous pouvons conclure en soulignant que la sexualité à l'adolescence, et tout ce qui s'y rattache, constitue probablement un des points de convergence des diverses lignes de tension à cet âge de la vie. Vécue comme une découverte qui permet à l'adolescent de s'ouvrir à l'autre, de donner sens, cohérence et projet à son identité, d'accéder à la dimension du plaisir et de son partage, la sexualité possède un pouvoir mutatif important dans l'économie psychique de chaque individu. À l'inverse, lorsque la sexualité ne permet aucune découverte, lorsqu'elle est vécue dans un climat de besoin pulsionnel qu'il faut rapidement évacuer, ou dans le cadre d'une relation avec l'autre où il s'agit d'accaparer quelque chose, la sexualité risque de susciter une clôture qui enfermera ensuite la personne dans des comportements de plus en plus répétitifs et parfois appauvrissants. Tels sont les diverses contradictions, les paradoxes inhérents à la découverte de la sexualité à l'adolescence.

Chapitre VII

LA SCOLARITÉ

Selon les évaluations actuelles, près de 70 % des élèves de 6ᵉ iront jusqu'au bac, contre 30 % seulement vingt ans plus tôt. L'espérance de scolarisation est passée de 16,7 ans en 1982-1983 à 18,9 ans en 1994-1995. Les étudiants représentent actuellement 14 % de la population scolarisée, soit une augmentation de 30 % en cinq ans (entre 1990 et 1995). Comment, dans ce contexte d'intense croissance de la scolarisation, donner tort aux parents qui ont dans la tête un modèle unique et stéréotypé de la réussite scolaire ? Sans doute la crispation sur les résultats est-elle parfois excessive, mais le plus souvent, l'intérêt de l'enfant est, quand même, de réussir à l'école. Dans l'idéal, chacun devrait pouvoir réussir au mieux de ses capacités et à son rythme. Mais les réalités scolaires et sociales n'en tiennent nul compte.

Pourtant, tous les adolescents ne sont pas identiques face à la scolarité : ils obéissent à des rythmes différents, leurs besoins sociaux, leurs besoins affectifs et physiques ne sont pas les mêmes. On trouve des rêveurs, des timides, des bavards, des calmes, des agités, des acharnés aux études. De toute façon, pour tous, l'entrée en 6ᵉ marque un cap. Ce cap est d'autant plus important, qu'il s'associe, plus ou moins rapidement, aux premiers signes pubertaires : nombreux sont les collégiens qui vivent le déroulement complet de leur puberté au cours des classes de 6ᵉ ou de 5ᵉ. La 4ᵉ (ou déjà la 5ᵉ) est, quant à elle, une classe où l'orientation commence à se dessiner, déterminant le type d'enseignement futur, et par là même le type d'orientation professionnelle, bien que les passerelles restent encore possibles. Cette orientation est pour certains une continuité dans la scolarité qu'ils ont connue antérieurement ; pour d'autres, il s'agit d'une première transition vers leur vie professionnelle plus proche. Cette orientation est vécue par certains comme un soulagement par rapport à l'aspect abstrait de l'enseignement, pour d'autres, elle est vécue comme un échec. L'entrée en seconde succède à une nouvelle orientation. Certes, concernant un nombre plus limité d'adolescents, le pourcentage d'élèves admis au lycée croît rapidement (augmentation de 40 % en 5 ans) du fait de l'ouverture des séries technologiques et professionnelles. En 1995, il y a eu 491 000 bacheliers et en 1996, 470 000. Pour 1996, 61,3 % des 770 000 candidats ont obtenu le baccalauréat dans le cycle général, 17,5 % technologique et 9,4 % professionnel. Le taux de réussite au baccalauréat, qui était de 30 % en 1975, a atteint 61 % en 1996 ; il a augmenté de 33 % entre 1975 et 1995. (*Géographie de l'école*, Ministère de l'Éducation nationale éd., mars 1997, n° 5 et *État de l'école*, ONISEP éd., novembre 1996, n° 6.)

De la scolarité obligatoire, nous sommes passés à la scolarité volontaire, ce volontariat pouvant être celui des adolescents et/ou de leurs parents. Parfois ce volontariat est du seul fait des parents ce qui est alors une source de conflits potentiels avec leur adolescent. Enfin, les classes de première et terminale restent en France deux années de scolarité ponctuées par un examen dont l'importance soulève une angoisse d'autant plus vive qu'il survient à une période où le développement des potentialités affectives, relationnelles et sociales s'oppose à la nécessité de rétrécir son champ d'intérêt sur un apprentissage intellectuel intensif, dans le but d'être reçu en fin d'année. Ce but, bien des adolescents en soulignent l'aspect en apparence dérisoire mais obligatoire : « Passe ton bac d'abord. »

La place de la scolarité dans la vie de l'adolescent

Plusieurs enquêtes psychosociologiques montrent que dans l'ordre des préoccupations l'école est en second après les relations avec les amis mais avant les loisirs, les conditions de vie, les relations amoureuses et les relations avec les parents. De même les sujets de discussion entre adolescents, entre les adolescents et les parents, portent souvent de façon privilégiée sur les résultats scolaires. Il faut souligner à ce propos que les conflits entre les parents et les adolescents sont peut-être moins nombreux qu'on ne le pense, puisqu'en général 66 % des adolescents sont d'accord avec leurs parents sur l'importance des résultats scolaires alors que 31 % ne sont pas d'accord et que 1 % n'en discutent pas. Parallèlement l'école représente peut-être « plus » qu'on ne l'imagine, car l'adolescent en attend non seulement une préparation à la vie professionnelle, un apprentissage personnel mais aussi une possibilité de développement pour l'ensemble de sa vie et de sa personnalité. Une définition de la scolarité, qui la réduirait à la simple activité d'enseignement et d'acquisition des connaissances, ne correspond pas aux vœux des jeunes eux-mêmes. La preuve en est fournie par l'intérêt qu'ils prennent aux activités organisées dans le cadre scolaire comme le sport, les clubs, les ateliers. De même, le temps et l'espace qui se situent entre la maison et l'école, c'est-à-dire sur le chemin du collège et du lycée, sont remplis d'activités, de rencontres et d'échanges. Ceux-ci ont une grande importance et constituent une sorte d'ère de transition indispensable entre les deux modes de vie, celui du groupe scolaire et celui du groupe familial. Enfin, la participation à son développement personnel, que l'adolescent attend de l'école, questionne l'enseignant confronté lui aussi à un individu en plein développement et en crise. Cela se manifeste par le fait que ce dernier peut parfois prendre des fonctions autres que la seule fonction d'enseignant : fonction d'éducateur, de conseiller et même de confident, fonctions vis-à-vis desquelles l'enseignant aura parfois des difficultés à se situer ou à se dégager.

La notion de travail et de responsabilité

L'adolescent déplacera de plus en plus son intérêt pour le jeu et l'apprentissage subis vers un intérêt pour les activités sociales, ludiques ou non, et le travail volontaire choisi. Incontestablement, un intérêt excessif et durable pour les activités ludiques, ou une attitude de passivité face à une tâche d'apprentissage sont des handicaps pour ce qui attend l'adolescent. Le travail, qu'il soit scolaire ou professionnel, devra être peu à peu investi et assumé comme tel. Quand l'adolescent acquiert la satisfaction du travail accompli, de la réussite de l'exercice d'une tâche, une étape importante de cette évolution est franchie.

De façon différente, mais complémentaire à la notion de travail, la notion de responsabilité s'acquiert également peu à peu au cours de l'adolescence. Certains jeunes ont des difficultés à intérioriser cette notion qui pourtant est indispensable à la vie personnelle et sociale ; néanmoins la majorité des adolescents accèdent peu à peu à ce sens de la responsabilité, souvent par le biais de réflexions intellectuelles ou politiques, ou par le biais de tâches concrètes qu'ils revendiquent eux-mêmes. Ces deux notions sont parfois confondues par l'adolescent. Il est vrai que ces deux registres ont d'étroites relations en ce qui concerne le développement personnel de l'individu.

Les conditions d'une bonne scolarité

Sans négliger ce qui s'est passé au cours de l'enfance, nous pouvons repérer trois séries de facteurs auxquels toute scolarité est soumise au cours du CES et du lycée : ceux liés au développement affectif, ceux liés à l'intelligence, et ceux liés aux attitudes parentales.

LES FACTEURS AFFECTIFS

La transformation des possibilités affectives et relationnelles au cours de l'adolescence retentit sur la scolarité, par les intérêts nouveaux qu'elle suscite, et par le souhait d'autonomie et d'indépendance qui y sont liés. Les intérêts nouveaux provoqués par le processus d'adolescence, par l'émergence de nouveaux buts pulsionnels sexuels permettent que se développe le mécanisme de sublimation c'est-à-dire le déplacement sur le terrain culturel et intellectuel de cette énergie pulsionnelle. Cette « dérivation » d'énergie est tout à fait positive, et permet à l'adolescent de trouver un champ d'investissement pour sa curiosité, l'exercice de sa maîtrise et le développement de ses idéaux. De même le souhait d'autonomie et d'indépendance facilite l'exploration de champs d'intérêt personnel, la recherche d'identification à un auteur, à une idéologie, à une matière par l'intermédiaire d'un professeur. À l'inverse, des conflits affectifs ou relationnels trop intenses interfèrent dans l'investissement scolaire, lequel pourrait même devenir le lieu de condensation et le thème central de l'opposition au milieu familial.

LES FACTEURS LIÉS À L'INTELLIGENCE

Une deuxième série de facteurs joue un rôle important pour une bonne scolarité. Il s'agit de la faculté d'adaptation à des situations nouvelles, la faculté de stocker et de mémoriser des formes de connaissances, ainsi que la faculté d'abstraction qui représente dans la scolarité, telle qu'elle est généralement valorisée à cette période de la vie, une capacité indispensable à la bonne réussite. En effet, l'accès à la pensée formelle permet de déduire des conclusions à partir de plusieurs hypothèses, sans recours à une observation réelle ; cet accès permet la transposition des opérations logiques de la manipulation concrète aux idées seules ; il permet aussi le passage de la rédaction (raconter ses vacances) à la dissertation (qu'évoquent les vacances ?), le passage du calcul au problème. Tous ces changements caractérisent le développement intellectuel de l'enfant à partir de 10-12 ans et son accession au stade de la pensée abstraite. Ce type de pensée est une condition nécessaire pour la poursuite d'une scolarité satisfaisante quand les études se prolongent. Cet aspect privilégié de la pensée abstraite dans les études et l'enseignement, tel qu'il est réalisé actuellement, peut mettre en difficulté certains adolescents pour lesquels la pensée concrète reste beaucoup plus familière et de maniement aisé. Il est important de savoir dans quel style de pensée et d'intelligence l'adolescent s'organise, afin de choisir des orientations qui correspondent au mieux à son style d'intelligence. Il existe en effet diverses formes d'intelligence et il est tout à fait capital de ne pas créer un écart excessif entre le style personnel de l'intelligence de l'enfant et le type d'études suivies.

LES FACTEURS FAMILIAUX

Enfin, une dernière série de facteurs joue un rôle important dans les conditions d'une bonne scolarité : il s'agit des facteurs familiaux. L'intérêt de la famille pour l'école, pour les rencontres qui s'y font, pour les matières étudiées, pour les relations avec les enseignants, joue pour l'adolescent un rôle important dans la réussite d'une bonne scolarité. Il est important que les parents rencontrent les enseignants régulièrement : un professeur qui connaît la famille ne regardera pas l'enfant de la même façon, et le jeune qui sent des liens entre sa famille et l'école sera sécurisé. En second lieu, il est important de savoir que la réussite d'un enfant se joue autant à la maison que sur les bancs de l'école ; on ne peut pas demander à un enfant d'avoir des résultats scolaires tout à fait brillants si les difficultés familiales sont trop importantes, si les rythmes naturels ne sont pas respectés ou s'il existe une coupure complète entre ce qui se passe à la maison et ce qui se passe à l'école. Enfin il est également important de choisir une bonne école. Certains adolescents supportent mal l'ambiance impersonnelle des grands collèges ou lycées et sont plus à l'aise dans un petit groupe scolaire. D'autres, au contraire, se sentent mieux dans une structure souple où les contraintes ne sont pas trop continuellement présentes. Certains ont besoin d'un cadre relativement rigoureux, avec une discipline stricte, pour se sentir mieux contenus. Il faut trouver une harmonie entre la personnalité du jeune et le style de scolarité. Il faut bien évidemment associer le jeune à ces choix.

Les examens

Les examens jalonnent avec une extrême rigueur la vie scolaire. Ils sont toujours source d'inquiétude, d'autant qu'ils retentissent sur l'avenir du sujet. Le baccalauréat reste en France l'exemple type de cette situation. Là aussi il existe de grandes différences selon les sujets en ce qui concerne les moyens de préparer un examen, les attitudes psychologiques face à l'épreuve elle-même et les réactions face à l'éventuel échec.

La préparation des examens est une période importante au cours de laquelle les comportements habituellement manifestés en cas d'anxiété se révèlent. Il peut s'agir d'attitudes de fuite devant l'examen où l'élève fait comme s'il n'y avait pas cette échéance, il ne travaille pas et cherche un refuge dans tout ce qui peut lui permettre d'éviter de penser à cette épreuve. Un autre adolescent travaille de façon extrêmement intensive mais sur un mode obsessionnel : il a le sentiment de ne jamais en savoir assez, de devoir toujours répéter les mêmes apprentissages mais sans acquisition vraie ; il a l'impression d'une activité extrêmement pénible et improductive qui l'épuise physiquement et moralement. Il peut dans d'autres cas se réfugier dans une attitude de désintérêt apparent : ce n'est qu'une façon de lutter contre l'angoisse en mettant à distance ce problème qui le concerne personnellement. Enfin, c'est heureusement le cas le plus favorable, il peut utiliser son anxiété et son appréhension comme moteur pour travailler dans le but de réaliser une tâche qui représente pour lui un souhait de réussite.

Les attitudes face à l'examen lui-même sont également variées. Elles peuvent être compliquées par les risques d'inhibition et d'émotivité que l'épreuve suscite chez le sujet. Lorsque cette émotivité est importante, et qu'elle fait perdre au candidat une grande partie de ses moyens, il existe actuellement, en dehors de tous les conseils éducatifs et psychologiques, des médicaments qui ont une action sur l'émotivité en situation d'examen et qui peuvent être alors momentanément utilisés.

Enfin, face à l'échec la réaction sera variable. Réaction dépressive sous la forme d'un effondrement qui, comme tout état dépressif, s'il dure, doit être sérieusement pris en compte et traité. Réaction de colère, de dépit et d'agressivité, qui n'est que la réaction inverse et défensive de la précédente, mais qui nécessite des attitudes de compréhension, d'accompagnement et de soutien, parfois plus difficiles à exercer ou à réaliser. Réaction de prestance, l'échec pouvant susciter chez l'adolescent un réflexe de fierté et développer ou créer un sentiment de lutte qui permettra à l'adolescent de repartir sur une voie plus favorable et parfois même plus profitable que celle qu'il avait jusque-là choisie.

L'attitude des parents face à l'échec est difficile, car il les atteint personnellement, et eux aussi peuvent présenter des réactions plus vives et moins contrôlées qu'ils ne le souhaiteraient. Là encore, plus qu'ailleurs, il est nécessaire que les adultes se montrent particulièrement présents dans leur fonction de guides et d'accompagnateurs, qu'ils aident l'adolescent à vivre le moment difficile qu'il traverse, et surtout à se dégager de la réaction qu'il a manifestée lorsqu'elle a compromis son adaptation ultérieure.

Les difficultés scolaires

Les difficultés scolaires, à l'adolescence, peuvent se présenter comme un problème nouveau, surgissant plus ou moins brusquement au moment où l'adolescent doit se prendre en charge lui-même, ou bien comme la suite des difficultés scolaires de l'enfance.

LES DIFFICULTÉS SCOLAIRES SPÉCIFIQUES À L'ADOLESCENCE

Il faut distinguer les difficultés scolaires transitoires, véritables fléchissements momentanés que connaît tout adolescent à un ou plusieurs moments de sa scolarité, et les difficultés scolaires durables, qui s'organisent en un système stable sous la forme de désinvestissement de la scolarité, pouvant aller jusqu'à la rupture. Une fois de plus, comme pour beaucoup de problèmes de l'adolescence, la durée de la difficulté est une notion importante : quelques jours, quelques semaines de fléchissement, ne doivent pas constituer pour l'adolescent et pour son entourage une inquiétude excessive. En revanche, lorsque ce fléchissement dépasse trois mois, il faut s'interroger sur ses origines.

Les origines de ce fléchissement durable sont au nombre de trois.

Il peut être difficile pour l'adolescent de s'intéresser à des matières nouvelles, nécessitant plus d'abstraction, et auxquelles son type d'intelligence n'est pas adapté.

Une autre origine de ce fléchissement réside dans l'investissement de plus en plus important, allant jusqu'à un hyperinvestissement massif, vers une autre « activité » que l'activité scolaire. Une relation amoureuse, l'« adhésion » à un groupe d'amis conduisent l'adolescent à multiplier les sorties et les loisirs qu'il partage avec ce groupe. D'autres développent un intérêt excessif et exclusif pour un sport, ou une activité quelconque (musique, cinéma, etc.).

Enfin les troubles affectifs graves interagissent, nous l'avons vu, dans le rendement scolaire. Assez brusquement, les parents ont le sentiment que leur fils ou leur fille n'a plus envie d'apprendre, et parfois même n'a plus envie de grand-chose, car le désinvestissement touche les différents domaines de la vie de l'adolescent. Nous pensons ici à ces adolescents dont les attitudes d'échec, les sentiments dépressifs ou les difficultés importantes à supporter les différentes angoisses propres à cet âge et à leurs relations avec leur entourage envahissent le fonctionnement psychique. Cela peut aller jusqu'à la rupture scolaire. L'adolescent semble tenir fermement à interrompre ses études. Il exprime toute une série de raisons dont la logique est parfois difficile à entamer. Cette volonté de rupture peut débuter sous la forme d'absentéisme, de fugue, ou de troubles du comportement à l'école qui rendent la situation de moins en moins tolérable. Il est nécessaire, dans ces cas, d'avoir l'avis d'un spécialiste qui pourra apprécier les différents facteurs rentrant en jeu dans cette rupture ou cette ébauche de rupture. Cela ne veut pas dire que toute rupture scolaire soit pathologique, mais cela veut dire que toute rupture scolaire qui serait sous-tendue par un trouble psychologique doit être prise en compte, et si nécessaire traitée. En effet, il est toujours dommage de voir un adolescent interrompre sa scolarité pour un état dépressif, interruption qu'il regrettera ensuite, d'autant plus que cet état dépressif aurait pu faire l'objet d'un traitement approprié.

LES DIFFICULTÉS SCOLAIRES DE L'ENFANCE

Les difficultés scolaires de l'enfance qui se perpétuent à l'adolescence s'intègrent dans ce qu'on appelle l'échec scolaire, terme réservé aux retards supérieurs à deux années. Les causes peuvent en être variables : il peut s'agir d'un trouble intellectuel correspondant à une maladie de l'enfance, ou bien une disharmonie qui est constituée par des insuffisances graves dans le processus de symbolisation survenant chez des enfants dits caractériels ayant connu des carences socioculturelles ou des troubles familiaux et éducatifs précoces.

Ces difficultés scolaires de l'enfance entraînent à l'adolescence de sévères difficultés dans l'insertion sociale et professionnelle. Elles peuvent être à l'origine de sentiments profonds de dévalorisation, mais plus gravement d'angoisses insupportables, qui nécessitent alors un placement dans un établissement spécialisé. Par contre, l'adolescence doit permettre à certains enfants, ayant connu au cours de leur scolarité de grandes difficultés d'apprentissage et d'acquisitions, la possibilité de quitter l'école et de rentrer dans un monde moins « intellectuel » mais beaucoup mieux adapté à leurs aptitudes et à leurs désirs.

L'orientation scolaire

Les différentes étapes de la scolarité : passage en 6e, passage en 4e, passage en seconde, orientation à la fin du baccalauréat, sont à l'origine de choix qui engagent l'adolescent pour son avenir. Malgré les possibilités toujours envisageables du changement de direction, des choix doivent être opérés et des décisions prises. Pour cela les adolescents et les parents peuvent être aidés par des conseillers d'orientation dont c'est la formation et le métier. Ils aideront chacun à s'informer sur les orientations possibles, en tenant compte des désirs et des capacités de l'enfant. Ces conseillers pourront alors pratiquer un « bilan d'orientation », comportant des questionnaires et des tests psychotechniques qui permettront d'apprécier certaines capacités professionnelles, et par là conseiller telle ou telle branche d'activité. Cependant, il ne faut pas attendre de ces conseillers d'orientation un pouvoir dans une décision qui doit être prise à plusieurs, et toujours après un dialogue important entre l'adolescent et ses parents. S'il faut tenir compte des capacités intellectuelles du jeune et de ses désirs du moment, il faut aussi savoir discuter, donner le maximum d'informations sur les conséquences des choix d'orientation. Enfin, tenir compte surtout des aspects affectifs, relationnels et parfois conflictuels qui existent dans ce type de décision. Par contre, une fois que la décision est prise, il vaut mieux ne pas regretter l'orientation, mais plutôt donner à l'adolescent un point de vue positif sur le choix qui a été fait. En raison de son importance, l'orientation nécessite une parfaite connaissance des éléments entrant en jeu, et surtout ne doit pas se limiter à un seul des aspects (résultats scolaires), mais aussi aux désirs de l'adolescent, aux désirs des parents, aux conseils du spécialiste, possibilités matérielles, etc.

L'entrée dans la vie professionnelle

L'accession à la vie professionnelle marque l'accession à l'indépendance financière. C'est le critère adopté par certains sociologues pour ponctuer la fin de l'adolescence. Pour l'adolescent lui-même, la recherche et l'obtention d'un emploi doivent concrétiser une série d'aspirations dont la réalisation représente, dans un premier temps, une gratification rassurante pour l'image sociale qu'il cherche à acquérir ou à confirmer. Là aussi, le développement des services spécialisés de conseil et d'orientation permet sûrement une meilleure insertion des jeunes, surtout dans une période où le chômage est important. Par contre, la mise en place d'actions permettant l'amélioration des conditions susceptibles de faire naître des vocations dans les dernières années de la scolarité et de la postscolarité paraît toujours aussi négligée dans le système éducatif actuel. Comme pour l'orientation, l'insertion dans la vie professionnelle renvoie à de multiples relations entre le contexte socio-économique, la qualité du cursus scolaire, les compétences personnelles, l'intérêt pris par les parents au choix d'un métier chez leur enfant et enfin la motivation individuelle. Mais il n'y a pas que les problèmes inhérents à la difficulté de trouver un premier emploi. On peut également décrire les difficultés rencontrées par les adolescents et les jeunes adultes pour s'adapter au monde du travail dont les caractéristiques diffèrent sensiblement du monde de l'école. Il conviendrait de préparer ce passage par une information bien menée ainsi que par des stages constituant une première expérience du monde du travail. Il faut reconnaître que, là comme ailleurs, le système de motivation individuelle de l'adolescent dépend en grande partie de l'environnement familial : comment demander aux adolescents de s'adapter au monde du travail lorsqu'ils entendent chez eux de multiples récriminations, ou des sentiments négatifs ou dépressifs sur la vie professionnelle. En fait, comme pour le cursus scolaire, l'entrée dans le monde du travail et l'accession à la vie professionnelle sont à la jonction du système de motivation individuelle, de la qualité de l'environnement familial et du contexte socioculturel, ce qui rend le plus souvent arbitraire et fallacieux un discours ne prenant en compte qu'un seul facteur.

TROISIÈME PARTIE

Les embûches

Jusqu'à présent nous n'avons pas abordé les situations ouvertement pathologiques. Dans cette troisième partie nous examinerons brièvement les conduites pathologiques comme la dépression, les tentatives de suicide, l'anorexie mentale, la prise de drogue ou encore les épisodes psychotiques. Parler ainsi de conduites pathologiques implique, par définition même, qu'on puisse distinguer ce qui appartient au registre du normal et ce qui appartient au registre du pathologique. Cette question est certes essentielle, mais la réponse est difficile, et peut-être encore plus difficile à l'adolescence qu'à tous les autres âges de la vie. On l'aura compris à la lecture de tout de qui précède, il n'existe pas une ligne de partage nette entre ce qui serait, d'un côté, du domaine du normal et, de l'autre, du pathologique. En outre, l'adolescence se caractérise par la multiplicité des conduites qu'on peut y rencontrer, par les multiples essais et erreurs qui font partie intégrante de l'apprentissage social à cet âge, par les incertitudes et les flottements que l'adolescent éprouve quant aux limites de soi-même et de ses actes. Désormais, on sait bien qu'un adolescent ne doit pas être réduit à la signification d'un seul de ses actes et « étiqueté » en fonction de ceux-ci. Il est faux et certainement dangereux de décréter un adolescent « voleur » parce qu'un jour il a commis un vol, « fugueur » parce qu'un jour il a fugué, « déprimé » parce qu'il s'est senti triste un jour, etc. Cependant, à l'inverse, il est tout aussi néfaste de laisser s'installer et perdurer des situations pathologiques au cours desquelles l'adolescent ira de plus en plus mal : le travail psychique propre à cet âge se trouvera bloqué, une désinsertion de plus en plus grande s'instaurera, aussi bien par rapport à la famille que par rapport à l'environnement scolaire. Aussi les parents se trouvent-ils confrontés à deux attitudes opposées qui peuvent, chacune, avoir leurs inconvénients. Certains parents se verront reprocher leurs inquiétudes excessives, parce qu'ils sont venus consulter dès le premier signe suspect. À l'inverse on reprochera à d'autres de ne pas s'être manifestés plus tôt et d'avoir laissé s'installer une situation franchement pathologique.

Quand s'inquiéter ?

L'adolescence est également l'âge des apprentissages choisis et décidés du moins consciemment par le sujet. Les apprentissages sont non seulement scolaires mais aussi sociaux, affectifs, culturels : on ne peut pas demander à l'adolescent de faire preuve de curiosité dans de nombreux domaines et de se montrer respectueux, dénué de curiosité dans d'autres. Ainsi, à titre d'exemple, évidemment un peu sulfureux, lorsqu'on interroge les adolescents sur leur motivation pour la première prise d'une drogue, la grande majorité répond : « pour voir... pour faire une expérience ». Si la conduite en elle-même peut être inquiétante, sa motivation peut tout à fait appartenir au domaine de la bonne santé mentale.

D'une manière générale, on peut considérer qu'une caractéristique essentielle du comportement normal d'un adolescent est sa fluidité. Cette fluidité s'observe dans le temps, d'un jour à l'autre, d'une semaine à l'autre, mais aussi dans l'espace, l'adolescent se montrant différent avec telle ou telle personne. Ainsi, un jeune en conflit ouvert avec ses parents s'entendra très bien avec ses grands-parents ou avec ses tantes et oncles ; un adolescent en proie au cafard ou à la morosité sera, quelques heures plus tard, heureux et excité par un coup de fil d'un ou d'une amie ; un autre, qui se désintéresse de l'école, se passionne pour un domaine particulier : informatique, musique, sport, cinéma, etc. Cette fluidité de l'état affectif, des intérêts, fait partie intégrante de l'adolescence, même si elle est parfois comprise et supportée avec difficulté par les parents.

Cependant, on sait maintenant que de nombreux états pathologiques commencent dès l'adolescence et que, si on ne les traite au plus tôt, il est fort probable qu'ils ne disparaîtront pas spontanément et même s'ils disparaissent, ce sera le plus souvent pour réapparaître quelques années plus tard. Il est donc nécessaire d'envisager le plus possible un traitement spécifique et ce, dès l'adolescence. Il importe donc de reconnaître et de traiter une humeur dépressive à l'adolescence qui dure plus de quinze jours-trois semaines. De même, tous les signes n'ont pas la même signification. Ainsi, les inquiétudes dysmorphophobiques sont fréquentes à l'adolescence, néanmoins leur gravité n'est pas la même selon qu'elles concernent un organe qui se transforme nettement pendant la puberté (par exemple les seins, la pilosité, etc.) ou un organe dont le rapport à la puberté est moins évident (morphologie du nez, des yeux, des oreilles, etc.). Ces dernières dysmorphophobies témoignent d'un doute plus profond sur l'identité. Enfin, la manière dont la conduite incriminée retentit sur la vie globale de l'adolescent doit aussi être prise en compte. Certaines manifestations, si elles peuvent être parfois gênantes dans le cadre de la vie familiale, restent limitées à celle-ci et n'entravent pas la vie de l'adolescent dans les autres secteurs, ce qui n'est pas vrai dans d'autres cas.

L'évaluation du normal et du pathologique à l'adolescence exige, on le voit, la prise en compte d'un nombre de facteurs importants, à côté de la seule difficulté en cause. Toutes les enquêtes épidémiologiques montrent régulièrement le rôle de certains facteurs : la grande pauvreté socio-économique, la désorganisation sociale (en particulier chômage prolongé des parents), la pathologie mentale des parents (dépression et tentative de suicide en particulier), l'absence durable ou la disparition du père, la mésentente familiale chronique et la violence répétée, etc.

Rappelons brièvement qu'on peut distinguer d'un point de vue épidémiologique :
– un groupe d'adolescents « sans problèmes apparents » qui représente environ 25 % des jeunes entre 16 et 18 ans ;
– un groupe « à problèmes multiples » : 10 % environ des adolescents entre 16 et 18 ans ;

– un groupe « intermédiaire » : 65 % des adolescents entre 16 et 18 ans.

Répétition, durée, cumul

Qu'il s'agisse de conduites à risques ou de groupes à risques, les « clignotants » du risque ne sont pas tant qualitatifs (tel ou tel type de conduite) que quantitatifs. Ainsi, doit-on prendre en considération :
– la répétition d'une conduite (redoublements scolaires à répétition, plusieurs accidents de la voie publique impliquant fractures ou lésions graves ; comportements boulimiques répétés ; bagarres fréquentes ; absentéisme scolaire fréquent ; ivresses à plusieurs reprises ; etc.) ;
– la durée d'une même conduite pendant une période de plus de trois mois voire six mois ou plus ;
– le cumul des manifestations de souffrance et/ou de déviance avec l'apparition de nouvelles conduites s'ajoutant aux précédentes ;
– les événements de vie négatifs aussi bien pour l'adolescent lui-même que pour son proche environnement (déménagement, maladie ou accident des parents, chômage, etc.).

Lorsque les conduites symptomatiques se répètent, durent, s'associent entre elles et avec des événements de vie négatifs, il est le plus souvent illusoire de croire que « le temps est le meilleur traitement » et qu'il suffit d'attendre. Au contraire, on peut craindre soit une fixation dans un type de difficultés, dont la répétition risque d'avoir un effet de désignation pour l'adolescent aboutissant à une pathologie comportementale fixée (un « toxicomane », une « boulimique », un « délinquant », etc.), soit une aggravation progressive avec un risque de décompensation dans un état psychopathologique patent (dépression grave, état-limite, décompensation psychotique, etc.).

Au total, qu'il s'agisse d'un trouble isolé mais qui s'installe et qui dure (une conduite d'anorexie persistante avec un amaigrissement important...) ou de conduites variées qui se cumulent ou se succèdent mais qui souvent retentissent sur la vie sociale, familiale et/ou scolaire du jeune, il importe d'intervenir rapidement afin de ne pas laisser l'adolescent s'enfermer dans des comportements de plus en plus pathologiques et qui l'éloignent du travail psychologique caractéristique de cet âge, indispensable pour poursuivre une évolution et une croissance satisfaisantes. Les parents doivent alors accepter l'idée d'un avis auprès d'un spécialiste, démarche susceptible d'ouvrir de nouvelles potentialités.

Chapitre VIII

L'ANGOISSE, SES TRANSFORMATIONS, SON TRAITEMENT

À l'adolescence, l'angoisse surgit de manière tantôt soudaine, tantôt progressive. Elle envahit totalement le sujet ou se limite à un malaise vague et diffus. Mais quel que soit son mode d'apparition, plusieurs questions se posent. Il faut d'abord distinguer l'angoisse normale, temporaire, qui n'entrave ni la progression vers l'age adulte, ni la capacité de tirer du plaisir de sa vie personnelle, d'un trouble psychique débutant, interférant avec le développement psychique de l'individu. Dans ce dernier cas, le spécialiste doit reconnaître les différents types d'angoisse pathologique puis les traiter.

Angoisse normale, angoisse pathologique

Comme pour l'ensemble des manifestations comportementales et psychologiques de l'adolescence, la distinction entre les stress normaux temporaires et les troubles psychiques débutants peut paraître difficile. Cependant, certains éléments doivent orienter dans un sens ou dans l'autre :
– Les antécédents d'accès d'angoisse aigus, répétés, ou d'état anxieux persistant dans l'enfance, doivent être considérés comme des signes de fragilité.
– La durée du trouble : l'aspect prolongé de l'angoisse est en faveur de sa non-intégration au développement normal.

– L'intensité : n'est pas normal l'accès d'angoisse débutant soudainement sans motif apparent, avec essoufflement, palpitations, douleurs thoraciques ou abdominales, peur de mourir ou de devenir fou, impressions d'évanouissement ou d'irréalité, si ce n'est de dépersonnalisation. Sans traitement, on peut craindre une répétition des troubles et le développement d'une agoraphobie (peur des grands espaces ou des grandes distances) fréquemment associée.

– Les interférences avec le fonctionnement global de la personnalité : l'angoisse, quelle que soit sa forme, ne doit pas être considérée comme un phénomène, une conduite ou un comportement isolé. Le clinicien doit apprécier son rôle « économique » dans l'équilibre de l'individu et son retentissement sur le développement psychique de l'adolescent. Toute la question est de savoir si elle permet à l'individu de s'éloigner de ses conflits externes et internes, c'est-à-dire si elle permet la formation du caractère. En d'autres termes, si elle favorise par sa fonction de signal face au danger l'établissement d'un système où le Moi du sujet se défend et se réorganise (ne fonctionnant plus alors en prise directe avec le conflit), ou si, au contraire, l'angoisse est le signe d'une personnalité submergée par le stress physiologique, incapable de fonctionner, l'adaptation à la réalité étant compromise : toutes les manifestations seront elles-mêmes sous l'emprise des mécanismes d'évitement (fuite sans combat), de compulsion (répétition d'un acte sans raison) ou de projection (attribution aux autres de l'agressivité ressentie). Cette évaluation nécessite au moins deux ou trois consultations cliniques avec l'adolescent, une consultation au minimum avec la famille (la mère et le père), et, dans les cas difficiles, elle devra s'appuyer sur un examen réalisé par un psychologue expérimenté qui viendra infirmer ou confirmer l'appréciation clinique (bilan psychologique avec passation de tests de personnalité).

Dans la majorité des cas, le recueil de ces différents éléments permettra de savoir si les manifestations comportementales et psychologiques de l'angoisse sont normales ou au contraire pathologiques chez cet adolescent. Mais parfois seule l'évolution, et donc le temps, permettront de se faire une idée plus précise sur cette question.

ANXIÉTÉ DES FILLES, ANXIÉTÉ DES GARÇONS

Là encore les différences selon le sexe s'établissent clairement au moment de la puberté. Deux équipes américaines ont montré que pour l'hyperanxiété et pour l'anxiété de séparation, la différence entre garçons et filles, qui était faible entre 10 et 13 ans, augmentait considérablement à partir de 14 ans.

Le tempérament individuel jouerait-il un rôle dans la fréquence des problèmes anxieux ? Selon des récentes études, l'humeur anxieuse serait plus féminine et le caractère hyperthymique plus masculin.

Voici les critères retenus pour définir le tempérament anxieux : tension et incapacité à se détendre, soucis constants et crainte excessive de l'avenir, rumination du passé, préoccupation exagérée pour tout ce qui concerne les performances ou les compétences, fréquentes plaintes somatiques. Pour le tempérament hyperthymique, ce sont l'optimisme excessif, la vantardise, l'extraversion, l'exubérance et la tendance trop fréquente à l'irritabilité.

Traumatisme et angoisse à l'adolescence

Les réactions des adolescents à des événements considérés psychologiquement comme traumatiques sont diverses. Elles vont d'une psychopathologie modérée passagère à un trouble durable au cœur duquel est présente une expérience submergeante d'angoisse. En cela, rien apparemment ne différencie la réaction des adolescents de celle des enfants ou de celle des adultes.

Que peut apporter l'étude chez l'adolescent du problème du traumatisme de l'angoisse et des moyens de faire face ? Un travail en 1994 portant sur 3 735 adolescents en milieu scolaire, effectué aux États-Unis par le Dr Mark Singer, de l'université de Cleveland, a montré que, dans ce pays, cette tranche d'âge était particulièrement exposée à la violence

Selon les lieux d'enquête, de 33 à 44 % des garçons ont été frappés à l'école et de 3 à 22 % battus ou attaqués dans leur voisinage ; de 3 à 33 % ont été, en outre, menacés par des coups de feu et de 6 à 16 % attaqués au couteau. Les chiffres sont inférieurs pour les filles, mais non négligeables : de 34 à 56 % ont été frappées à la maison, de 0 à 9 % attaquées au couteau, de 0,5 à 12 % menacées par des coups de feu et de 12 à 17 % victimes de sévices sexuels.

La conclusion de cette étude peut paraître évidente, encore fallait-il la démontrer et la quantifier : le traumatisme psychologique se manifestant par de l'anxiété, de la dépression ou des comportements évoquant un stress post-traumatique est d'autant plus élevé que la violence a été grande. L'effet de la violence et du stress chez les adolescents actuellement est peut-être moins important en France, mais cette étude montre que cela peut devenir un souci.

LE STRESS POST-TRAUMATIQUE CHEZ L'ADOLESCENT

L'état de stress post-traumatique peut survenir à n'importe quel âge, y compris au cours de l'adolescence. Toutes les classifications internationales reconnaissent cette possibilité. Nous connaissons moins les réactions des enfants ou des adolescents au contrecoup du traumatisme que celles des adultes. Un psychiatre et psychanalyste américain, E. J. Anthony, a recensé plusieurs études consacrées à ce thème : en 1953, dans une ville du Mississippi, une tornade s'est abattue sur une salle de cinéma où des enfants et des adolescents étaient présents. À la suite de celle-ci, on constata qu'un tiers des spectateurs, plus particulièrement les garçons, avaient manifesté des altérations à type d'insomnie, d'hypersensibilité au bruit, d'attitudes d'évitement et tout particulièrement un attachement important aux parents. Un élément sera retrouvé dans d'autres études du même type : les réactions des enfants et des adolescents se reflètent étroitement dans les réactions des parents.

Plusieurs études portèrent également sur les suites constatées chez les adolescents ayant été soumis à des actes de terrorisme (prise d'otage, kidnapping). Les adolescents semblent particulièrement sensibles au traumatisme qui implique une menace sur le corps : défiguration, blessures, humiliations. On constate deux aspects particuliers des suites de ces traumatismes à l'adolescence :

– le lien possible chez certains à des conflits antérieurs liés à la culpabilité ou à la punition d'une part,

– et, d'autre part, la soumission régressive à l'autorité et par là même au besoin de sécurité et de dépendance que ces adolescents peuvent manifester, y compris à l'égard de leurs agresseurs.

LES RÉACTIONS AU TRAUMATISME

Les réactions au traumatisme sont en fait multiples. On peut les classer en cinq catégories :
– la fuite dans la peur dont l'objectif est l'élimination de la menace réelle ;
– la fuite dans la colère qui est destinée à attaquer l'agent traumatique ou ses représentants ;
– l'immobilité de panique qui prend la forme d'une paralysie de la pensée ou de l'action permettant d'éviter l'angoisse ;
– la recherche active de solutions réussissant à convertir la menace en un défi ;
– les stratégies palliatives intrapersonnelles qui consistent en des actes mentaux réduisant la menace, non pas dans la réalité mais dans les représentations et l'esprit du sujet.

Ces catégories sont là aussi indépendantes de l'âge du sujet. L'adolescence apporte néanmoins un élément spécifique de l'intrication de ces différentes réactions avec la manière dont le sujet affronte les conflits de son développement, c'est-à-dire de son éprouvé pubertaire et de ses conflits d'autonomie et de séparation.

Dans les recherches sur ce sujet, il est sans doute nécessaire de distinguer les réactions immédiates des adolescents en situation traumatique des réactions à distance.

En ce qui concerne les réactions immédiates, les adolescents manifestant des attitudes particulièrement diverses : attitude de combat montrant leur capacité à s'appuyer sur la réactivation pulsionnelle en partie agressive ; attitude de fuite survenant en particulier au début de l'événement traumatique montrant le besoin à cet âge d'une sécurité et donc une propension à une régression sécurisante. Chez l'adolescent cependant, la décision de s'échapper implique toujours un conflit entre la tendance à se protéger et le souci de se confronter non seulement à son Surmoi et son idéal du Moi, mais aussi de prendre en compte le sens social particulièrement développé à cette période de la vie et concrètement sa responsabilité envers les autres.

Pour les réactions à distance de l'événement traumatique, l'attitude la plus fréquemment rencontrée chez l'adolescent est celle d'un déni. Il existe également, comme l'ont constaté plusieurs auteurs, une propension à s'identifier fortement aux victimes du même traumatisme.

ATTITUDES DE SOUTIEN ET TRAITEMENTS DANS CES DIVERSES SITUATIONS

Depuis les premiers travaux de Freud, la relation entre le traumatisme et les modalités de son traitement a suscité un débat qui dépasse le milieu psychanalytique. On peut les résumer en deux variétés d'approche :

– un traitement actif dans lequel on propose au sujet des attitudes de soutien, de compréhension, de gestion cognitive et comportementale de son angoisse auxquelles s'associent des possibilités de relaxation physique et mentale ;

– un traitement plus classiquement psychanalytique basé sur la reconstruction, la remémoration et la prise de conscience des liens imaginaires à la scène traumatique réelle afin de s'en dégager par une catharsis et une élaboration progressive.

Comme pour les autres âges de la vie, il est utile, lorsque l'on se trouve confronté à un adolescent ayant subi un traumatisme réel quel qu'il soit, de prendre en compte son angoisse, c'est-à-dire l'anticipation sur l'avenir de ses représentations envahissantes, en le prévenant des différents comportements concrets et des pensées qui surviendront probablement dans les jours ou les semaines suivantes. Cette attitude, lorsqu'elle est possible, correspond à un traitement préventif qu'il est utile de mettre en place.

Si l'adolescence peut être considérée en elle-même comme un « traumatisme » et si l'angoisse n'est jamais absente d'une adolescence vivante, il faut distinguer le traumatisme psychique naturel et normal survenant chez tout sujet des traumatismes liés à des événements de vie. Si la psychologie du sens commun les accepte comme tels, le professionnel de la santé doit prendre particulièrement en compte ces traumatismes dans la mesure où ils peuvent être la source non patente d'une désorganisation de ce processus d'adolescence ou d'un arrêt dans son évolution.

Les différents types d'angoisse pathologique

Les différents types d'angoisse pathologique, à l'adolescence, sont les mêmes qu'aux autres âges de la vie : crise d'angoisse aiguë (attaque de panique) pouvant se répéter, et anxiété généralisée (sentiments diffus d'inquiétude), faites de malaises psychiques marqués par un état de tension vigilante, d'attente craintive associée plus ou moins à des troubles neuro-végétatifs et à des troubles du sommeil s'étendant sur plusieurs mois voire plusieurs années.

Les crises d'angoisse peuvent précéder différents types de phobies (agoraphobie, phobie sociale qui est la peur des contacts avec les autres et la phobie scolaire qui est la peur intense inexpliquée de se retrouver ou d'aller à l'école, sans refus ni désintérêt de la scolarité). Rappelons à ce propos que la majorité des attaques de panique et des phobies sociales débutent à l'adolescence. Pour les attaques de panique, il semblerait même qu'il existerait une corrélation entre la fréquence des crises et le développement pubertaire. Les accès d'angoisse peuvent également s'associer à des manifestations obsessionnelles (indécision, doute perpétuel) ou des manifestations corporelles à type de somatisation ou d'hypocondrie (crainte excessive des maladies). Parfois ces dernières relèguent au second plan l'angoisse qu'elles finissent par masquer.

L'angoisse peut surtout assez fréquemment se transformer en état dépressif : peu à peu le renoncement remplace la peur. L'adolescent, après une période de lutte anxieuse, se sent de plus en plus menacé par un affect dépressif. Nous décrivons cet état sous le terme de « syndrome de menace dépressive ». Ce syndrome se manifeste par la crainte de menaces dépressives venant de l'extérieur, non continues, survenant plus souvent le matin au réveil, mais aussi plusieurs fois dans la journée. Souvent, l'adolescent se plaint également de cauchemars au cours de la nuit, il déclare qu'il a peur de se sentir désespéré, de ne plus réussir, de ce qui va se passer dans l'avenir. Il a le sentiment qu'il se prive d'un plaisir mais ne peut faire autrement. L'adolescent ne peut pas dire qu'il est vraiment angoissé ou vraiment déprimé. Il est par moments angoissé, par moments déprimé, par moments les deux. Il se sent vraiment dans un état d'instabilité et de transformation affective. Cet état n'est plus tout à fait anxieux, ni déjà franchement dépressif. Il nécessite une attention toute particulière, compte tenu de sa fréquence à l'adolescence et surtout du besoin que l'adolescent ressent d'être soulagé, l'amenant alors, si les circonstances s'y prêtent, à abuser des médicaments, des drogues ou même à tenter de se suicider pour échapper à cet état.

Il ne faudrait pas non plus oublier, à l'adolescence, l'existence toujours possible d'angoisse psychotique. L'adolescent ressent alors une altération importante de l'expérience du sens de la réalité. Cette angoisse s'accompagne toujours, de façon explicite ou non, d'idées délirantes ou parfois même d'hallucinations. Mais là encore, comme pour les autres troubles psychopathologiques de l'adolescence, la possibilité de réversibilité est plus importante qu'aux autres âges de la vie.

Au total, ces différents modes d'angoisse pathologique sont, dans la plupart des cas, « colorés » par le processus d'adolescence, c'est-à-dire qu'ils gardent un potentiel de transformation, le plus souvent exprimé sous une forme interactive avec l'environnement, en particulier familial (opposition, conflits, rupture), et/ou sous une forme agie (passage à l'acte auto- ou hétéro-agressif). La tâche du clinicien est donc de rechercher systématiquement, quels que soient le motif de la consultation et la symptomatologie mise en avant, ces divers types d'angoisse.

Le traitement de ces différents troubles

Grâce aux recherches récentes, le traitement des troubles anxieux a réellement progressé au cours de ces dix dernières années. Cette progression s'est concrétisée dans deux domaines ; celui des prescriptions médicamenteuses et celui des indications des autres approches thérapeutiques.

LES MÉDICAMENTS

L'anxiété pathologique, et elle seule, relève de la prescription d'anxiolytiques communs aux autres âges de la vie. Nous devons cependant souligner un problème auquel nous sommes de plus en plus fréquemment confrontés, celui de la durée du traitement et du risque d'appétence toxicomaniaque. À l'adolescence, un traitement anxiolytique ne doit pas, selon nous, être prescrit plus de trois mois consécutifs sans réévaluation sérieuse de l'intérêt du traitement et des possibilités d'autres approches thérapeutiques. Par ailleurs, compte tenu de la fréquence de l'intrication avec des symptômes dépressifs, le problème du choix entre un anxiolytique et un antidépresseur doit être toujours discuté. Nous avons tendance à utiliser, lorsque cela paraît souhaitable (attaque de panique, agoraphobie, menace dépressive), d'abord un anxiolytique, puis, en cas d'échec, dix jours plus tard un antidépresseur. Tous ces traitements doivent être rigoureusement surveillés par le médecin.

LES AUTRES APPROCHES THÉRAPEUTIQUES

L'adolescence est un âge particulièrement favorable aux approches psychothérapiques. Sans négliger les thérapies comportementales, qui sont cependant moins intéressantes ici que pour des pathologies « fixées », deux méthodes sont particulièrement intéressantes : les psychothérapies individuelles d'inspiration psychanalytique et les entretiens familiaux. Les premières permettent souvent de redonner un sens symbolique au symptôme anxieux et par là même d'aborder les conflits sous-jacents qui pourraient, en l'absence de traitement, favoriser la mise en place de constellations défensives caractérielles, de troubles du caractère, souvent irréversibles. Les secondes permettent de prendre en compte la dynamique interactive qui existe le plus souvent entre l'angoisse pathologique de l'adolescence et son environnement le plus proche.

L'association de ces différentes thérapies est possible et dépend de chaque cas particulier. Il faut cependant avoir à l'esprit qu'en ce qui concerne la pathologie, à cet âge de la vie, il vaut mieux utiliser sans crainte et rapidement les différents moyens thérapeutiques dont nous disposons plutôt que d'attendre l'organisation et la fixation, de moins en moins réversible, du trouble. En effet, l'adolescent refuse rarement de consulter, lorsqu'il se sent diminué ou qu'il souffre, contrairement à ce que l'on croit et à ce qu'il dit. L'adolescent se sentira blessé, si ce n'est honteux, de cette souffrance psychique ou de ce sentiment d'incapacité, mais la fausse ignorance de celle-ci de la part de son entourage ne fera que renforcer son idée qu'il n'est pas digne d'intérêt, ou qu'il devrait s'en sortir seul, ce qu'il ne peut justement pas faire dans ce moment particulier. Le pire pour cet adolescent, si l'entourage néglige ou ignore son mal-être, serait d'y ajouter le sentiment angoissant de singularité, de culpabilité et de solitude. Pour cela il faut l'aider, d'abord en ne refusant pas de voir le malaise de son enfant, en en parlant avec lui et en lui permettant de l'expliquer, enfin en lui montrant, dans les cas sérieux, que la sécurité et le confort psychologique ne peuvent être retrouvés que grâce à une aide extérieure adaptée à son problème.

Chapitre IX

LES ADOLESCENTS AU CARACTÈRE DIFFICILE

Le caractère peut être défini comme l'ensemble des dispositions congénitales ou acquises, qui forme l'ossature psychologique d'une personne. Le caractère est un élément de la reconnaissance de soi-même et permet de se différencier des autres. L'adolescence est une période cruciale pour la formation du caractère dans ce double mouvement d'identification d'une part, de différenciation de l'autre.

Chacun connaît les remarques du genre : « Il a le caractère de son père... Il ressemble à sa tante... C'est tout le portrait de son grand-père, de sa grand-mère... » En général par ces propos l'adulte – souvent l'un des parents – identifie l'adolescent à lui-même ou à l'un de ses ascendants. Très souvent, lorsqu'on évoque ainsi le caractère, on prend en considération un comportement qui émerge de l'ensemble de la personnalité, comportement qui est pénible à supporter pour l'entourage, voire qui le fait souffrir.

À ce trait de caractère est souvent attribuée une valeur négative, ou à tout le moins inhomogène et discrètement gênante par rapport au reste de la personne. Nombre de conflits de famille ou de discussions entre parents ont pour objet la différence des caractères entre les uns et les autres. D'un autre côté, l'adolescent(e) peut lui-même/elle-même, se complaire à identifier certains de ses comportements comme étant des caractéristiques lui étant propres : « C'est mon caractère... », propos qui peuvent constituer autant d'excuses à des conduites plus ou moins déviantes. Ainsi, le caractère participe-t-il de la définition et de l'identification de la personne, mais il ne doit pas non plus justifier des comportements déviants sous prétexte qu'ils appartiennent à l'histoire familiale, ayant déjà été portés par l'un ou l'autre membre de la famille.

Il est tout à fait exact que les différences constitutionnelles sont très importantes et que certains adolescents seront plutôt rêveurs, d'autres plutôt impulsifs, d'autres plutôt idéalistes, mais ce n'est pas une raison pour laisser l'adolescent s'enfermer de plus en plus dans des conduites répétitives et caricaturales. De ce point de vue l'adolescence risque d'être une période d'enkystement des comportements les plus « caractériels ». Si cet aménagement permet à l'adolescent d'éviter la confrontation à une certaine angoisse, cet évitement risque d'entraver de manière durable son adaptation et son insertion aussi bien sociale qu'affective, culturelle, etc. Lorsque l'adolescent bénéficie d'un don particulier, quel qu'il soit : intelligence, beauté, don artistique, ses traits de caractère sont souvent tolérés parce que mis au second plan derrière ce don. L'âge venant, les traits de caractère risquent de devenir de plus en plus envahissants, en même temps que le don, s'il n'est pas intensément cultivé, risque de perdre ses vertus protectrices pour l'individu. De plus en plus souvent les psychologues, psychiatres et psychanalystes d'adultes sont confrontés à des états pathologiques bâtards, incertains, aux limites symptomatiques imprécises, mais qui tous se caractérisent par la souffrance profonde de la personne, mal dans sa peau, déçue par la vie, profondément insatisfaite... Ces pathologies qu'on appelle « limites » narcissiques, ou pathologie du caractère, proviennent directement de ces perturbations, souvent mises en place au moment de l'adolescence.

À titre d'exemple, nous décrirons quelques caractères particuliers, en raison de la conjonction entre leurs traits les plus saillants et ce qu'on observe généralement à l'adolescence. Il s'agit en effet de traits de comportement fréquents chez les adolescents, mais qui chez certains deviennent tellement systématiques et envahissants qu'ils en arrivent à définir, par eux-mêmes, l'ensemble de la personnalité. Bien entendu nous ne décrirons pas ici la totalité des différents caractères : nous ne prétendons pas rédiger un traité de psychologie...

Le caractère impulsif

L'impulsivité est un trait de comportement fréquent à l'adolescence ; mais certains adolescents ne supportent aucune limite, aucune frustration, et, dès l'éprouvé d'un certain désir ou besoin, ils doivent l'accomplir ou le satisfaire. On considère souvent que l'impulsivité est une caractéristique hériditaire constitutionnelle fondamentale. Sans nous engager ici dans ce débat, il faut reconnaître effectivement que l'impulsivité est très variable d'un individu à l'autre, dépendant de l'hérédité certes, mais qu'elle est aussi en grande partie réglée par les conditions d'éducation, surtout dans la petite enfance. L'impulsivité est traditionnellement reliée à la tolérance de la frustration d'une part, et à la force de la personnalité de l'autre, ce que les psychologues et psychanalystes appellent la force du Moi.

Les adolescents impulsifs se mettent violemment en colère, claquent les portes, sortent brutalement, balancent leurs cartables ou leurs objets personnels, parfois même cassent ces objets ou divers meubles, lorsqu'ils sont confrontés à des situations où ils ne peuvent obtenir dans l'instant ce qu'ils désirent. L'impulsivité est parfois vantée par certains discours médiatiques, cinématographiques ou culturels comme étant une qualité qui permet la spontanéité, l'expression de ses émotions et la capacité de vivre celles-ci jusqu'à leur paroxysme. Ces affirmations sont peut-être vraies, mais elles ne tiennent aucun compte, d'une part, de l'environnement, d'autre part de l'état de la personne après le passage à l'acte. Il est fréquent en effet qu'après la crise de colère, le moment de violence, le passage à l'acte, l'adolescent traverse un effondrement dépressif. En général, il a gâché toutes les possibilités pour jamais obtenir la satisfaction recherchée.

L'adolescent instable

Là encore, nous avons fréquemment envisagé la variabilité du comportement des adolescents, les changements fréquents d'un moment à l'autre. Cette inconstance peut devenir un trait majeur du caractère. L'adolescent ne cesse de changer de sujet d'intérêt, d'occupation, de relation amicale, amoureuse. Sitôt une discussion finie ou un accord passé, l'adolescent change d'idée et prend le contre-pied de ce qui a été décidé. Il a un constant besoin de bouger, ne peut « rester en place ». L'instabilité peut prédominer dans un secteur particulier : physique (instabilité motrice), affective (instabilité d'humeur), intellectuelle (instabilité d'attention et de concentration). Très souvent, chez ce type d'adolescent, un objet ou une activité est recherché comme étant ce qui enfin apportera la satisfaction et, dès celle-ci obtenue, il n'a plus d'intérêt et est relativement dévalorisé ; la recherche est alors mise dans une autre activité ou un autre objet censé apporter enfin cette satisfaction.

Le caractère opposant

Comme nous avons déjà eu plusieurs fois l'occasion de le dire, il est exact que pour s'identifier et se définir il est souvent nécessaire de s'opposer. Ce mouvement, naturel à l'adolescence, peut, chez certains individus, prendre une importance excessive. Chez certains adolescents, tout n'est qu'opposition, l'essentiel étant de s'inscrire en faux par rapport à ce qui est énoncé. Bien évidemment, dire systématiquement « non » ne permet pas de se définir mieux que de dire systématiquement « oui ». L'adolescent opposant dira toujours « non » aux propositions qui lui sont faites, qu'elles soient présentées sous forme d'une injonction, d'un ordre, d'une invite, etc. Pour se sentir exister il aura besoin, obstinément, d'être en opposition. Ceci s'observe en particulier chez les adolescents qui ont un lien extrêmement fort à leurs parents, non pas leurs parents réels, mais les représentations internes de leurs parents, ce que nous avons appelé les « images parentales intériorisées ». Pour se définir eux-mêmes ils ont besoin de s'opposer à ce lien qu'ils ressentent comme envahissant. Il est évident que la vie de famille risque d'être rendue particulièrement difficile dans de telles conditions.

Le caractère intransigeant

Cette disposition est assez fréquente à l'adolescence et s'oppose à une nécessité que la vie se charge fréquemment d'apprendre : la nécessité du compromis. Comme chacun sait, l'adolescence n'est pas l'âge des compromis et certains adolescents s'organisent autour de ce trait de caractère qu'on pourrait définir comme l'exigence du « tout ou rien ». L'adolescent intransigeant veut obtenir la totalité de ce qu'il exige sans aucun compromis, aucune limitation et, à défaut de l'obtenir, préfère n'avoir strictement rien. Ceci est différent de l'impulsivité et de l'instabilité, car l'adolescent accepte d'une certaine manière la non-satisfaction. Quand il ne peut obtenir intégralement ce qu'il exigeait, il y renonce totalement parce qu'il dévalorise ou désinvestit son propre désir insatisfait. Pour l'adolescent intransigeant, la seule possibilité reconnue est que la réalité extérieure se plie à l'impérialisme de ses exigences internes : si cela ne peut être obtenu, mieux vaut pour lui faire comme si ces exigences n'avaient point existé.

L'intransigeance peut concerner des domaines très différents. Il peut s'agir des loisirs, des sorties ou des fréquentations, l'adolescent voulant obtenir de ses parents leur assentiment total, sans limitation. Quand il ne l'obtient pas, il préfère renoncer complètement. L'intransigeance peut s'exercer également dans les relations affectives ou encore dans le domaine de la scolarité. Elle peut être une caractéristique qui prélude à certains états plus pathologiques. On observe fréquemment ce comportement intransigeant chez les patientes futures anorexiques mentales. Ainsi, dans des domaines comme la vêture, l'alimentation, le sommeil, certains adolescents ont des positions particulièrement rigides. En général cette attitude a pour rôle de contrôler, de canaliser une vie pulsionnelle ressentie comme dangereuse par son intensité. On pourrait dire que l'adolescent élève un mur d'intransigeance d'autant plus haut qu'il ressent un besoin pulsionnel plus grand.

L'adolescent inhibé

Dans la majorité des cas, les comportements d'inhibition à l'adolescence ne font que prolonger des conduites identiques dans l'enfance. Parfois elles peuvent apparaître à la préadolescence, vers 10-12 ans. Dans quelques cas l'apparition de l'inhibition semble contemporaine de l'apparition des premiers signes pubertaires, vers 13-14 ans, manifestant alors le trouble que constitue pour l'adolescent concerné cette transformation en particulier physique. Lorsque l'inhibition est manifeste dès l'enfance, on observe en général son renforcement lors de l'adolescence.

Une timidité momentanée ou partielle est fréquemment rencontrée à l'adolescence. Elle ne constitue un trait « caractériel » que lorsqu'elle envahit de façon prévalente le fonctionnement du sujet dans ses différents aspects : dans sa vie relationnelle (« grande timidité »), dans sa vie psychique (inhibition à fantasmer), dans sa vie intellectuelle, provoquant alors des difficultés scolaires, sources d'inquiétudes des parents. Ces trois secteurs généralement s'associent, mais il est possible de les observer séparément.

C'est généralement l'inhibition relationnelle, la timidité qui frappe le plus. Il s'agit d'une inhibition portant sur les modalités relationnelles de l'adolescent avec son environnement : il n'ose pas s'adresser à un inconnu ni parler devant un groupe, ni s'inscrire à une activité sportive ou culturelle pourtant désirée ou n'ose pas téléphoner... Derrière cette timidité, il est habituel de découvrir l'existence d'une vie fantasmatique elle-même inhibée dans son expression mais profondément plutôt riche. La crainte fréquente de l'adolescent est que ses fantaisies et/ou fantasmes soient découverts ou devinés par l'autre, surtout lorsque cette autre personne est l'objet vers lequel tendent ces fantasmes. Cette timidité est fréquemment liée soit à la culpabilité, soit à la honte. La culpabilité renvoie généralement à des désirs sexuels ou agressifs dirigés vers une personne de l'entourage, la honte à des craintes portant sur la personne même de l'adolescent.

Dans la majorité des cas, cette timidité persiste pendant l'adolescence puis semble s'atténuer progressivement avec l'entrée dans la vie active, en particulier l'insertion professionnelle. Parfois de lui-même, plus souvent exhorté par son entourage, l'adolescent vient consulter quand la timidité est telle qu'elle constitue une entrave aux possibilités d'insertion amicale, scolaire ou sociale.

En ce qui concerne l'inhibition intellectuelle, elle se traduit par la difficulté ressentie devant le travail scolaire ou universitaire ; elle entraîne parfois un échec relatif dans la poursuite des études, échec qui se marque essentiellement par l'incapacité de l'adolescent à poursuivre l'orientation qu'il avait préalablement choisie ou investie. Il est aisé de voir à travers cette inhibition la difficulté qu'éprouve le jeune à être en situation de rivalité, de compétition avec l'un ou les parents ou de dépasser le niveau scolaire qu'avaient atteint ces derniers.

On doit distinguer l'inhibition intellectuelle du désinvestissement scolaire. En effet l'inhibition dans sa forme la plus pure s'accompagne d'un désir persistant de poursuivre des études, d'effectuer le travail scolaire mais l'adolescent s'en estime incapable. Dans certains cas, cela peut conduire à un travail acharné, sans résultat. Toutefois l'inhibition persistante peut susciter des comportements de rejet ou d'évitement à l'égard des investissements intellectuels : l'adolescent affiche soudain un désinvestissement ou un mépris apparent pour ses études, conduite dont la fonction essentielle est de masquer l'inhibition sous-jacente. Les parents, les enseignants, les psychologues ou les médecins devront veiller précisément à ne pas se laisser prendre au piège des premières affirmations de l'adolescent, car ce piège risque de l'enfermer dans des conduites d'échec répétitives allant dans le sens d'une interruption prématurée des études ou d'une orientation pédagogique vécue comme dévalorisante. Fréquemment quelques traits névrotiques discrets accompagnent cette inhibition intellectuelle : conduite de type obsessionnel marquée par la méticulosité dans ce qui entoure le travail scolaire (temps excessif passé à recopier des leçons, à souligner, à présenter le travail, etc.), ou plus encore massivité du refoulement marqué par l'impression de blanc ou de vide dans la tête, surtout lors des examens (angoisse de la feuille blanche). Dans la majorité des cas ces inhibitions intellectuelles avec échec relatif dans la scolarité s'observent chez des adolescents ayant des capacités intellectuelles élevées, voire même supérieures. L'échec n'en est que plus paradoxal.

L'adolescent omnipotent

Nous désignons par là certains adolescents qui désirent « tout tout de suite », ou qui s'estiment capables de tout ou qui, parce qu'ils le désirent, pensent que cela doit être aussitôt réalisé. Là encore on a vu qu'une des caractéristiques de l'adolescence était le renoncement à une certaine forme d'« omnipotence » propre à l'enfance. Bien évidemment, certains adolescents ne peuvent renoncer à cette omnipotence de l'enfance et développent dans leurs comportements, dans leurs pensées, dans leurs émotions la même illusion de toute-puissance. Dans les cas les plus extrêmes, ces adolescents sont convaincus qu'ils ont toujours raison, que l'échec ne signifie rien, en tout cas qu'il n'est pas le résultat de leurs erreurs. On comprend que, dans ces conditions, il est particulièrement difficile pour ces adolescents d'apprendre à partir de l'expérience. Si ce sentiment d'omnipotence donne à certains d'entre eux le sentiment fallacieux d'un état de satisfaction et de jubilation, l'expérience montre hélas que celui-ci est transitoire et risque de s'effondrer avec la multiplication des échecs ou des déconvenues. Ce sentiment peut aussi concerner les processus d'apprentissage et les mécanismes intellectuels, réalisant ce que certains auteurs ont décrit comme une pensée magique ; la solution des problèmes devant être trouvée avant même que la personne ne se soit confrontée à l'énoncé de ce problème. On conçoit qu'une telle disposition rende en général impossible la poursuite de la scolarité ou d'un apprentissage qui demande répétition, tâtonnement, progressivité. Là encore l'existence d'un don particulier peut être mise au service de cette omnipotence ; mais l'expérience montre en général que ce service est temporaire et limité.

L'adolescent idéaliste

La constitution de l'idéal est une des tâches essentielles de l'adolescence : l'individu doit se forger ses buts, ses objectifs, ses idéaux en réévaluant ceux de son enfance d'une part, de ses parents d'autre part, et ses possibilités réelles enfin. Cette élaboration de l'idéal passe parfois par quelques excès. Ainsi, des adolescents se construisent des systèmes idéaux auxquels ils adhèrent de manière intense comme autant de phases transitoires, ou de relais, dans la constitution de leur idéal. Ce système idéal peut être de nature philosophique, morale, esthétique, professionnelle, etc. L'adolescent idéaliste construit un monde d'où la violence est exclue, où la justice est équitable et universelle. Il est vrai que cet idéalisme est souvent bénéfique, l'adolescent s'engageant au service des autres, de la communauté. Mais parfois le système idéal devient excessif, empêchant l'adolescent d'investir la réalité environnante (qui n'est jamais à la hauteur de l'idéal !), ce qui aboutit à une dévalorisation, un sentiment de vide, un état dépressif.

Nous venons de décrire brièvement ce que sont quelques-uns des caractères les plus saillants rencontrés à l'adolescence. Ceux-ci peuvent s'associer les uns avec les autres ; par exemple l'adolescent impulsif et opposant, ou impulsif et instable, ou encore l'adolescent idéaliste et intransigeant, omnipotent et impulsif, etc.

La question de savoir si ces traits de caractère restent dans le registre du normal ou risquent de devenir pathologiques est essentielle. Certes, il n'y a pas de limite et de frontière précises entre le normal et le pathologique. Néanmoins il est important que les parents évaluent le retentissement de ces traits de caractère sur l'ensemble de la vie de leur adolescent. Ils sont souvent majorés lorsque l'adolescent se trouve dans des situations où il est confronté avec les personnes mobilisant le plus ses affects et ses émotions, en premier lieu donc sa famille. C'est une chose pour un adolescent d'être impulsif en famille, une autre de tolérer la frustration à l'extérieur du cercle familial. De même, un adolescent peut être opposant avec ses parents et accepter dans d'autres milieux, en particulier à l'école, des valeurs contraires aux siennes. L'instabilité peut être grande dans un certain domaine, mais ne pas en concerner d'autres. Quand les traits de caractère restent localisés, en particulier à la vie familiale, et n'entravent pas le reste de la vie sociale, affective, scolaire de l'adolescent, il y a fort à penser que ces éléments du caractère participent précisément du travail d'identification nécessaire à cet âge de la vie et n'appartiennent pas à la pathologie. En revanche, lorsque la vie entière de l'adolescent est prise dans ces modes de fonctionnement, il importe de ne pas les banaliser. Malgré l'absence apparente de souffrance ou d'angoisse, les parents ont à prendre et à donner à leur adolescent les moyens de s'interroger sur ces traits de caractère car ils iront nécessairement en s'amplifiant et, nécessairement, entraîneront des limitations de plus en plus grandes dans le mouvement de développement et de maturation. Ainsi, un adolescent systématiquement opposant, aussi bien avec ses parents qu'avec les enseignants et son entourage, un adolescent impulsif à la maison, à l'école, avec le moniteur de sports ou un adolescent qui s'enferme dans une construction idéale dont il ne veut pas sortir et qui entrave l'ensemble de sa vie : tout cela doit inciter fortement les parents à ne pas laisser ces traits de caractère écraser l'ensemble de la personnalité de leur enfant.

Chapitre X

L'ADOLESCENT ET SON CORPS

« Si je décide qu'il ne fait pas froid, il peut bien geler... même si je suis en petite chemise. Je n'aurai pas froid et je ne prendrai pas mal. » Deux phrases qui ne peuvent être datées, tant elles sont toujours d'actualité, concernant l'adolescence. Cette affirmation péremptoire, ce besoin de se sentir indépendant, y compris des saisons et du temps, traduisent en réalité le besoin que l'adolescent ressent de s'approprier son corps. Le corps est en effet cet objet étrange et étranger qui subit en quelques mois une mutation profonde. Le travail de reconnaissance, puis d'appropriation de ce corps, expliquent que de nombreuses conduites à l'adolescence passent par ce « langage du corps », bien connu des médecins généralistes, des pédiatres et des parents. Ainsi, il est fréquent que l'adolescent s'enferme longuement dans la salle de bains pour se regarder, s'observer, de face, de profil, de dos : l'adolescent explore les premiers signes pubertaires, les premiers poils, les seins qui poussent, les plissements sur le scrotum chez le garçon, le développement et la coloration des petites lèvres chez la fille, etc. ; ils poursuivent également avec anxiété les boutons d'acné. Le plus souvent l'adolescent est soucieux de son corps et se met à utiliser divers produits de toilette ou paramédicaux. À l'inverse, il arrive que certains se désintéressent totalement de leur corps, ayant à l'égard de celui-ci un comportement quasi d'abandon : hygiène douteuse, dents mal soignées, mauvais état général. Cette attitude peut s'observer dans toutes les familles, témoignant parfois d'un comportement de réaction par rapport aux exigences parentales de propreté vécues comme intrusives. Mais le plus souvent, il concerne des adolescents qui ont un vécu « abandonnique » : ils délaissent leur corps comme ils ont eux-mêmes été délaissés dans la petite enfance et dans l'enfance.

Le corps se trouve être l'objet de préoccupations, d'inquiétudes, d'angoisses, que la transition pubertaire augmente. Ainsi, se développent des craintes de maladies, de malformations diverses d'aspect inesthétique (dysmorphophobie). Enfin le corps est un objet de transaction avec l'environnement. Au début de l'adolescence en particulier, le jeune peut vivre son corps comme un objet qui ne lui appartient pas vraiment, mais qui reste la possession de ses parents, surtout de sa mère. C'est pourquoi le besoin de détachement et d'éloignement des parents prend souvent le corps comme objet de médiation. L'adolescent va se choisir un style d'habillement, de coiffure, de maquillage et même une allure, une façon de marcher, de se déplacer, qui peut d'abord témoigner du besoin de se rebeller, ou de se distancer par rapport aux exigences parentales et/ou aux habitudes éducatives. À l'opposé, dans d'autres cas, lorsque la rébellion est impossible ou vécue comme trop dangereuse, le corps peut être l'objet privilégié d'une régression : l'adolescent se fait « soigner » par l'un de ses parents, là encore la mère de façon privilégiée.

Enfin le corps et ce qui l'entoure est un objet de reconnaissance sociale parmi les autres adolescents. Chaque mère sait combien il est difficile d'habiller un(e) adolescent(e) qui court les magasins pour trouver le dernier vêtement à la mode, capable alors d'une énergie, d'une patience, que dans bien d'autres secteurs il ne montre pas. Être à la mode est le paradigme du paradoxe de l'adolescence : vouloir être original tout en faisant comme les autres (paradoxe de toute mode porté à son paroxysme par les adolescents).

Il n'est donc pas étonnant que, à cet âge, de nombreuses conduites pathologiques s'organisent autour du corps ou prennent celui-ci comme objet. Nous envisagerons brièvement les plaintes hypocondriaques et les angoisses dysmorphophobiques, les conduites centrées autour de l'alimentation, enfin celles concentrées autour du sommeil.

Les angoisses corporelles :
angoisses hypocondriaques, craintes dysmorphophobiques

L'angoisse épargne rarement l'adolescent : elle surgit soudain, laissant l'individu plus ou moins démuni par rapport à cet état affectif. Le corps est l'objet privilégié sur lequel cette angoisse peut se fixer. Ceci explique la fréquence des angoisses hypocondriaques à cet âge. On appelle hypocondrie la crainte, ou à un degré supplémentaire, la certitude d'être atteint d'une maladie, éventuellement d'en ressentir les symptômes, sans qu'aucune anomalie ne soit repérable. Les angoisses hypocondriaques des adolescents se distinguent de celles des adultes en ce sens qu'elles se rapportent en général aux organes immédiatement impliqués dans la survie. Ainsi, certains adolescents ont peur d'être atteints d'une maladie cardiaque, d'autres d'une maladie de sang (leucémie). En revanche, les inquiétudes centrées sur l'appareil digestif (cancer de la sphère digestive, plaintes concernant le transit intestinal), plus fréquentes chez l'adulte, s'observent plus rarement à l'adolescence. Mal au dos, mal aux genoux, mal au ventre, mais aussi mal à la tête, etc., tous ces maux, s'ils peuvent parfois être attribués « aux douleurs de croissance », répondent aussi, bien souvent, à des moments d'inquiétude de l'adolescent où il est « mal dans sa peau », et sont en quelque sorte une demande déguisée d'être soigné, d'être l'objet d'attentions d'un adulte. La maladie peut en effet être l'occasion d'un rapport régressif où la « maman » va pouvoir donner ses soins à son enfant, comme elle le faisait avec dévouement quand il était plus jeune.

À côté de ces angoisses hypocondriaques, il faut évoquer les craintes dysmorphophobiques. Il s'agit de craintes ou plus encore d'un vécu de honte, concernant un élément du corps. L'adolescent a le sentiment que cet élément du corps n'est pas beau, n'est pas conforme, parfois même que tout le monde le regarde, se moque de lui. Il peut s'agir d'un élément du visage, de la forme des seins, de celle des cuisses, de l'allure générale du corps, de la musculature (en particulier chez le garçon), d'un sentiment d'être trop gros ou trop maigre, d'être trop petit ou trop grand. L'existence d'une acné importante, ou même parfois d'une acné imaginaire, peut focaliser ces craintes. Ces craintes dysmorphophobiques concrétisent les doutes sur le corps, focalisent l'angoisse et peuvent entraver le rapport de l'adolescent avec les autres. Ainsi certains jeunes refusent de sortir, éprouvent des sentiments de honte en restant confinés dans leur chambre. De telles craintes sont banales au moment de la transformation pubertaire, surtout si elles concernent les organes qui se modifient pendant la puberté, par exemple l'aspect de la poitrine chez les filles, la taille de la verge chez les garçons, les inquiétudes sur la pilosité, une honte à cause des « boutons ». Ces craintes ont une dimension plus pathologique lorsqu'elles concernent des organes qui ne sont pas directement impliqués dans le processus pubertaire, par exemple craintes concernant le nez, les oreilles, les yeux, etc.

Il faut noter que, d'une manière générale, l'adolescent exprime rarement ses préoccupations, les gardant secrètes : les parents peuvent ne pas comprendre pourquoi l'adolescent refuse de sortir, de rencontrer ses amis(es). Banales lorsqu'elles sont transitoires et qu'elles n'entravent pas la vie sociale de l'adolescent, ces « dysmorphophobies » doivent être prises en considération lorsqu'elles durent et retentissent de façon importante sur les capacités d'adaptation sociale de la personne.

L'acné : nous mettrons à part, en raison de leur fréquence, les problèmes liés à l'acné. L'acné est due à la secrétion d'hormones androgènes dans les deux sexes et représente une véritable complication de la puberté. L'intensité de cette acné, sa localisation sur le corps, sa durée, sont des éléments extrêmement variables d'un individu à l'autre. Pour un adolescent, l'acné se limitera à quelques « boutons » sur le nez pendant une semaine ou deux ; pour d'autres, il y aura plusieurs poussées d'acné généralisées pendant un an ou deux. Quand l'acné est importante, elle peut avoir des conséquences psychologiques notables : le préjudice esthétique évident accroît encore le sentiment d'inquiétude lié à la transformation corporelle. Il peut même retentir sur certains comportements de l'adolescent. Ainsi certains jeunes deviennent renfermés, refusent de sortir, de voir des amis, développent des sentiments d'infériorité du fait de cette acné.

De nos jours, certains produits dermatologiques s'avèrent très efficaces. Il n'est plus acceptable de laisser un adolescent se replier, ressentir des sentiments de honte liés à son corps et à ses « boutons », sans envisager un traitement efficace de cette acné.

Il est bien évident que la banalisation, voire même les moqueries des adultes, ne sont plus de mise.

Cependant, certains jeunes souffrent de craintes qui s'apparentent aux dysmorphophobies pour des lésions dermatologiques minimes, voire quasi inexistantes. Le moindre bouton, la moindre rougeur sont épiés tous les matins avec anxiété ; des produits cosmétologiques, ou même des médicaments sont utilisés sans justification évidente ; les consultations chez le dermatologue se multiplient. Certains peuvent être envahis par une sorte de « phobie des boutons ». Cette crainte est analogue aux autres dysmorphophobies et peut, même s'il n'y a pas d'éléments objectifs, susciter les mêmes comportements de repliement, d'inhibition, de honte, etc. Dans ces cas, ce n'est pas la répétition des consultations chez le dermatologue qui sera susceptible d'améliorer l'état psychologique de cet adolescent, mais plutôt la capacité d'envisager de manière plus réaliste la dimension psychique de ses angoisses. Il est bien évident que le discours social et culturel n'est pas sans influence sur la multiplication de ses craintes. Les images de beaux adolescents au visage juvénile et lisse que nous offrent télévision, cinéma et autres médias vont souvent à l'encontre d'une acceptation plus adaptée et réaliste de l'image de soi-même. On pourrait dire que nos sociétés « narcissiques » incitent chaque individu à porter une attention de plus en plus vigilante et anxieuse à son corps, et que la crainte de l'acné en est la caricature.

Les conduites alimentaires : boulimie, anorexie, caprices alimentaires

Les parents connaissent tous ces modifications dans le comportement alimentaire que présentent, de façon plus ou moins soudaine, leurs adolescents. Tout peut être remis en cause, aussi bien le cadre des repas, que la nature des aliments et leur quantité. À travers ces nouvelles conduites alimentaires c'est encore l'appropriation de son corps que l'adolescent recherche, ainsi qu'une prise de contrôle sur ses besoins. C'est pourquoi l'adolescent se met souvent à contester les habitudes alimentaires familiales auxquelles il s'était plié aisément depuis son enfance.

Cependant, cette contestation ou ce refus des habitudes familiales, ainsi que le désir de maîtrise et de contrôle exercé par l'adolescent sur ses besoins physiologiques, risquent de se heurter à deux mouvements qui vont en sens contraire. D'une part, la pulsion orale représente le type même de la pulsion partielle de l'enfance, celle que le jeune connaît bien, dont la satisfaction est aisée à obtenir et qui ne remet pas en cause un équilibre antérieurement trouvé. En un mot la régression, en particulier la régression à la pulsion orale, c'est-à-dire dans les compensations alimentaires, suscite bien des attirances chez beaucoup d'adolescents. D'autre part, comme on l'a déjà vu, la puberté s'accompagne d'une exacerbation des pulsions : l'adolescent se met à avoir « faim ». Cette faim est à entendre aussi bien dans son sens le plus concret, que dans une signification plus symbolique. Les besoins de la croissance exacerbent la sensation de faim : l'adolescent se met à dévorer de grandes quantités de nourriture comme bien des parents le savent. Mais la faim est aussi symbolique, se traduisant par le désir d'incorporer des connaissances, des expériences, des relations, etc.

Enfin, dernier point mais non le moindre, par-delà les habitudes alimentaires, le repas familial est fréquemment un moment privilégié des interactions entre les diverses personnes. La manière dont les membres de la famille prennent leurs repas est souvent une bonne illustration de celle-ci : familles regroupées à heures fixes, avec des comportements fortement hiérarchisés, repas en ordre dispersé, chacun piochant pour son compte dans le réfrigérateur, succession de repas en fonction des horaires ou ententes de chacun...

Ainsi, l'alimentation se trouve au centre d'un faisceau d'éléments parfois contradictoires tels que l'exacerbation de la faim, l'intensité de la régression, mais à l'opposé le désir de l'adolescent d'un contrôle rigoureux sur les besoins de son corps. Ces éléments contradictoires expliquent l'aspect souvent anarchique, chaotique et fantaisiste de l'alimentation à l'adolescence. Là encore cet aspect est banal et fait partie du quotidien dans la majorité des cas. Cependant certaines conduites peuvent se figer, devenir pathologiques par leur pérennité et l'envahissement de la vie individuelle familiale et sociale de l'adolescent. Ces perturbations peuvent tourner autour des conditions du repas, de la nature des produits absorbés ou de leur quantité.

LES CONDITIONS DU REPAS

Il est banal et fréquent que l'adolescent se mette à contester le cadre familial habituel du repas. Il est, comme par hasard, toujours absent aux heures des repas, ne sort de sa chambre qu'avec réticence quand le repas est déjà commencé, n'a pas faim au moment du repas mais dévalise le frigo peu après. De façon plus pathologique, certains adolescents en viennent à s'isoler pour manger, refusent que d'autres personnes assistent à leurs repas, s'enferment dans la cuisine ou dans leur chambre. Laisser ainsi s'installer de telles conduites et ne pas les stopper témoigne en général de graves perturbations dans les relations familiales et risque de favoriser l'enfermement de l'adolescent dans un fonctionnement de plus en plus retiré, voire même autistique. Nous évoquerons ces réactions de retrait grave un peu plus loin.

LES MODIFICATIONS DANS LA NATURE DES PRODUITS CONSOMMÉS

De nombreux adolescents se mettent à avoir des exigences alimentaires particulières. Actuellement, étant donné l'évolution de la « mode culinaire », il semble que l'attirance pour les laitages et les produits sucrés soit assez grande : certains adolescents en font leur alimentation exclusive. Il est assez aisé de remarquer combien le besoin de régression sous-tend un tel comportement. Parfois même l'adolescent se met à adhérer à des pratiques alimentaires nouvelles, en refusant énergiquement tel aliment ou telle catégorie d'aliments. Ainsi, certains deviennent végétariens, et dans certains cas même, végétaliens (refus de toute nourriture provenant d'un animal, non seulement viande mais aussi laitages, œufs, etc.). Ces régimes particuliers peuvent témoigner d'une adhésion aux valeurs morales, religieuses ou scientifiques d'un groupe auquel l'adolescent désire s'identifier. Elles peuvent aussi témoigner d'un besoin exacerbé de contrôle de l'alimentation, jusqu'à une impérieuse nécessité d'encadrer et de limiter toutes les pulsions. Mais dans certains cas elles traduisent des investissements délirants en rapport avec soit les aliments eux-mêmes, soit la pulsion orale. Ainsi, certains aliments peuvent être considérés comme dangereux, source potentielle d'empoisonnement ; dans d'autres cas c'est l'individu lui-même qui se ressent comme violemment agressif, dangereux, et qui cherche par ses comportements à contrôler sa pulsion agressive.

LES VARIATIONS DANS LES QUANTITÉS

Outre la qualité et la nature des aliments, de nombreux adolescents ont des conduites fantaisistes dans la quantité de nourriture absorbée, passant ainsi de périodes de boulimie à des phases de restriction, d'anorexie plus ou moins complète.

La fringale est une sensation impérieuse de faim. Elle serait plus fréquente chez les adolescentes en période prémenstruelle. Le comportement alimentaire reste adapté, l'adolescent absorbant ce qu'il aime (sucrerie, chocolat, gâteau...).

Le grignotage s'observe souvent quand l'adolescent est désœuvré, quand il s'ennuie : le paquet de biscuits, le pot de crème au chocolat, de crème de marron, le paquet de chips sont absorbés en regardant la télévision, en écoutant de la musique.

Au maximum, on peut observer une crise de boulimie : l'adolescent, de préférence quand il est seul à la maison, se jette littéralement sur la nourriture et avale instinctivement tout ce qui se présente. Il peut aller jusqu'à ouvrir des boîtes de conserve dont il consomme le contenu tel quel. De grandes quantités de nourriture peuvent être ainsi absorbées. Dans un climat de quasi-rituel, l'adolescent s'installe sur son lit ou dans un fauteuil, la nourriture répandue autour de lui ; au contraire dans un climat de honte, après une longue période de lutte, l'adolescent engloutit la nourriture sur le bord de l'évier ou à la cave. Au terme de la crise, l'adolescent est souvent mal à l'aise, nauséeux. Il n'est pas rare que des vomissements succèdent à cette crise de boulimie : avec ses doigts le jeune se fait vomir. Mais la plupart du temps, sur le plan psychologique, cette crise de boulimie laisse l'adolescent dans un état de repliement, de honte et de prostration plus ou moins prolongé.

LA RÉDUCTION ALIMENTAIRE

À l'opposé de ces conduites de fringale, grignotage, crise de boulimie, l'adolescent peut chercher au contraire à réduire les quantités de nourriture absorbées. Il peut d'ailleurs s'agir du même adolescent qui passe d'un procédé à l'autre, d'un mois à l'autre, et même d'une semaine à l'autre. La réduction alimentaire peut être globale ou suivre les conseils d'un régime plus ou moins rigoureux ou fantaisiste. Il n'est pas rare que certains entreprennent un régime en même temps qu'un de leurs parents, surtout la mère. On comprend alors la dépendance que cela peut masquer. L'adhésion à un régime pour perdre quelques kilos superflus n'est bien entendu pas pathologique en soi. Cependant certains adolescents, en particulier certaines filles, continuent leur régime très au-delà de ce qui est souhaitable, pour aboutir à un véritable comportement anorexique. Les quantités absorbées sont de plus en plus limitées, les aliments que s'autorise l'adolescente de moins en moins nombreux. Rapidement le régime va dépasser son but et l'amaigrissement peut devenir inquiétant ; un tableau d'anorexie mentale peut alors se constituer comme on le verra au paragraphe suivant. Pour mieux contrôler leur faim, certains adolescents utilisent des « anorexigènes », produits qui suppriment ou diminuent la sensation de faim mais qui provoquent aussi une « excitation » physique parfois néfaste. Ces produits sont de plus en plus rarement prescrits par les médecins qui en connaissent les inconvénients et les dangers. Mais certains adolescents prennent ces produits sans contrôle médical, voire à l'insu de leurs parents. Une récente enquête aux États-Unis révélait que 13 % des adolescents consommaient ainsi des produits (anorexigènes, mais aussi laxatifs, diurétiques) afin de limiter leur faim et ou de ne pas grossir. Une telle attitude va à l'encontre des intérêts au long cours de la personne : elle risque en effet d'apprendre la dépendance aux médicaments alors qu'il serait préférable d'apprendre, même au prix de quelques excès transitoires, à contrôler progressivement ses besoins pulsionnels. On ne saurait trop mettre en garde les parents et les adolescents eux-mêmes devant le danger de telles attitudes.

LA PATHOLOGIE CONSTITUÉE

Si, le plus souvent, cette alimentation fantaisiste, ces régimes relativement changeants restent dans le domaine de la normalité, dans certains cas, ils peuvent toutefois constituer les indices d'une pathologie qui s'organise. On peut citer la dépression, le vécu délirant et enfin l'anorexie mentale.

La dépression s'accompagne fréquemment de perturbations alimentaires dans l'un ou l'autre sens, soit régression orale avec hyperphagie, soit au contraire perte de l'appétit et indifférence face à l'alimentation.

On a vu que, dans quelques cas particuliers, les adolescents font des choix alimentaires étranges ; cela peut témoigner d'un investissement délirant sur la nourriture, qui s'intègre dans un tableau d'épisode psychotique aigu, voire même de schizophrénie.

L'anorexie mentale représente la plus grave des perturbations directement liées au comportement alimentaire. Elle s'observe essentiellement chez les jeunes filles (10 filles pour 1 garçon environ) et peut commencer dès le début de l'adolescence, vers 13-14 ans. Cette anorexie mentale survient en général après une période où la jeune fille a suivi un régime parce qu'elle se trouvait « un peu trop grosse ». Peu à peu, l'anorexie croissante retentira sur le poids et sur le comportement général. Lorsque la maladie est installée, on constate un amaigrissement qui peut être tout à fait spectaculaire, une absence de règles (aménorrhée) et, contrastant avec cet aspect décharné du corps, une hyperactivité fréquente, qu'elle soit physique ou intellectuelle. La jeune fille, bien que dans un état de maigreur extrême, peut continuer des pratiques sportives, travaille avec acharnement, parfois même réussit de façon remarquable au collège ou au lycée.

Bien avant que tous ces signes apparaissent, il est nécessaire que les parents et l'adolescente puissent consulter un spécialiste, car l'évolution naturelle de l'anorexie mentale est relativement grave, du moins dans un certain nombre de cas. Les parents doivent savoir que ce n'est pas en suppliant leur fille, ni en cédant à ses exigences, qu'ils ont une chance de voir la conduite anorexique s'atténuer ou disparaître. Ainsi que le dit très bien un des premiers médecins à avoir décrit cette maladie (Lassègue) :

« L'excès d'insistance appelle l'excès de résistance. » Toute la famille risque alors d'être prise dans un réseau relationnel tournant autour de l'anorexie et des quantités de nourriture absorbées par l'adolescente ; c'est une manière de faire perdurer le conflit familial, tout en maintenant la dépendance de chacun des membres de la famille les uns vis-à-vis des autres.

Le pronostic de l'anorexie mentale dépend de la rapidité d'intervention des spécialistes (psychiatres, pédiatres) et de la qualité des soins entrepris. Lorsque le traitement est engagé relativement tôt et qu'un climat de confiance peut s'établir entre l'équipe médicale, les parents d'un côté et l'adolescente de l'autre, l'évolution est dans la plupart des cas favorable. En revanche, les formes récidivantes nécessiteront des mesures appropriées sous forme d'hospitalisation, d'éventuel éloignement de la famille, en même temps qu'une action psychothérapique devra être entreprise.

Les troubles du sommeil

Les troubles du sommeil sont extrêmement fréquents à l'adolescence. Ainsi, une enquête portant sur 627 adolescents de 15 à 18 ans, donnait les résultats suivants :

– 12,6 % sont des « mauvais dormeurs chroniques », c'est-à-dire qu'ils présentent des insomnies d'endormissement et/ou des insomnies nocturnes. Les filles sont plus fréquemment concernées que les garçons ;

– 37,6 % sont des « mauvais dormeurs occasionnels » c'est-à-dire qu'ils présentent des insomnies passagères. On considère qu'en moyenne 10 % des lycéens entre 15 et 20 ans prennent des médicaments pour mieux dormir.

Ces difficultés de sommeil et surtout d'endormissement sont à mettre sur le compte de plusieurs facteurs. Tout d'abord il existe des facteurs culturels et scolaires : beaucoup d'adolescents ont soit du travail tard le soir, soit des distractions, en particulier la télévision. Mais il y a aussi des facteurs individuels : un grand nombre d'adolescents aiment traîner le soir, écouter de la musique jusqu'à des heures avancées de la nuit, parfois en fumant et même en buvant (bière). Cela traduit fréquemment l'émergence d'une angoisse ou du moins d'un certain malaise, à cette heure de la journée. Il existe enfin des facteurs familiaux : comme dans les autres secteurs de la vie, l'adolescent doit devenir peu à peu autonome pour l'heure du coucher. Cela peut se faire dans un contexte d'opposition ou inversement de soumission à l'égard des habitudes familiales. Certains parents, surtout les mères, continuent d'insister auprès de leurs adolescents pour qu'ils se couchent à « une heure raisonnable » et qu'ils aient leur « compte de sommeil », d'autres vont jusqu'à donner des somnifères que parfois ils consomment eux-mêmes.

Au plan physiologique le besoin de sommeil est très variable selon les individus, oscillant autour de huit heures par jour à 16 ans, avec des extrêmes pouvant aller de six à neuf heures ou plus. La puberté n'est pas sans influence sur l'aspect du sommeil tel qu'on peut le repérer à l'aide de l'électro-encéphalogramme de nuit (enregistrement de l'activité électrique du système nerveux central pendant le sommeil). On s'aperçoit alors que l'organisation électro-encéphalographique de ce sommeil subit des changements : le nombre de cycles de sommeil diminue. De même le « sommeil paradoxal » – dont on peut dire qu'il correspond au rêve – et le sommeil lent profond diminuent en pourcentages par rapport au sommeil total.

Il n'est pas rare que les adolescents souffrent d'un manque de sommeil, en particulier pendant la semaine : en effet ils s'endorment tard et sont obligés de se réveiller assez tôt pour aller au collège ou au lycée. Ceci explique les récupérations hebdomadaires au cours du week-end, l'adolescent se réveillant à midi, voire plus tard. Cependant, à l'inverse, certains adolescents utilisent le week-end pour des sorties nocturnes avec des amis et dorment encore moins que la semaine. On comprend, dans ces conditions, l'importance d'un manque chronique de sommeil que l'adolescent tente parfois de récupérer en dormant dans la matinée ou l'après-midi pendant certains cours. Si ces difficultés de sommeil sont liées au mode de vie de l'adolescent et ne concernent pas directement la qualité du sommeil, il arrive, à l'inverse, que des difficultés spécifiques de sommeil ou d'endormissement apparaissent.

L'INSOMNIE D'ENDORMISSEMENT

Cette insomnie révèle une certaine anxiété vespérale, en général liée à l'émergence des fantaisies ou des fantasmes à contenu érotique ou agressif (voir chapitre « Vie amoureuse et sexuelle de l'adolescent »). Dans d'autres cas, l'adolescent lutte contre l'installation de la régression, de la passivité nécessaire à l'endormissement, parce que cette passivité le renvoie à des craintes ou des fantaisies qu'il redoute (par exemple fantaisie d'allure homosexuelle). Pour contrôler cette anxiété, diverses habitudes peuvent être adoptées comme autant de « rituels » d'endormissement : lire, écouter de la musique, fumer (attitude paradoxale dans la mesure où la nicotine induit une certaine excitation), boire de l'alcool, du café (là aussi excitant), ou même prendre un somnifère. La définition de ces rituels semble importante car elle risque de déterminer pour longtemps le type de rapport que l'individu aura avec son sommeil. Les troubles du sommeil sont une des plaintes les plus fréquentes alléguées par les adultes. Dans un nombre non négligeable de cas, il semble que ces difficultés d'endormissement aient commencé quand la personne était jeune, souvent au moment de l'adolescence. Si la plupart du temps ces difficultés sont bénignes, il est néanmoins nécessaire que l'adolescent découvre le moyen satisfaisant de s'endormir sans avoir recours à des produits (médicaments, alcool, cigarettes, etc.) dont l'utilisation prolongée n'est certainement pas bénéfique. Les mêmes remarques que celles concernant les produits anorexigènes s'appliquent ici pour les « somnifères » (voir le paragraphe précédent). Au maximum ces insomnies d'endormissement peuvent aboutir à un « décalage de phases », c'est-à-dire que le rythme naturel du sommeil ne survient plus aux heures habituelles pendant la soirée, mais survient au contraire à des heures variables, en fin de nuit, pendant la journée, le matin ou l'après-midi. Lorsque ce décalage de phases est installé, l'adolescent est dans l'incapacité de s'endormir, même s'il le désire. Les médicaments sont plus souvent néfastes que bénéfiques dans cette situation et seul un « recalage » du sommeil par une « chronothérapie » peut permettre à l'adolescent de retrouver un rythme veille-sommeil satisfaisant et en concordance avec le rythme jour-nuit.

LES INSOMNIES, SYMPTÔMES D'UNE PATHOLOGIE ORGANISÉE

Certaines insomnies peuvent témoigner de difficultés psychopathologiques plus notables, au premier rang desquelles la dépression à l'adolescence (voir chapitre ultérieur). Dans certains cas, il peut s'agir aussi d'angoisses massives face à la régression induite par le sommeil ou d'angoisses face à la vie onirique. Ainsi, des insomnies sévères s'observent fréquemment comme premier signe d'un épisode délirant aigu.

En conclusion, les difficultés passagères d'endormissement sont fréquentes et banales à l'adolescence. Cependant, des troubles plus importants peuvent se constituer à cet âge, sous forme d'insomnies rebelles ou de difficultés majeures à l'endormissement. Il est alors important que l'adolescent ne s'enferme pas dans des comportements stéréotypés, en particulier de dépendance à l'égard d'un produit, car c'est souvent à cet âge que s'organise, chez l'individu, l'ensemble des conditions qui présideront à son endormissement, moment psychologique fragile, mais que chaque personne doit apprendre à assumer.

Chapitre XI

LES COMPORTEMENTS DE L'ADOLESCENT

Entre l'inertie et le passage à l'acte

On juge une personne sur ses actes, déclare le sens commun. Effectivement, l'acte, la somme des actes, constituent dans la société ce qui peut définir une personne. Cependant, pour le psychologue, le psychiatre ou le psychanalyste, l'acte, les actes ne représentent que la partie émergée de la personne, ce qui est visible. La partie émergée d'un iceberg n'est que le dixième de sa masse : les neuf dixièmes sont immergés, invisibles. La personnalité pourrait être comparée à ces neuf dixièmes immergés, difficilement visibles. Les déterminants des actes sont en grande partie masqués aux autres mais aussi à soi-même. Car si certains déterminants des actes sont conscients, une partie non négligeable reste inconsciente. Une des premières caractéristiques des actes est, en général, leurs significations multiples (c'est ce qu'on appelle la « polysémie » des conduites). Rares, exceptionnels même sont les actes qui n'ont qu'un seul sens. Cette polysémie des actes est particulièrement grande à l'adolescence : il est toujours arbitraire de donner à un acte une signification unique, exclusive d'un autre sens possible. Ainsi, un adolescent qui reste allongé sur son lit, dans sa chambre, peut le faire par manque d'intérêt pour des occupations extérieures ; par incapacité d'investir une activité quelconque ; par peur de l'agressivité qu'il ressent en lui et qu'il a besoin de contrôler en restant ainsi confiné ;

par plaisir de la régression en rêvassant ; par crainte d'être confronté aux autres parce qu'il a le sentiment qu'on peut se moquer de lui ; par opposition à ses parents qui veulent le voir actif, dynamique, intéressé, etc. Toutes ces significations peuvent d'ailleurs être présentes chez le même adolescent, à des moments différents de la journée ou de l'année. En outre, la même attitude, chez la même personne, au même moment, est presque toujours porteuse de sens différents, renvoyant à des logiques différentes. Ainsi, ce même adolescent passif, allongé sur son lit, peut développer cette conduite de façon consciente par opposition à ses parents mais aussi de façon vaguement consciente (préconsciente) pour satisfaire un désir de passivité et enfin de façon plus profondément inconsciente, par crainte de son agressivité et de son éventuelle violence. On voit donc que la même conduite peut avoir trois sens différents, obéir à trois logiques qui correspondent à des hiérarchies dans les « programmes d'action » différents. Cette « polysémie » des conduites valables à tout âge de la vie l'est peut-être encore plus à l'adolescence. Pour cette raison il nous paraît toujours artificiel d'attribuer systématiquement un sens et systématiquement le même à une conduite.

LE SENS PERSONNEL DE L'ACTE

Précisément le travail du psychothérapeute, lorsqu'on fait appel à lui parce que l'adolescent s'enferme dans des comportements dont il ne peut se dégager, sera de démêler avec ce dernier l'écheveau des multiples significations et des nombreux sens qui s'encastrent à la manière de poupées russes. Ce dévoilement progressif du sens des conduites permet à l'adolescent d'acquérir peu à peu un meilleur contrôle sur lui-même, sur ses actes et de se sentir un peu moins soumis à ses besoins pulsionnels. Mais à côté de leur polysémisme, les actes s'inscrivent aussi dans une pluralité de couples opposés dont la conflictualisation progressive constitue une des tâches de l'adolescence. Ainsi, tout acte, par son existence même, implique pour l'adolescent de s'être confronté aux couples : action-inaction, activité-passivité, intérêt-désintérêt, mouvement-inertie... La résolution de ces couples d'opposés dépend précisément du travail psychique opéré à l'adolescence, de l'intensité de l'angoisse émergente, de l'équilibre entre les diverses pulsions et les moyens que l'adolescent met en œuvre pour contrôler celles-ci. Enfin et surtout de l'intégration du couple activité-passivité. Reprenons l'exemple de la passivité. Cette « passivité » est bien connue de beaucoup de parents, qui trouvent leur adolescent en permanence allongé sur son lit, effondré dans un fauteuil, avachi sur une chaise. Mode d'opposition aux parents, cette passivité est souvent pour l'adolescent un moyen de lutter contre son besoin agressif ou son besoin de violence. Sous-jacente à ce couple activité-passivité, la problématique masculin-féminin et l'opposition entre les pulsions libidinales et les pulsions agressives dépendront des processus identificatoires de chaque adolescent. Par exemple, certains ont besoin d'agir, de poser des actes, par crainte de la passivité qui les renvoie à la soumission de la petite enfance et à des fantasmes d'homosexualité ; d'autres, à l'inverse, s'installent dans la passivité par crainte de leurs pulsions agressives ou haineuses et des violences que celles-ci pourraient les entraîner à commettre. La passivité peut d'ailleurs être relativement vigoureuse, à travers cette sorte d'inertie active que déploient quelques adolescents. Dans les cas les plus positifs, l'adolescent peut passer d'un registre à l'autre selon ses possibilités d'intérêt, ses investissements ou ce contre quoi il doit se défendre. Là encore les parents connaissent bien cette variabilité, puisque tel jeune qui refuse de bouger, reste flasque sur sa chaise, ne se lève pas si ses parents lui demandent un service, bondira de sa chaise si le téléphone sonne et qu'il attend un appel d'un ami, ou partira enthousiaste avec un copain qui passe le chercher.

LE SENS DE L'ACTE POUR LES AUTRES

Mais l'adolescent ne pose pas seulement des actes pour lui, il pose aussi des actes pour autrui. Par définition, l'agir, le comportement offrent aussi un versant collectif et social. Les actes concernent la famille, le proche environnement, le groupe des autres adolescents, la bande et enfin la société. Agir, pour un adolescent, est un moyen de susciter la réponse des autres, d'entrer en quelque sorte dans un « dialogue comportemental ». Il agit pour susciter la réponse des autres, et non seulement pour affirmer son existence et son identité. Ces actes, posés comme autant de moyens de faire réagir l'autre, sont fréquents en famille où chaque membre risque d'être pris dans une spirale de « passages à l'acte » : chacun réagit aux actes d'un autre, ce qui aboutit à une réaction en chaîne, laquelle risque parfois, comme on le voit dans certaines familles, de prendre des allures catastrophiques.

LE SENS PATHOLOGIQUE DES ACTES

En effet à côté de l'élément constitutif et affirmatif de la personnalité et de son rapport aux autres, l'acte peut aussi présenter un versant plus pathologique, celui d'une pure décharge impulsive, ce qu'on appelle le « passage à l'acte », ou même plus encore, venir prendre la place de toute pensée. Certains actes sont ainsi commis par l'adolescent pour éviter de se confronter à la réflexion, à l'élaboration mentale. C'est par exemple le cas de certaines fugues ou de certains gestes impulsifs dont l'exemple même est la tentative de suicide comme on le verra plus loin.

Pour conclure ces réflexions sur le sens des actes à l'adolescence, précisément celle-ci se termine par un acte qui est le plus polysémique de tous, et probablement aussi le plus variable dans son aspect. Pour tout adolescent, il faut un jour « partir » : ce départ prend de multiples formes. Il peut être prévu et longuement préparé, soudain et impulsif, témoigner d'une conquête et d'un gain de liberté ou au contraire traduire une fuite ; il peut être actif ou passif ; il peut aussi exister par son contraire : l'impossibilité de partir. Quoi qu'il en soit, il y a mille manières pour l'adolescent de partir et chacune de ces manières a pour lui mille sens différents. Sur le plan collectif, si le « voyage » était dans la tête de beaucoup d'adolescents des générations précédentes, comme en témoignent les mouvements « routard », « hippy » des années soixante-soixante-dix, dans les années deux mille il semble que « le rêve d'ailleurs », qui témoigne de l'inquiétude ou de la difficulté pour chaque jeune de trouver sa place dans la société, soit au premier plan (voir chapitre « L'adolescent et sa famille »).

Nous évoquerons brièvement quelques « actes pathologiques » des adolescents, en raison de leur fréquence.

LA PATHOLOGIE DES ACTES : VIOLENCE ET DÉLINQUANCE

Même s'ils ne sont pas identiques, ces deux types de conduites renvoient souvent au problème de l'agressivité ressentie par chaque individu et à la manière dont il peut la gérer. La violence est une sensation souvent évoquée par l'adolescent, soit qu'il l'éprouve en lui-même, soit qu'il dénonce la violence de la société.

L'acte délinquant est un acte qui contrevient à la loi. Cependant il faut distinguer l'acte délinquant isolé de la délinquance en tant que phénomène social. Les deux ne sont pas toujours liés. En la matière, le proverbe « qui vole un œuf vole un bœuf » s'avère heureusement faux sur le plan statistique. Nombre d'adolescents qui commettent un jour un ou deux actes antisociaux ne le répètent pas nécessairement tout au long de leur adolescence, ni de leur vie ultérieure. Il importe donc de ne pas inscrire immédiatement un adolescent qui aurait commis un acte antisocial délinquant dans une identité définitive de « délinquant », car il risquerait ensuite de tout faire pour confirmer agressivement cette identité que lui renvoie la société.

- Le vol des véhicules motorisés

Parmi les conduites délinquantes les plus courantes, le vol de véhicules motorisés est la plus fréquente (25 % des délits) : vols de voitures, vol de deux-roues. C'est le vol typique du début de l'adolescence disparaissant progressivement après 20-21 ans. Le vol est le plus souvent un « emprunt », pour faire une balade avec des copains. Il s'opère généralement en groupe. Délit charnière, c'est le type même de la conduite face à laquelle la réponse sociale est essentielle, soit qu'il s'agisse d'une absence de réponse vécue par l'adolescent comme une incitation à recommencer, ou à l'opposé d'une réponse dont l'excessive rigueur fige l'adolescent dans une identité de délinquant. Dans quelques cas plus rares, les vols sont commis par des bandes organisées, et s'inscrivent dans la dimension plus franchement délictueuse d'un trafic de véhicules volés.

- Les vols dans les magasins

Ces vols, en particulier dans les grandes surfaces, sont, par leur fréquence, le second des délits (15 %), le plus souvent des actes individuels concernant aussi bien les filles que les garçons (élément inhabituel dans le cadre des délits où les garçons sont toujours plus nombreux que les filles). Il s'agit le plus fréquemment de vols utilitaires : disques, vêtements, appareil de radio, livres, alcool, autres denrées alimentaires, etc.). Parfois le vol s'inscrit dans l'activité d'une bande et représente déjà un comportement plus organisé. Souvent les objets volés sont consommés ou partagés en groupe. Ou encore ils sont distribués, jetés ou délaissés. Si la récidive est souvent observée, il faut cependant souligner que dans 25 % des cas le vol reste une conduite isolée et ne se reproduit pas. Toutes les classes sociales et les conditions socio-économiques sont représentées, même si parmi les adolescents délinquants on en retrouve une majorité issue des milieux socio-économiques et socioculturels défavorisés.

- Le vol des lieux habités et les actes de vandalisme

Celui-ci prend des formes très différentes, allant de la simple visite d'une cave pour se procurer quelques boissons, jusqu'à des effractions en bandes, beaucoup plus organisées. Le vandalisme est, en général, le fait de groupes et succède souvent à une prise de boisson. Le phénomène de la bande est prédominant dans ce processus.

- La violence en famille

Si beaucoup d'adolescents peuvent avoir des comportements impulsifs tels que claquer la porte, heurter les objets ou les personnes sur leur passage, être peu précautionneux, certains peuvent aller jusqu'à des comportements beaucoup plus violents, surtout en famille. Certaines crises de violence surviennent après un conflit familial, une discussion avec l'un ou l'autre des parents, ou en réponse à une interdiction, une limitation. Certains adolescents s'enferment ainsi dans une pièce et cassent violemment des objets, du mobilier alors que leurs parents sont de l'autre côté de la porte, suppliant ou menaçant leur adolescent pendant qu'il se livre à cette scène.

Dans d'autres cas, la violence prend un tour plus aigu, ainsi il y a des « parents battus ». Quand l'adolescent est seul avec l'un de ses parents, au cours d'une scène où la tension est montée progressivement, il se met à être menaçant, à donner des coups. Ces comportements traduisent en général la médiocrité des relations familiales et même parentales. Dans un nombre non négligeable de cas en effet, les parents eux-mêmes peuvent être violents (scènes de ménage, parents se battant entre eux) ou l'avoir été avec leurs enfants (enfants battus). Plus rarement, ces conduites témoignent d'une pathologie encore plus grave où l'adolescent s'avère incapable du moindre contrôle pulsionnel, comme cela peut s'observer dans certains débuts de schizophrénie. Dans tous les cas la famille ne doit pas se laisser enfermer dans de tels comportements répétitifs. Des consultations familiales auprès de spécialistes sont indispensables dans les plus rapides délais.

La tentative de suicide

Particulièrement fréquente et caractéristique de l'adolescence, la tentative de suicide est le type même du geste qui résume les multiples stratégies et intentions évoquées au début de ce chapitre. Elle s'opère souvent dans un climat d'impulsivité et représente bien entendu un retournement contre soi de l'agressivité, elle constitue une attaque contre son corps et tout ce qu'il représente mais elle est aussi un moyen de provoquer la réaction des autres. Elle pose en outre le problème de la dépression et des idées de mort dont on sait la fréquence à cet âge de la vie.

Après les accidents de la circulation, le suicide est la seconde cause de mortalité à l'adolescence. Environ 1 000 jeunes décèdent chaque année par suicide : entre 15 et 24 ans, 7,7 pour 100 000. En France, toujours entre 15 et 24 ans, 3 % des filles et 1,5 % des garçons ont fait au moins une tentative de suicide. Mais, caractéristique importante, le nombre de tentatives de suicide aboutissant à un décès est relativement faible, surtout chez les filles. Il est plus faible qu'à tous les autres âges de la vie. Si cette gravité en termes vitaux est moins importante qu'aux autres périodes de la vie, cela ne signifie pas pour autant que le geste suicidaire doit être considéré comme un geste banal. En effet, la récidive est une autre caractéristique des tentatives de suicide à l'adolescence, puisqu'elle concerne environ 30 à 50 % des adolescents ayant déjà fait une tentative. On peut donc considérer qu'un adolescent sur deux ou un sur trois recommencera son geste. Ces tentatives, si elles se répètent parfois sur le même mode, peuvent aussi devenir de plus en plus graves, aboutissant à la mort.

Lorsqu'on étudie les familles on retrouve, avec une fréquence plus élevée que dans la population générale, un certain nombre de caractéristiques que les spécialistes considèrent comme des « facteurs de risque ». On constate ainsi une fréquence élevée de déménagements dans la période précédent le suicide, ou de séparations parentales. Il existe aussi souvent des antécédents familiaux d'alcoolisme, et surtout des antécédents de suicide dans la famille, parents ou autres ascendants. Des facteurs culturels, telle que la situation de migrants, semblent également représenter un facteur favorisant. Il n'a pas été retrouvé de corrélation avec le niveau socioprofessionnel des parents, ni avec le fait que la mère travaille ou non à l'extérieur du foyer.

Parmi les facteurs concernant l'adolescent lui-même, on retrouve les situations d'échec scolaire, de non-insertion professionnelle, et surtout l'existence d'une toxicomanie. Les tentatives de suicide sont en effet très fréquentes chez ces derniers (voir chapitre 14). Enfin dans un nombre important de cas, on note l'existence de difficultés psychologiques franches, en particulier une dépression ; bien que toutes les tentatives de suicide ne s'accompagnent pas nécessairement d'un état dépressif franc (voir p. 209).

Comme nous l'avons énoncé au début de ce chapitre, la tentative de suicide, lorsqu'un adolescent choisit d'y recourir, ne répond jamais à une seule signification. La pluralité des sens de cette conduite est habituelle. Au niveau conscient, l'adolescent cherche souvent à fuir une situation désagréable (échec scolaire, mais aussi déception sentimentale, conflit avec l'un des parents). De façon plus profonde, elle peut traduire une adhésion à des idées de mort, à une thématique dépressive (la vie n'a aucun intérêt, la société ne vaut pas la peine de vivre...). Chez d'autres adolescents elle témoigne d'un besoin exacerbé de maîtrise sur son corps, et d'une volonté de conserver une toute-puissance sur sa destinée.

Plus profondément encore, certains adolescents cherchent à meurtrir leur corps, tout ce qu'il symbolise et tout ce qu'il contient. Parfois l'attaque de ce corps peut correspondre à des angoisses extrêmement importantes, le suicide ayant pour objet de faire cesser ces angoisses (épisode délirant) ; mais le plus souvent l'attaque du corps traduit une rage interne. Cette rage peut être dirigée contre l'un ou l'autre parent, dont le corps de l'adolescent constitue pour ce dernier le représentant : l'adolescent s'attaque à son corps comme le jeune enfant refusait de manger pour punir sa maman. Ce type d'attaque contre le corps témoigne de la médiocre « individuation-séparation » entre l'adolescent et son sentiment d'identité d'un côté, et les images parentales de l'autre.

Enfin, la tentative de suicide, comme tous les actes, peut s'inscrire dans une chaîne de provocations-réactions ayant pour but essentiel de faire réagir l'autre, c'est-à-dire avant tout les parents. Certains adolescents cherchent ainsi directement les bénéfices secondaires qui succéderont à ce geste : possibilité de régression, obtention du pardon des parents pour une bêtise ou une incartade, dans certains cas même recherche d'apaisement d'un conflit de couple, l'adolescent pensant, parfois à juste titre, que les parents se réconcilieront autour de sa souffrance et de son geste suicidaire.

On le voit, la tentative de suicide d'un adolescent ne s'inscrit pas toujours dans un contexte hautement pathologique. Certaines tentatives de suicide peuvent faire partie du développement « presque normal » de l'adolescence. Toutefois, lorsqu'un individu a recours à un tel geste, cela traduit en général une souffrance personnelle et des distorsions dans les relations familiales qui ont de fortes chances de persister si aucun changement en profondeur n'est opéré. Rappelons que la récidive suicidaire est très fréquente et qu'elle risque de devenir de plus en plus grave au fur et à mesure qu'elle se répète. C'est pourquoi il nous semble qu'aucune tentative de suicide à l'adolescence ne doit être négligée et qu'elle devrait faire systématiquement l'objet de consultations individuelles et familiales auprès de spécialistes afin que l'adolescent et ses parents puissent en comprendre le sens et se donner les moyens d'un changement.

L'expérience montre que souvent, s'il y a une mobilisation intense de la famille dans les jours qui suivent la tentative de suicide, ensuite dès que l'adolescent est sorti de l'hôpital, chacun s'empresse de feindre d'oublier, reprenant très vite les anciennes relations après une période éphémère où soit les parents, soit le jeune font des « efforts ». Il est bien évident qu'on ne peut pas vivre durablement en faisant des « efforts » et en se surveillant réciproquement. Pour qu'un changement en profondeur puisse être opéré, il est nécessaire qu'une approche psychologique, soit de l'adolescent lui-même, soit de l'ensemble de la famille, puisse être engagée.

Chapitre XII

DÉPRIME ET DÉPRESSION

La dépression et les troubles de l'humeur dépressive ont été longtemps sous-estimés chez les adolescents. Si l'on se réfère aux enquêtes épidémiologiques récentes, 7,5 % des garçons et 22,5 % des filles de la population française se déclarent assez souvent ou très souvent déprimés (M. Choquet et al., 1995). Une autre enquête, portant sur plus de 300 adolescents, a confirmé ces données. Elle a montré que 45 % d'entre eux ne s'étaient jamais ou presque sentis déprimés dans les mois précédant l'enquête, 31 % parfois (déprime passagère), 13 % souvent, et 6 % la plupart du temps.

Plusieurs raisons sont à l'origine de cette sous-estimation.

Beaucoup ont évoqué que l'humeur dépressive à cet âge n'était pas stable. Pourtant certains ont montré que l'humeur dépressive, dans un groupe d'adolescents, est beaucoup plus stable qu'on ne le croit généralement : sur six mois, 67,2 % n'avaient jamais été déprimés, 32,8 % l'avaient été un moment, et 11,2 % le furent à zéro, trois et six mois.

Une autre raison est sûrement liée aux manifestations très diverses d'appel. Celles-ci vont des troubles du comportement (école buissonnière, colères, fugues, conduites d'apparence délinquantielle) à des troubles dits fonctionnels (fatigue, nervosité, plaintes somatiques) en passant par les problèmes scolaires, les conduites boulimiques ou anorexiques et bien évidemment les conduites addictives.

La troisième raison est la difficulté de poser, à cette période de l'existence où s'intriquent particulièrement fortement un processus développemental et un état psychopathologique, un diagnostic catégoriel d'emblée repérable.

Pourtant les troubles dépressifs de l'adolescence ont des conséquences négatives tant pour les adolescents eux-mêmes que pour leur entourage : échecs scolaires, conduites suicidaires, difficultés relationnelles, troubles psychiatriques fréquents au cours ultérieur de la vie d'adulte. De même, l'âge de survenue des épisodes dépressifs s'est pour certains de plus en plus abaissé au cours de ces trente dernières années.

D'emblée nous voyons que, contrairement à ce qu'il est parfois dit ou écrit, les sentiments dépressifs ne sont ni systématiques pour beaucoup, ni bénins pour certains, au cours de l'adolescence. Par ailleurs, même pour ceux qui les ressentent, il faut distinguer clairement les individus qui les ressentent la plupart du temps, ou même souvent, de ceux qui constatent qu'ils peuvent survenir par moments, mais de façon toujours passagère.

La déprime

Nous savons qu'une des facettes caractéristiques du processus d'adolescence est la relative fréquence de manifestations émotionnelles et affectives plus ou moins bruyantes, mais toujours transitoires. Parmi celles-ci, figurent la « mauvaise humeur », l'ennui, la morosité et même la tristesse ou le sentiment d'être malheureux, incompris, incapable ; ce qu'on nomme aujourd'hui familièrement la « déprime ». En elles-mêmes ces manifestations émotionnelles n'ont rien de pathologique. Qui, quel que soit son âge, ne passe par des moments de cafard, par des réveils difficiles, par le sentiment de ne pas réussir ce qu'il souhaite entreprendre, par des périodes de manque de confiance en soi amenant un certain pessimisme sur ses capacités ou même son devenir ? L'adolescent n'échappe pas à ces différents sentiments. Certes, le processus même de l'adolescence peut favoriser l'inquiétude sur son corps et l'insatisfaction qu'on peut en ressentir, les idées ou les projets qu'on souhaiterait voir aboutir et qui paraissent pour le moment inaccessibles, les sentiments et les échanges qu'on aimerait voir réciproques, la perte d'une certaine protection, bien que parfois contestée, de ses parents. Ainsi que la culpabilité que l'on peut ressentir d'avoir agressé son père ou sa mère injustement, et même l'idée de mort qui peut traverser par moments l'esprit. Tous ces éléments, caractéristiques du processus même de l'adolescence, colorent l'humeur et les sentiments des intéressés. Nul doute que cette coloration a pu amener à considérer l'adolescence comme une période « privilégiée » pour la dépression. Mais les chiffres cités montrent bien la différence entre trois groupes d'adolescents : ceux qui ne se sentent pas déprimés, ceux qui ont des moments de « déprime » passagère et ceux qui sont vraiment déprimés, avec là aussi des degrés. La déprime à l'adolescence existe donc bien mais ne doit pas être considérée comme une maladie ou un trouble nécessitant une consultation spécialisée ou un traitement. Ces adolescents envahis par la déprime, malgré leur ennui ou leur cafard, poursuivent leurs activités et ne sont pas figés dans les différents secteurs de leur vie professionnelle, scolaire, amicale et familiale. Ces moments de cafard cèdent très facilement au repos ou s'amenuisent lors des sorties avec des copains ou d'activités de loisirs.

La dépression proprement dite

À l'opposé du groupe précédent, il existe incontestablement un groupe d'adolescents dont on peut considérer qu'il est constitué de sujets franchement déprimés. Ce groupe, et ce groupe seul, nécessite une consultation médicale et un traitement spécifique.

L'adolescent réellement déprimé ne se présente pas toujours comme un déprimé. Devant toute conduite surprenante, provocatrice ou agressive, devant toute plainte somatique inexpliquée et bien sûr devant toute crise de pleurs, d'abattement et de désintérêt durant plus de quinze jours, il faut penser « dépression ».

Celle-ci sera diagnostiquée si, derrière les manifestations exprimées en première intention par l'adolescent ou par ses parents, on retrouve les signes habituels du syndrome dépressif, en tout point comparable à celui bien connu de l'adulte. Seule l'instabilité des manifestations au cours de la journée pourrait constituer un piège et entraîner excessivement le clinicien vers un diagnostic de crise d'adolescence plutôt que de dépression caractéristique. Il existe quatre types de dépression selon le fonctionnement mental : la menace dépressive, la dépression d'infériorité, la dépression d'abandon et la psychose maniacodépressive. Leur évolution, leur pronostic et leur traitement seront différents et devront tenir compte à la fois de l'adolescent, de sa famille et des moyens thérapeutiques disponibles et acceptés (médicaments, psychothérapie et aménagement de vie).

Les distinctions avec le groupe « déprime » reposent sur trois séries de facteurs. La première série concerne l'intensité des manifestations dépressives. Il ne s'agit plus ici d'un simple ennui, ou d'une simple morosité mais d'une véritable tristesse avec un sentiment de souffrance morale et une tendance importante à se culpabiliser sur ce qu'on a pu dire ou ce qu'on a pu faire. Plus encore, ce qui était source de plaisir ne l'est plus et rien ne la remplace. Un sentiment de dévalorisation profond s'associe le plus souvent aux manifestations précédentes, s'exprimant sur le plan intellectuel, physique ou esthétique. Les idées et le désir de mort concrétisent l'amalgame des précédentes thématiques (ennui, culpabilité, dévalorisation). Enfin, en ce qui concerne le comportement, deux attitudes opposées peuvent être présentes : la première est caractéristique de tout déprimé, il s'agit d'un ralentissement psychologique et moteur qui donne l'impression que le sujet ne pense plus, ne se mobilise plus, ne marche plus, ne parle plus comme avant, il est ralenti dans tous les domaines de son comportement ; la seconde est totalement inverse, le sujet paraît agité, s'emporte pour un rien, est violent, passe à l'acte et ceci de façon très excessive par rapport à ce qui se passait précédemment. Il s'agit dans ce dernier cas d'une réaction paradoxale à l'envahissement dépressif, qui est en fait le signe d'une lutte contre ce ralentissement et ce figement que le sujet ressent comme particulièrement douloureux et pénible.

Citons à ce propos la fréquence à l'adolescence d'un type de dépression dite « atypique ». Bien qu'aucune étude, à notre connaissance, n'ait été clairement menée, la pratique quotidienne nous amène à penser que ce type de dépression est fréquent à l'adolescence tant on rencontre des épisodes dépressifs à cet âge dans lesquels l'hypersomnie, l'hyperphagie, la sensibilité au rejet et la réactivité de l'humeur s'associent de façon régulière.

La deuxième série de facteurs repose essentiellement sur la durée de l'ensemble de ces manifestations et permet, pour une très grande part, de faire la distinction entre la déprime évoquée précédemment et cette dépression proprement dite. Lorsqu'un adolescent se plaint depuis plus de quinze jours de sentiments fréquents, très fréquents voire continuels de tristesse, de dévalorisation, de culpabilité et que s'y associent les troubles du sommeil (difficultés d'endormissement et surtout réveils beaucoup trop précoces), enfin des troubles alimentaires tels que désintérêt ou refus de nourriture, la suspicion d'une dépression franche doit être évoquée.

Une troisième série de facteurs doit alerter les parents, les proches ou l'adolescent lui-même, il s'agit de la relative brutalité de la survenue de l'ensemble de ces manifestations, et surtout de l'absence d'explications logiques (deuil, très graves problèmes familiaux, déception sentimentale forte, etc.) à l'origine de ces manifestations. Cependant il est bien évident qu'un moment franchement dépressif, nécessitant par là même une aide et un traitement, peut aussi surgir à la suite de ces événements.

DÉPRESSION ET SUICIDE

Le risque suicidaire à cette période de la vie est bien connu de chacun. Actuellement les données dont on dispose concernant les troubles psychiatriques corrélés au suicide de l'adolescent par des études rétrospectives montrent clairement que le taux de dépression varie autour de 50 à 60 % d'adolescents ayant commis une tentative de suicide.

Une étude originale a comparé le profil psychologique d'adolescents déprimés et d'adolescents ayant fait une tentative de suicide (non un suicide). La conclusion est que le profil psychologique des deux catégories est fortement comparable, en insistant néanmoins sur le fait que les adolescents suicidants présentaient plus de problèmes familiaux, de points de vie négatifs, de retrait et d'isolement que les adolescents déprimés.

DÉPRESSION DES FILLES, DÉPRESSION DES GARÇONS

À ce jour, la différence de prévalence de syndrome dépressif entre les filles et les garçons n'a été clairement établie qu'à partir de l'adolescence. On a demandé à 3 800 adolescents âgés de 12 à 18 ans s'il s'étaient sentis tristes ou désespérés dans le mois précédant l'entretien : 10 % des garçons et 20 % des filles, soit deux fois plus, ont répondu par l'affirmative. Plus grave encore, ce même pourcentage se retrouve dans les tentatives de suicide.

Parmi les différentes hypothèses proposées pour expliquer l'asymétrie du risque dépressif entre filles et garçons, c'est l'influence hormonale qui est le plus souvent invoquée : voilà pourquoi la puberté serait une étape décisive. On insiste sur le développement différent des systèmes endocriniens hypothalamo-hypophysaires et gonadiques qui renforceraient chez les filles la vulnérabilité aux troubles affectifs. La même hypothèse hormonale est également proposée pour expliquer les troubles anxieux.

Mais il est difficile de ne pas tenir également compte des facteurs culturels, des stéréotypes sociaux que chaque sujet a dans ses représentations profondes et personnelles. La « preuve » nous en est fournie par les modalités d'expression des sentiments dépressifs dans nos sociétés occidentales selon que l'on est une fille ou un garçon.

S'AIDER ET ÊTRE AIDÉ

Il est important de consulter et de traiter ces dépressions à l'adolescence, car contrairement à ce qui a parfois été dit, même par des spécialistes, le devenir de ces dépressions (et insistons encore, nous ne parlons pas de la simple déprime) est loin d'être toujours bon. À court terme, ces dépressions peuvent, comme aux autres âges de la vie, être à l'origine de tentatives de suicide d'autant plus graves qu'elles se répètent ou sont évidemment fatales. À moyen terme, ces dépressions peuvent épisodiquement se répéter, constituer la source d'une organisation caractérielle de la personnalité, véritable carapace psychologique et comportementale contre la douleur et la souffrance dépressive.

Chapitre XIII

ADOLESCENCE ET FOLIE

Tout adolescent doit affronter de multiples remaniements qui remettent en cause les bases mêmes de son unité et de son sentiment d'identité. Aussi l'interrogation sur la folie à cet âge nous conduit-elle à nous consacrer au problème de l'acquisition d'une identité stable et suffisamment fondée.

La peur d'être fou

Il existe souvent une crainte ou un fantasme chez tout adolescent, d'autant plus secret qu'il en redoute les effets : la crainte d'être anormal ou le fantasme d'être fou. Au minimum l'adolescent se demande si ses pensées, désirs, rêveries, rêves, sont normaux ou anormaux.

« Suis-je normal ? » C'est une question que les adolescents se posent plus souvent qu'on ne l'imagine. Le sujet aux prises avec la déstabilisation de toutes ses représentations est engagé de tout son être dans cette lutte. Sous le coup des chocs incessants, internes ou externes qu'il rencontre, l'adolescent côtoie la dissolution de sa personne, la détresse et l'angoisse. Il amorce un mouvement de recherche sur lui-même : s'auto-observant, scrutant ses états, sans pouvoir s'identifier à ce qu'il était, ni à ses parents ou à ses proches. Ce mouvement peut provoquer une angoisse profonde : l'adolescent se sent peu à peu submergé par la perte de cohérence de sa personne. Les limites entre les représentations de soi et d'objet s'estompent, laissant place à une impression de dissonance. Le sujet est alors momentanément noyé dans le flou, sans démarcation nette entre ce qui est perçu et ce qu'il perçoit, tel le héros de Romain Rolland, Jean-Christophe.

Plus profondément l'adolescent peut être envahi par « la peur d'être fou » ou même développe la conviction d'« être vraiment fou ». Certaines des conduites les plus déviantes, donnant paradoxalement un sentiment de maîtrise, peuvent constituer une lutte contre ce fantasme ou une manœuvre paradoxale pour confirmer et faire cesser le doute.

Il faut ainsi considérer qu'une partie des comportements jugés pathologiques par l'entourage représente souvent pour l'adolescent une tentative de lutte contre « sa folie » : sa partie « saine » se rebelle contre sa partie « malade ». C'est cette partie « saine » qui, à la fois, s'exprime par des conduites bruyantes et s'oppose aux rencontres avec ce que l'adolescent craint être sa folie. Cela est d'autant plus vrai que l'adolescent va mal. Pour certains – heureusement peu nombreux – les troubles de l'identité se manifestent par un éloignement de la réalité et plus encore une perte de la réalité, source d'état de véritable folie.

Là surgit une difficulté importante : dans ces conditions, la rencontre avec le psychiatre risque d'être ressentie comme la confirmation des craintes ou, à tout le moins, comme le renforcement du doute et de la souffrance qui s'y rattachent. L'actualisation de ce fantasme, du fait de la rencontre présente, explique que parfois les conduites les plus pathologiques s'exacerbent à ce moment précis. De la part de ces adolescents, le refus de consulter est donc habituel. Mais il n'a pas uniquement une signification intrapsychique. Il s'inscrit également dans une stratégie interactive surtout quand l'un ou les parents souhaitent cette consultation. Dans le champ des interactions familiales ce refus de l'adolescent peut avoir les objectifs suivants :

– évaluer la capacité des parents à demander de l'aide et surtout à s'ouvrir sur l'extérieur ;

– apprécier la détermination parentale dans la démarche de soins ;

– mettre à l'épreuve la cohérence du couple parental ;

– lutter contre un processus de désignation pathologique.

Les deux premières possibilités participent de ce que l'on

peut appeler la normalité ; les deux autres se rencontrent principalement dans les familles où dominent des interactions problématiques voire pathologiques.

Étrangeté, délire et schizophrénie

L'angoissante interrogation d'un début possible de schizophrénie infiltre trop souvent le champ de préoccupations du psychiatre d'adolescents et risque d'aboutir à une attitude de repérage sémiologique appauvrissante et dangereuse. On en connaît les excès justement dénoncés. Par exemple, faire de tout adolescent qui s'attarde un peu trop longtemps et complaisamment devant la glace un schizophrène doutant de son identité, ou faire d'une excentricité passagère une bizarrerie du comportement évocatrice de psychose. Il n'en reste pas moins vrai que la plus grave des maladies mentales, la schizophrénie, commence souvent à l'adolescence, même si toutes les manifestations pathologiques ou déviantes ne sont pas, fort heureusement, les témoins d'une schizophrénie débutante. On constate ce paradoxe : d'un côté une maladie, somme toute, rare mais grave et durable, de l'autre une nosographie fluctuante, incertaine, où les frontières entre le normal et le pathologique sont particulièrement brouillées. Ce paradoxe explique les risques tant par excès que par défaut dans l'établissement d'un tel diagnostic.

À l'adolescence le problème diagnostique de la schizophrénie ne réside pas en effet dans la reconnaissance du tableau évocateur. C'est la raison pour laquelle la description clinique ne sera pas traitée ici. Nous renvoyons le lecteur aux traités de psychiatrie en ce qui concerne la description de l'autisme, de la discordance et du délire. Précisons simplement et très schématiquement que, malgré la diversité des conduites initiales, on peut distinguer classiquement trois grands types de début :

– les formes aiguës qui représentent classiquement les deux tiers des modes d'entrée : bouffée délirante ou état confusionnel aigu, mais aussi trouble d'allure maniaque, mélancolique ou mixte, inquiétants par leur caractère atypique ;

– les formes progressives ou subaiguës : états délirants d'évolution subaiguë revêtant en général le type de l'automatisme mental mais aussi états pseudonévrotiques ;

– les formes insidieuses, les plus difficiles à détecter, où s'observent volontiers un fléchissement ou même un effondrement scolaire, ailleurs des conduites bizarres impulsives ou compulsives.

L'angoisse est le trait commun à tous ces modes de début. Celle-ci est diffuse, envahissante et rarement absente. Si à cette angoisse s'associent une bizarrerie des conduites et une froideur du contact, le diagnostic s'évoque encore plus volontiers. Après une période d'incertitude, l'ensemble de la symptomatologie apparaît en quelques mois, rendant alors le diagnostic plus aisé.

Au total, face à des actes un peu excentriques, des attitudes parfois étranges, une fugue ou une tentative de suicide inattendue, le diagnostic différentiel entre un processus schizophrénique débutant et une forme particulière de « crise d'adolescence » reste une des questions les plus classiques en clinique psychiatrique. Il faut reconnaître que bien souvent seule l'évolution et donc le temps permettront de poser un diagnostic précis : tantôt les troubles initiaux s'amenderont rapidement ou laisseront apparaître un dynamisme psychique dont l'entrave n'a été que momentanée ou très partielle ; tantôt, au contraire, la perte de contact avec la réalité s'aggrave et l'adolescent semble progressivement ou brutalement ne plus pouvoir maîtriser son angoisse et ressentir une inquiétude, une détresse tout à fait désorganisantes. L'importance de ce critère évolutif explique que le diagnostic soit d'autant plus difficile que les troubles en sont à leur début.

L'origine et le développement de ces troubles psychotiques restent, pour une grande part, mystérieux. Leur observation et leur compréhension sont encore trop soumises aux idéologies, aux théories du moment, si ce n'est aux modes intellectuelles ou scientifiques. Cependant, ces troubles sont pour le sujet et pour son entourage des manifestations particulièrement lourdes à supporter.

Par conséquent, l'attitude raisonnable consisterait à ne diagnostiquer un trouble psychotique qu'après six mois de trouble patent. En même temps, à cet âge de la vie, six mois peuvent paraître capitaux dans l'évolution du sujet. Aussi est-il nécessaire, parfois, de savoir entreprendre un traitement précoce dans le cas de troubles dont la bizarrerie est suffisamment intense et inexpliquée pour faire craindre une psychose.

Les troubles psychotiques de l'adolescence sont généralement suscités par trois types d'angoisses : une angoisse s'appuyant sur le corps et ses transformations, une angoisse portant sur le sentiment d'identité et une angoisse portant sur la crainte excessive de sortir de l'enfance. L'angoisse psychotique sur le corps se manifeste par des préoccupations concernant les transformations corporelles, l'image de son corps, le sentiment qu'il a des altérations ou des modifications inexpliquées, comme le manifestent souvent ces adolescents qui passent des heures chaque jour à se regarder dans la glace, à examiner les différentes parties de leur physionomie et qui semblent ne pas se reconnaître ou avoir un vécu d'étrangeté. L'angoisse psychotique portant sur l'identité se manifeste par des sentiments de dépersonnalisation : le sujet peut alors exprimer qu'il ne sait plus qui il est, ou au contraire se donner des identités tout à fait imaginaires, souvent mégalomaniaques, croyant qu'il est une idole de la chanson ou pensant que ses origines sont tout à fait extraordinaires ou encore croyant posséder une force surnaturelle lui permettant de maîtriser le monde et l'univers. Ces angoisses psychotiques portant sur l'identité peuvent concerner un domaine plus spécifique : nous pensons tout particulièrement à la sexualité, où le sujet a le sentiment qu'il possède un sexe opposé à son sexe physiologique ou par exemple, comme on peut le rencontrer dans certaines angoisses psychotiques de l'adolescente, la certitude d'être enceinte et d'attendre un enfant alors que bien évidemment il n'en est rien. Enfin cette angoisse psychotique peut avoir des liens étroits avec la crainte de sortir de l'enfance : crainte suffisamment intense pour que les pensées se désorganisent. L'adolescent manifeste alors des attitudes très régressives, c'est-à-dire des comportements qui évoquent ceux d'un petit enfant, en particulier dans la sphère alimentaire où il recherche une satisfaction immédiate liée au besoin de se nourrir, d'être tout de suite comblé, ou dans la sphère anale (jeux bizarres avec les matières fécales, saleté très excessive). Tous ces comportements et toutes ces angoisses frappent par leur inquiétante bizarrerie et par le fait qu'ils s'accompagnent d'un brusque effondrement scolaire.

Ces troubles relèvent d'un traitement spécialisé, le plus souvent en milieu hospitalier. L'hospitalisation permettra à la fois un diagnostic et l'évaluation de la gravité du trouble ainsi que la mise en place d'un traitement dont la durée et les effets sont relativement difficiles à prévoir. De toute façon, il est très important de savoir que ces troubles, lorsqu'ils surgissent à l'adolescence, ne sont pas forcément irréversibles, bien loin de là. Un nombre important d'entre eux peuvent n'être que des « coups de tonnerre dans un ciel serein » et seront sans lendemain. En revanche, un certain nombre de ces angoisses psychotiques débouchent sur des troubles au long cours, qui vont amener les sujets dans leur vie d'adultes à rencontrer des difficultés personnelles et sociales nécessitant, de façon épisodique, régulière ou parfois constante, des traitements psychiatriques spécialisés.

Les déliaisons dangereuses

L'adolescent auquel il faut réserver le diagnostic de psychose est celui qui n'a pu faire autrement que de remplacer la réalité par une néo-réalité. L'adolescent vit ici une véritable désappropriation de lui-même, de son corps sexué, de sa relation aux autres. Plus récemment on a proposé de substituer à la notion de potentialité psychotique de l'adolescence celle d'un « empêchement de subjectivation à des degrés divers » (R. Cahn, 1991).

Pour cela la prise en compte d'un triple niveau devient nécessaire :
– la confusion des repères identificatoires ;
– la tentative désespérée de lier sous les formes les plus diverses l'excitation sexuelle à la fois interne et externe ;
– le maintien d'une indistinction primitive entravant la différenciation progressive dans une emprise aliénante ou une excitation indéfinie liée à une carence primaire.

On mesure ainsi le rôle d'une sommation des déliaisons, se rencontrant peu ou prou à tous les niveaux comme obstacle à la subjectivation.

Cette conception psychanalytique de la psychose chez l'adolescent permet de lever les objections que certains ont retenues concernant le traitement institutionnel en équipe et ses relations avec la nécessaire référence à un personnage électivement investi. L'un ne peut aller sans l'autre dans le souci thérapeutique de lever les obstacles à cette subjectivation de l'adolescent psychotique et d'instaurer pour ce dernier une gestion de la discontinuité interne et externe, une gestion de l'équilibre des investissements narcissique et objectaux. Grâce à cela on peut espérer lever les obstacles à cette subjectivation dans le souci de favoriser un mouvement progressif, et il faut bien le dire aléatoire, vers l'autonomisation.

Chapitre XIV

LE PROBLÈME DE LA DROGUE

Pour les juristes, le mot « drogue » s'identifie en général aux « substances illégales » ; pour le médecin il désigne un médicament. Pour certains, il est synonyme de « stupéfiant » ; pour d'autres il symbolise toute dépendance physique et psychologique de quelque ordre qu'elle soit depuis la télévision jusqu'à l'héroïne. Cette difficulté à définir le terme « drogue » est le reflet de ce que l'on retrouve dans son usage. En fait, la drogue est à la fois médicament et toxique, problème légal et source d'évasion, détente et dépendance et quelquefois un produit de mauvaise qualité. En fait, le problème actuel est l'usage non contrôlé par une prescripton médicale des produits psychotropes (c'est-à-dire ayant un effet sur le psychisme), par les jeunes mais sûrement pas que par eux. Cependant, il importe de ne pas généraliser ni dramatiser. En effet, l'enquête de l'INSERM sur la population adolescente montre que la consommation de drogue n'est pas un phénomène homogène, de façon qualitative ou quantitative. Les drogues dites « dures » ne sont utilisées que par une très faible minorité de jeunes. En revanche, d'autres produits à effets psychotropes sont plus largement utilisés, même si cet usage semble dans nos sociétés plus banalisé (tabac, alcool, médicaments psychotropes : somnifères, anxiolytiques) (Choquet *et al.*, 1991).

Le tableau ci-après donne la moyenne des consommations d'alcool, de tabac et de drogue pour les jeunes entre 11 et 19 ans.

	Ne consomme jamais	Consommation occasionnelle	Consommation régulière [1]
Alcool	47,8	39,8	12,4
Tabac	77,8	7,8	14,5
Drogue [2-3]	85,3	9,3	5,4

Tableau 1. Consommation d'alcool, de tabac et de drogue chez les jeunes de 11 à 19 ans en % (INSERM, 1994)

Cette consommation varie fortement en fonction du produit, de l'âge et du sexe (tableaux 2 à 9).

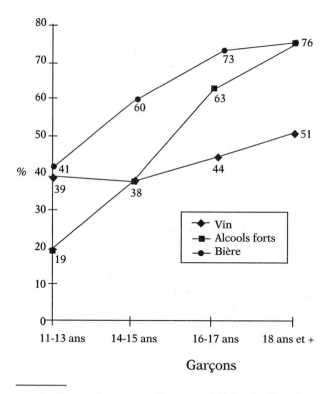

Garçons

---

1. Consommation régulière : pour l'alcool : deux fois par semaine ; ou plus régulièrement : pour le tabac : tous les jours (plus de 10 cigarettes par jour : 8,4 %) ; pour les drogues : au moins une dizaine de prises.
2. Marijuana ou haschisch, produits à inhaler, cocaïne, héroïne, hallucinogènes, amphétamines ou stimulants, médicaments autoprescrits.
3. Prise occasionnelle de drogue : entre une et neuf fois (6,1 % en ont pris une ou deux fois, 3,2 % de deux à neuf fois).

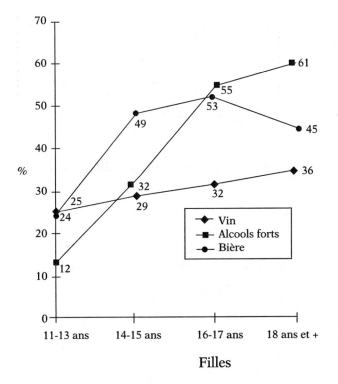

Filles

Tableaux 2 et 3. **Consommation de vin, bière et alcools forts en %**

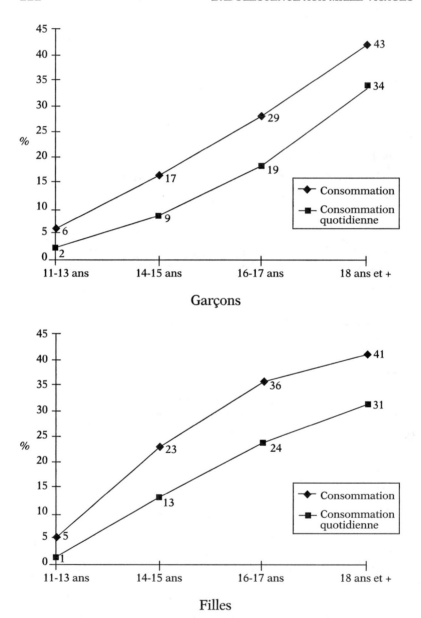

Tableaux 4 et 5. **Consommation de tabac en %**

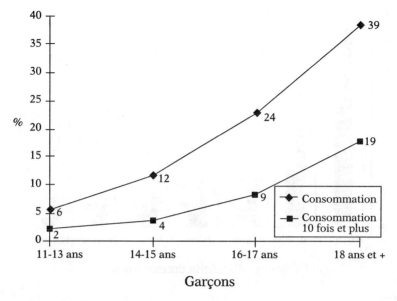

Garçons

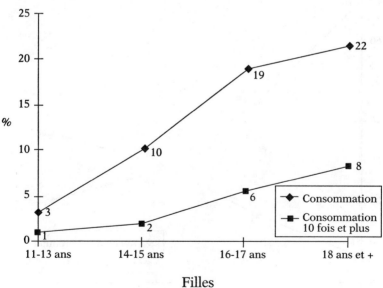

Filles

Tableaux 6 et 7. **Consommation de drogue en %**

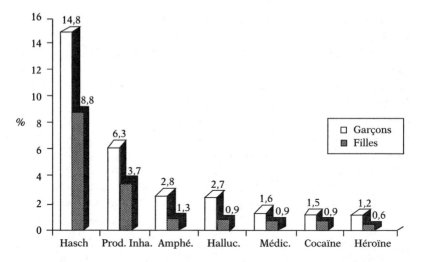

Tableau 8. **Produits consommés**

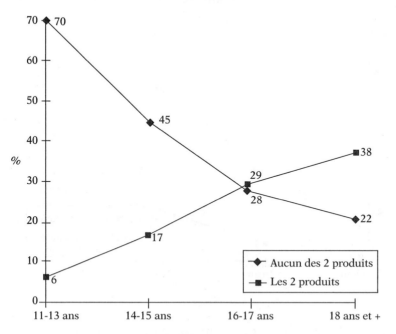

Tableau 9. **Consommation d'alcool et de tabac en %**

Pour ce qui est des « drogues », on constate que la consommation de haschisch vient largement en tête. La consommation de cocaïne (1,1 % des jeunes), celle d'héroïne (0,9 %) restent un phénomène très marginal à cet âge de la population. Ceci explique également que la contamination par le virus du sida dans le cadre d'une toxicomanie (seringue souillée) reste très rare à l'adolescence. Signalons que, depuis vingt ans, la consommation de tabac et surtout d'alcool semble avoir diminué chez les jeunes avec cependant des fluctuations d'une enquête à l'autre. Pour cette tranche d'âge, la consommation en France n'est pas plus élevée que dans les autres pays européens. En revanche, la consommation d'alcool et de tabac est plus élevée en milieu rural. Enfin le cumul des produits (alcool + tabac) concerne une minorité de jeunes mais augmente sensiblement avec l'âge (voir tableau). La grande majorité (92 %) de ceux qui ont expérimenté une drogue illicite prennent aussi de l'alcool et du tabac de façon régulière ou quotidienne.

Dans une précédente enquête, la même équipe de l'INSERM avait montré que le cumul de consommation d'au moins trois produits (parmi tabac, alcool, drogue, médicament, psychotrope) augmentait sensiblement entre 16 et 18 ans surtout pour le sexe masculin (tableau ci-après).

	16 ans	18 ans
Garçons	6 %	28 %
Filles	5 %	9 %

Tableau 10. **Cumul d'au moins 3 produits parmi :
tabac, alcool, psychotrope, drogue**

Cependant, il ne faut pas assimiler tout consommateur de psychotrope à un toxicomane. En effet, les études longitudinales montrent que dans ces tranches d'âge près de la moitié arrête d'en consommer dans les deux années qui suivent. Comme le signale M. Choquet et al. (*Drogues illicites et attitudes face au sida*) : « la consommation juvénile est un processus discontinu ; le fait de commencer à prendre une drogue n'est pas nécessairement le début d'une escalade vers la toxicomanie ». Seul un petit nombre de consommateurs juvéniles deviendront des toxicomanes mais il est vrai que la plupart des toxicomanes ont commencé à l'adolescence.

Pour reprendre une publicité célèbre : « 100 % des gagnants ont joué au Loto... » ne veut pas dire que 100 % des joueurs ont gagné ! Il en va de même pour la toxicomanie dont on pourrait dire que 100 % des toxicomanes ont commencé à consommer dès l'adolescence. Mais cela ne veut pas dire, loin s'en faut, que 100 % des adolescents consommateurs de drogue deviendront des toxicomanes ! Il importe donc devant une consommation de drogue chez le jeune de distinguer le type, la fonction et le retentissement de la consommation sur la vie sociale et affective du sujet. Il est en effet nécessaire, parmi les adolescents qui utilisent des drogues illicites (cannabis, haschisch, médicament psychotrope pris à des fins toxicomaniaques) de distinguer d'un côté les utilisateurs occasionnels, de l'autre les utilisateurs plus réguliers dont quelques-uns risquent de devenir peu à peu des toxicomanes proprement dits.

Les premiers utilisent la drogue par curiosité ou comme moyen d'évasion, une fois ou épisodiquement ; ils continuent leur vie scolaire ou professionnelle, ne rompent pas avec le milieu familial, ont des activités diverses et des relations avec les jeunes de leur âge tout à fait normales. Contrairement aux précédents, les toxicomanes proprement dits ont un tout autre profil. Ils centrent toute leur vie sur la recherche du toxique, de son utilisation, de ses effets, avec toutes les conséquences personnelles et sociales que cela implique. Pour eux, la drogue est devenue une fin en soi dont ils ne peuvent plus se passer et qui met au second plan – si ce n'est annule – tous les autres intérêts et plaisirs de la vie.

Pourquoi se droguer ?

Pourquoi se droguent-ils ? Il n'est pas facile de déterminer les raisons qui poussent à consommer des drogues à des fins non médicales. De plus, la multiplicité des drogues et l'hétérogénéité des consommateurs ne facilitent pas les choses. Il faut reconnaître que, malgré de nombreuses rationalisations, le but premier de la consommation de drogue est la curiosité puis le plaisir, mais beaucoup se rendent compte que la satisfaction est momentanée. Ceux qui continuent répondent en fait à une deuxième grande motivation : le besoin de « soupape » artificielle. Cela veut dire que les adolescents qui deviennent des toxicomanes ou qui se droguent fortement sont des adolescents qui n'ont pas trouvé dans leur vie personnelle ou relationnelle, dans leurs activités quotidiennes ou dans leurs réflexions propres, les moyens de se détendre autrement que par le recours à un produit dont les effets chimiques vont apporter ce qu'ils devraient attendre d'activités plus naturelles.

D'un point de vue psychologique, le toxicomane présente un certain nombre de caractéristiques que C. Olievenstein a résumé sous la forme de relations spécifiques :

– relation avec la loi, par rapport à laquelle la seule transgression possible et la seule violence chez le toxicomane deviennent l'utilisation et la transformation de son propre corps ;

– relation avec le plaisir, où l'introduction d'un produit inerte, c'est-à-dire d'un objet neutre mais réel et non fantasmatique, détermine, du moins pour la première fois, un plaisir orgasmique le plus souvent d'une qualité exquise et supérieure au plaisir de l'orgasme sexuel ;

– relation avec le corps, dans laquelle le masochisme fréquemment évoqué est en fait dépassé par le fait que l'utilisation de la drogue est la pénétration de soi par soi et la vérification de sa propre existence ;

– relation avec la mort, car s'il y a risque en se droguant, il y a à la fois recherche de risques, jeu avec la mort.

Ces relations psychologiques sont incontestablement caractéristiques du toxicomane ; est-ce à dire que le toxicomane a une personnalité spécifique ou, en d'autres termes, existe-t-il une personnalité toxicomaniaque ? Actuellement, la majorité des spécialistes accordent à la drogue une signification commune : celle de protéger un Moi trop fragile contre des sentiments anxieux ou dépressifs trop forts. À ce titre, les relations entre la prise de drogue et la dépression chez l'adolescent sont extrêmement fortes. Ces liens entre consommation de produit, anxiété et dépression pour aboutir ultérieurement à la toxicomanie proprement dite montrent qu'il ne faut pas, surtout au début des habitudes de consommation, se centrer uniquement sur le produit mais prendre en compte bien d'autres manifestations.

À titre d'illustration, nous distinguerons différents types de consommation de produit à l'adolescence.

LA CONSOMMATION FESTIVE ET RÉCRÉATIVE

Dans cette consommation, c'est l'effet euphorisant du produit qui est recherché. Elle se fait en petit groupe, jamais seul, le plus souvent en fin de semaine, pendant les vacances ou les fêtes. Signalons la mode récente des *rave party* au cours desquelles l'utilisation, en particulier, d'*ecstasy* est connue. Le cursus scolaire (scolarité standard ou apprentissage) est maintenu, l'adolescent conservant non seulement son activité scolaire mais aussi ses autres investissements sportifs, culturels, sociaux. Toutefois, le fléchissement scolaire (voir p. 148) est habituel.

Dans ce type de consommation on ne retrouve pas nécessairement de facteurs de risques familiaux et les facteurs de risques individuels sont absents.

LA CONSOMMATION AUTOTHÉRAPEUTIQUE

C'est l'effet anxiolytique du produit qui est recherché (« être cool, être bien »). Cette consommation est souvent solitaire, plus régulière en particulier le soir dans la chambre. Toutefois cette consommation solitaire peut alterner avec des moments de consommation en groupe. Au plan de la scolarité, on constate en général les premiers signes d'un décrochage (redoublements successifs, triplement de classe) et d'un échec scolaires se constituant. De même l'adolescent s'éloigne souvent de ses activités habituelles (sportives, culturelles) pratiquées de façon plus irrégulière. Sa vie sociale est plutôt pauvre avec un isolement relatif.

Les facteurs de risques familiaux (voir ci-dessous) ne sont pas nécessairement présents. En revanche, on retrouve souvent des facteurs de risques individuels actuels ou anciens. Parmi ces facteurs de risques individuels, nous signalerons la fréquence des troubles du sommeil (difficultés importantes d'endormissement, cauchemars, etc.), troubles existant au moment de l'adolescence mais retrouvés aussi dans la petite enfance. On observe également des troubles anxieux (voir p. 167) et/ou dépressifs (voir p. 207).

LA CONSOMMATION TOXICOMANIAQUE

Dans cette dernière consommation, c'est l'effet anesthésie-défonce qui est recherché (être comateux). La consommation est à la fois solitaire et en groupe, régulière quasi quotidienne. L'exclusion de la scolarité et des circuits de socialisation (apprentissage) est constante avec des comportements fréquents de rupture (changement incessant d'établissement, d'orientation, échecs répétés aboutissant à l'exclusion).

Au plan social, l'adolescent n'a de relations qu'avec d'autres jeunes en situation marginale et/ou de rupture. Il est fréquent et même habituel de retrouver des facteurs de risques familiaux (mésentente parentale chronique, ou au contraire atmosphères étouffante et hyperrigide, alliance pathologique entre personnes de générations différentes : un parent avec son adolescent ligués contre l'autre parent, difficultés socio-économiques majeures, laxisme et indifférence des parents).

On retrouve également des facteurs de risques individuels (voir consommations autothérapeutiques) mais ceux-ci sont souvent masqués par la massivité de la consommation toxicomaniaque (il est par exemple difficile de retrouver les troubles du sommeil dans la mesure où le rythme social habituel est totalement perturbé).

	Consommation		
	Festive	Autothérapeutique	Toxicomaniaque
Effet recherché	Euphorisant	Anxiolytique	Anesthésiant
Mode social de consommation	En groupe	Solitaire +++ (en groupe)	Solitaire et en groupe
Scolarité	Cursus scolaire habituel (fléchissement)	Décrochage scolaire Rupture scolaire	Exclusion scolaire
Activités sociales	Conservées	Limitées	Marginalisation
Facteurs de risque familiaux	Absents	Absents	Présents
Facteurs de risques individuels	Absents	Présents	Présents

Tableau 11. Principales caractéristiques des types de consommation à l'adolescence

Que doivent faire les parents ?

Il faut reconnaître que l'on a souvent eu tendance à s'intéresser au toxicomane plutôt qu'à ses parents. Pourtant ces derniers traversent des difficultés très importantes, non seulement pour eux-mêmes mais pour le maintien de l'équilibre de la famille et aussi pour l'affection et le désir de soins qu'ils portent à leur enfant. Ces parents sont souvent désarmés et entraînés par le jeune toxicomane lui-même, dans des contre-attitudes ou des comportements contradictoires qui sont faciles à repérer d'un point de vue théorique mais beaucoup plus difficiles à éviter dans la vie quotidienne. Cependant, il est important de retenir quelques conseils généraux afin que les parents ne se sentent pas trop démunis et gardent une ligne de conduite qui leur permette de ne pas se désorganiser eux-mêmes.

Le premier conseil, qui est essentiel, est de ne pas confondre l'utilisation occasionnelle ou festive avec les autres modes de consommation. Il s'agit de ne pas entrer avec les premiers dans une escalade de suspicion, de surveillance, de désignation risquant d'être plus dangereuse que bénéfique. Mais il s'agit aussi, en cas de consommation autothérapeutique et *a fortiori* toxicomaniaque, d'accepter l'idée d'une nécessaire démarche de soins sans trop attendre ni espérer vainement que tout rentre dans l'ordre sans changement.

Pour reconnaître le type de consommation, la drogue utilisée peut constituer un repère : classiquement haschisch pour l'utilisateur occasionnel et héroïne pour le toxicomane, mais ce n'est pas absolu. Les signes cliniques et les manifestations somatiques de l'intoxication dépendent de la quantité du produit, du moment de sa prise et surtout du désir de dissimuler ou non cette intoxication ; ils ne peuvent servir d'indicateurs fiables. Seul le dialogue avec l'adolescent lui-même peut permettre aux parents de savoir où en est leur enfant dans son intoxication et surtout de connaître la place que prend la drogue dans sa vie, allant d'une place limitée, et donc en fait pas trop dramatique, à un plaisir ou une dépendance envahissant toutes les activités et les motivations du sujet.

L'évaluation par des repères extérieurs et indirects présente également un intérêt : le jeune poursuit-il à peu près normalement sa scolarité (sans pression excessive des parents) ? conserve-t-il ses habituelles activités sportives, culturelles, de loisirs, avec le même intérêt ? ses relations avec les copains ont-elles ou non assez brusquement changé ? a-t-il des difficultés dans d'autres domaines (sommeil, relation amicale ou amoureuse, manifestation d'angoisse, de dépression...) ? le climat familial est-il particulier ? les parents acceptent-ils d'affronter objectivement ces éventuels problèmes ?

Les conseils suivants concernent plutôt les consommations autothérapeutiques ou toxicomaniaques.

Le second conseil est de retenir que chaque toxicomane est un cas particulier, quels que soient les points communs, aussi bien au niveau des raisons qui l'ont amené à se droguer qu'au niveau des moyens qui peuvent l'amener à arrêter.

Le troisième conseil, concret, est de ne jamais céder au chantage ou à la demande d'argent de la part du toxicomane. Cette attitude est parfois difficile à assumer car les parents craignent, quelquefois à juste titre, que s'ils refusent cette aide, leur fils ou leur fille ira trouver ce dont il a besoin par des moyens illégaux. Il nous semble, à partir de notre expérience, qu'à ce niveau il faut être extrêmement ferme.

Le quatrième conseil est d'accepter de savoir que le toxicomane est habité par un « corps étranger », contre lequel il faut lutter avec lui de toutes ses forces, en sachant que cette lutte sera longue, ne se limitera pas à la seule cure de sevrage ou de désintoxication et qu'il y aura, dans le cas de toxicomanie grave, bien des batailles perdues. Mais le temps, lorsque la vie demeure, travaille pour les parents et le jeune, à condition de ne jamais capituler définitivement.

Attitudes thérapeutiques

À ces conseils, doivent s'associer quelques mesures thérapeutiques immédiates qu'il est bon de connaître dans le but de préserver l'avenir somatique et/ou psychique du sujet :
– les réactions hallucinatoires ou délirantes aiguës secon-

daires à une prise de haschisch, d'hallucinogènes, d'amphétamines ou de cocaïne nécessitent le plus souvent un bref séjour en milieu hospitalier et doivent être traitées par des médicaments spécifiques ;

– la dépression respiratoire secondaire à une intoxication aiguë aux opiacées (morphine, héroïne) et le coma doivent être traités rapidement par des services d'urgence (SAMU, pompiers) ;

– le classique état de manque doit être traité si possible en milieu médical. Le premier geste étant de rassurer le sujet, de lui donner de l'eau et du jus de fruit en abondance avant d'appeler un médecin, ce qui doit être fait systématiquement.

À ces mesures immédiates ou d'urgence, qui ne résolvent évidemment pas le problème de la toxicomanie, il faut associer la connaissance de moyens thérapeutiques dont l'objectif est d'agir beaucoup plus en profondeur. En ce qui concerne les consommateurs que nous appelons « autothérapeutiques » et *a fortiori* les consommateurs occasionnels, nous conseillons le plus souvent de voir le médecin de famille ou de recourir à des consultations spécialisées pour les jeunes (adolescents et jeunes adultes) présentant des difficultés psychologiques, plutôt qu'à des centres spécialisés pour toxicomanes qui accueillent des jeunes plus gravement atteints. En revanche, pour ces derniers, il existe en France des centres spécialisés, maintenant répartis sur l'ensemble du pays et dont on peut se procurer l'adresse auprès de son médecin généraliste ou de la Direction sanitaire et sociale de son département. Dans ces centres, travaillent des équipes pluridisciplinaires et en particulier des éducateurs, des assistantes sociales, des psychothérapeutes qui peuvent prendre en charge pour une longue période l'adolescent dans le but d'une aide psychologique et d'une réinsertion à moyen et long termes. Ces centres sont associés à des centres de postcure et de réinsertion sociale ainsi qu'à des placements familiaux ou des lieux communautaires de réadaptation. Rappelons que l'utilisation de produits de substitution (Méthadone, Subutex) et cette diversité de personnes et d'institutions compétentes doivent être réservées aux toxicomanes avérés. Il faut enfin signaler l'existence de plusieurs lieux spécialisés dans l'aide et l'accompagnement aux familles en difficulté ; cette aide peut être d'un grand secours pour les parents de jeunes drogués.

CONCLUSION

PARLER DE SOI À AUTRUI

Adolescents : de l'authenticité à la parole

Les attitudes tranchées des adolescents, leurs comportements paradoxaux, leurs quêtes de découvrir ce qu'ils aiment et ce qu'ils désirent amènent souvent à une communication s'exprimant plus sous la forme d'un « cri » (ou de cris) qu'à l'expression d'une idée construite, nuancée et tempérée. En même temps c'est pendant l'adolescence que l'on rencontre ses vrais amis, ceux à qui l'on peut parler de tout, se confier, sans juger, sans se donner de leçon, sans se moquer et qui parfois resteront proches longtemps encore.

À la question : « Je vais vous citer une liste de mots, et pour chacun d'entre eux je vous demanderai de me dire si ce mot évoque plutôt des choses que vous aimez ou pas », un sondage de l'Institut CSA-*Phosphore* auprès d'un échantillon national de 807 lycéens donnait les résultats suivants : les mots qui évoquent des choses que les lycéens aiment sont dans l'ordre : l'amitié, l'amour, la solidarité et la famille.

Nous voyons ainsi combien l'affectif est authentiquement fort dans les valeurs des jeunes et parmi cet affectif, le plus fort qui puisse exister en un mot est l'amour. Ce mot franchement banni par certains, relégué au rang des poncifs du passé par d'autres, tout juste bon à faire des entrées de cinéma ou des ventes de disques pour les troisièmes, demeure d'une étrange actualité et la marque d'une quête jamais assouvie d'authenticité. Cette valeur « amour » n'est pas seulement attribuée, loin s'en faut, à la seule vie amoureuse entre un garçon et une fille du même âge quoique bien évidemment présente au premier plan dans cette situation. Elle est également mise en avant dans les relations avec l'ensemble des jeunes du même âge sous une forme plus « sublimée » c'est-à-dire en termes d'amitié, mais aussi à l'égard des adultes, et en particulier des parents, sous la forme affective directe de l'amour proprement dit, tout simplement. Peut-être qu'aimer à 15 ou à 20 ans n'est pas très facile à dire, à mettre en mots, mais aimer et être aimé est incontestablement un besoin des adolescents d'aujourd'hui et sans doute de la jeunesse de tout temps.

Valeurs affectives par excellence, transmissions d'une valeur éternelle colorée et figurée différemment selon les époques et selon les générations, l'amitié et l'amour seront sans doute encore longtemps, espérons-le, les valeurs fondamentales de la jeunesse. Ce point de vue, peut-être trop lyrique ou trop optimiste, a le mérite, à nos yeux, de compenser les larges critiques si ce n'est les attaques directes ou déguisées à l'égard des représentants d'une période de l'existence qui sera sans doute encore pour longtemps la plus affective des étapes de la vie et en même temps la plus réservée pour exprimer cette vie affective.

Ce même sondage révèle que ce que les jeunes attendent avant tout des parents c'est d'abord le temps de discuter avec eux et ensuite que les adultes les aiment. Cela arrive bien avant le souhait que les adultes les hébergent et les nourrissent et même qu'ils soient des copains pour eux.

Parents : de la parole à l'authenticité

Être adolescent ce n'est peut-être pas toujours facile, mais parent d'adolescent non plus. L'expérience quotidienne montre que, face à cette authenticité des adolescents et à leurs difficultés d'exprimer calmement leurs émois, de nombreux adultes, y compris en premier les parents, n'ont pas toujours la place la plus facile, se montrent parfois indifférents mais plus souvent anxieux et désemparés. Cette réaction majore le malaise des adolescents et risque de les convaincre qu'on ne peut pas discuter avec les parents ou les adultes : une interaction de défiance et de rejet potentiel peut alors ouvrir à une escalade de provocations réciproques. Une bonne information des parents, pour ceux qui se sentent motivés et intéressés, donne, de notre point de vue, les bases nécessaires pour une écoute plus sereine et confiante.

Il n'est pas rare que, spontanément, à l'occasion d'un dîner, d'une rencontre, les parents d'adolescents mettent en commun leurs expériences. Une situation délicate évoquée par l'un sera la source de commentaires mais aussi de réflexion et de soulagement compte tenu du problème apparaissant comme partagé. Le problème pour les adultes en général et pour les parents en particulier est sans doute inverse de celui de leurs enfants : leurs propos sont initialement faciles mais souvent trop contenus, conventionnels et à vrai dire inauthentiques – au sens de trop rationnels. On ne guide pas les adolescents d'aujourd'hui avec uniquement des critiques ou encore moins des astuces ou des cajoleries. Les adolescents ont besoin de principes mais aussi de repères et de sens. La logique et le (bon) sens sont nécessaires mais seulement s'ils sont accompagnés de sentiments « vrais » et d'explications, c'est-à-dire de tristesse si la situation de l'adolescent attriste, de colère si..., de joie si..., etc.

Le moment « pour parler ensemble » est important : trop rapidement, c'est trop vite ; trop brusquement, c'est trop brusque ! Il faut souvent profiter d'un moment d'écoute favorable de l'adolescent, c'est-à-dire de calme, un peu à distance du « cri » lancé impulsivement mais aussi affectivement par celui-ci, pour reprendre ce qui doit être dit. Il faut sûrement parler vrai, mais pas n'importe quand. On aura néanmoins pu se tromper et l'échange peut rester rompu ou tendu. Il ne faut pas désespérer, un autre moment viendra tôt ou tard, souvent plus tôt qu'on ne croit, car l'adolescent le recherche, quelle que soit son attitude apparente. Il ne faudra pas alors le laisser passer au profit d'un problème secondaire de temps ou au fond de colère rentrée.

Adolescents en difficulté : adultes-relais et lieux d'écoute

Il a toujours été nécessaire de créer un réseau intermédiaire entre les adolescents en difficulté dans leurs lieux de vie habituels d'un côté et les lieux de consultations traditionnels de l'autre. Ceci signifie qu'il y a toujours eu des adultes, n'étant pas en « prise directe » avec les adolescents, capables d'une écoute discriminante, fondée non pas sur une subjectivité anxieuse mais sur une capacité d'attention et d'analyse des manifestations de souffrance de l'adolescent.

On pourrait définir le rôle de ces « adultes-relais » de la façon suivante :

– écoute des adolescents en difficulté et tentative de dépister ceux dont les facteurs de risques ou dont la souffrance déjà exprimée font craindre une aggravation ;

– écoute active des adolescents « à problèmes multiples » en leur proposant une rencontre susceptible d'établir un premier contact permettant dans un second temps l'accès aux soins.

QUI SONT CES ADULTES-RELAIS ?

Des adultes au contact d'adolescents (enseignants, personnel administratif des collèges et lycées, personnel municipal, entraîneurs de sport, travailleurs sociaux, personnel des services de police, etc.) peuvent également être sensibilisés puis formés à ce type d'écoute. Il s'agit d'adultes qui peuvent assurer des « permanences d'écoute » dans divers lieux, au premier rang desquels les collèges et lycées des enseignements classique et professionnel, les lieux de formation professionnelle, les internats scolaires ou autres, les missions locales, les PAIO, les maisons de quartier, de jeunes, les centres d'information et d'orientation, etc.

Dans certaines zones défavorisées ou à risques, cette démarche active repose le plus souvent sur la motivation, l'engagement et le savoir-faire d'adultes appartenant à de petites structures associatives. Toutefois dans des quartiers de banlieue très défavorisés, si le lieu conditionne la possibilité d'accès pour ces adolescents en difficulté, le travail d'écoute doit consister d'abord à rétablir des liens chez des individus inscrits dans une triple escalade : celle du déni (des symptômes mais aussi de la souffrance, de leur identité, de leur histoire), celle du défi (de la société vécue comme rejetante, disqualifiante et disqualifiée) et celle du délit (ultime reconnaissance sociale « en négatif ») (K. Abboub).

Pour répondre aux attentes et à la demande des adolescents, ces lieux d'écoute doivent être bien individualisés (horaires, salle ou bureau précis), de préférence légèrement décalés par rapport aux horaires scolaires (souvent entre 12 h et 14 h ou en fin d'après-midi, en soirée dans les internats), clairement différenciés du rapport hiérarchique ou pédagogique habituel et donc avec un adulte qui n'est pas directement impliqué dans la scolarité, la discipline, la surveillance, etc.

La consultation thérapeutique

La consultation thérapeutique se situe entre les lieux d'écoute dont nous venons de parler et la cure de type psychanalytique. Passage d'un passage, toute consultation thérapeutique à l'adolescence est sous-tendue par l'intention d'un processus de transformation. La consultation d'un jeune pose de nombreuses questions. L'accueil d'un adolescent par un médecin ou un psychologue formé à l'écoute du discours conscient et aux manifestations de l'inconscient constitue une véritable recherche théorique et pratique sans cesse renouvelée. L'ubiquité de cette consultation thérapeutique est représentée par la nécessité pour le clinicien d'être « présent » en plusieurs temps (histoire du sujet et de la famille) et en plusieurs lieux à la fois (lieu familial, loisirs, école, etc.).

En mettant à part les « cures types » d'adolescents, rares si ce n'est exceptionnelles du moins en France, la majorité des traitements psychothérapiques des adolescents sont pratiqués par des psychothérapeutes ou des psychanalystes confirmés dont la formation et l'expérience, certes, varient de l'un à l'autre, mais dont l'attachement aux principes de base de la psychanalyse est partagé par la plupart. Nous voudrions ici insister sur le fait qu'un certain nombre de ces traitements d'adolescents est en fait une

succession de consultations thérapeutiques qui débutent dès la première rencontre et qui ne prennent vraiment la forme de psychothérapie d'inspiration psychanalytique *stricto sensu* que :
– soit après un temps souvent important de rencontres successives et d'élaborations progressives de la part tout autant de l'adolescent, du thérapeute et même de l'entourage du sujet ;
– soit posées comme une indication de passage d'un thérapeute à un autre (indication répondant souvent plus à des préoccupations matérielles en particulier d'emploi du temps ou renvoyant à des passages à l'acte dont les contre-attitudes ne sont pas souvent exemptes).

ESPRIT ET TECHNIQUE DE LA CONSULTATION THÉRAPEUTIQUE

Pour nous la consultation thérapeutique est d'abord une « consultation » au sens fort du terme. En cela elle se distingue d'un simple accueil tel qu'il peut être pratiqué dans les lieux ou dans les centres d'accueil : accueil dit libre (référence aux *free clinics* des années soixante) qui ne répond pas aux règles d'horaires de rendez-vous, d'adultes et de thérapeutes spécifiquement désignés par leur nom, leur fonction, leur formation. Cette consultation s'inscrit, en effet, dans une désignation et un tissu institutionnel et personnel précis. Les heures de rendez-vous ne sont en fait qu'une donnée symbolique de la représentation précise du lieu et de celui à qui on s'adresse. Contrairement à ce que beaucoup croient, les adolescents ont besoin de repères précis auxquels éventuellement ils cherchent à se confronter.

L'action de recevoir, d'examiner et de proposer une aide ou un traitement à celui que l'on accueille est explicitement ou implicitement présent dès que l'on se réfère à la notion de consultation. Mais c'est peut-être dans ce déroulement des actions successives caractéristiques de la consultation médicale que la consultation thérapeutique trouve sa différence. En effet, dans cette dernière, dès que le sujet est reçu, c'est-à-dire dès le premier temps de la rencontre, une volonté de changement est instituée, la visée thérapeutique est en marche, l'intention d'être thérapeute, au sens psychodynamique, s'exerce. De même l'examen de celui qui consulte (ou de ceux qui consultent) est une démarche certes d'observation mais en même temps de compréhension et de relevé (souvent hypothétique) de significations fortes dans ce qui est dit ou montré au cours de cet échange. La consultation thérapeutique est donc l'action de recevoir, d'examiner et de traiter, refusant toute référence à des temps successifs, mais au contraire entremêlant totalement dans le temps et dans le contenu ces trois démarches.

À la dimension thérapeutique de la consultation telle que nous venons de la définir, il nous semble utile d'y associer l'ubiquité qu'elle représente, c'est-à-dire la nécessité pour le thérapeute d'être présent en plusieurs temps et en plusieurs lieux à la fois, malgré l'unité de temps et de lieu que représente la consultation. Pour nous la consultation débute par celui qui prend contact avec le consultant, souvent les parents et en particulier la mère, mais de plus en plus d'adolescents établissent d'eux-mêmes ce premier contact. Si ce sont les parents qui ont demandé cette consultation, ceux-ci ou au moins l'un des deux devront être présents lors de la consultation. S'ils ne peuvent être présents, ils seront cependant inclus dans la consultation (qu'il s'agisse de la première ou de consultations ultérieures). À titre d'exemple, nous avons essayé de savoir qui prenait contact pour demander une consultation dans notre unité d'adolescents et de jeunes adultes du Centre Philippe-Paumelle. Dans l'étude que nous avons effectuée, la famille représente 22 % de la demande de consultation et donc du premier contact, l'adolescent lui-même 19,8 %, les autres services de santé 18,7 %, les services d'urgences 12,1 %, les instances sociales 8,8 %, les médecins de famille 7,7 %, autres contacts 7,7 % et écoles seulement 3,3 %. Ces données n'ont ici d'intérêt que pour montrer que l'adolescent lui-même n'est pas majoritairement, loin de là, celui qui prend contact pour demander la consultation (ici la première consultation). Cette demande « extérieure » à l'adolescent peut être importante dans le déroulement certes de la première consultation, mais aussi dans le traitement qui y fera suite et les consultations thérapeutiques qui le constitueront. Cette ubiquité de la consultation thérapeutique s'instaure dès cette première prise de contact.

Un autre facteur de cette ubiquité est représenté par les motifs qui amènent à consulter. Il apparaît que ces motifs vont être différents selon qu'ils sont exprimés par l'adolescent lui-même, par la famille ou par le clinicien. Là aussi dans l'étude de notre consultation à laquelle nous nous référions précédemment, il est clairement apparu que ces motifs variaient selon ceux qui l'exprimaient : les problèmes familiaux sont surévalués par la famille par rapport à ce que pense l'adolescent, au contraire l'angoisse et les sentiments dépressifs sont sous-évalués par la famille par rapport à ce qu'exprime l'adolescent. Quant aux cliniciens, ils sous-estiment les conflits familiaux pour attacher plus d'importance aux données plus spécifiquement psychopathologiques. Quand nous parlons de l'ubiquité, c'est-à-dire de la nécessité d'être présent en plusieurs temps et plusieurs lieux à la fois, c'est à ces aspects que nous faisons référence.

Nous voyons en cela que nous nous éloignons très fortement du modèle à la fois de la consultation médicale *stricto sensu* et de la cure analytique dans lequel la référence principale est ce que dit le sujet lui-même à celui qui l'écoute. Si la consultation thérapeutique constitue bien une unité de temps et de lieu comparable à celle de la consultation médicale et à celle de la séance de la cure type, cette unité éclate par rapport à ces temps et à ces lieux différents dont il nous paraît nécessaire de prendre en compte les différentes modalités. Nous pourrions trouver une analogie entre cet éclatement de la consultation thérapeutique et une pièce de théâtre certes limitée dans le temps et le lieu de la représentation, mais précédée de ce que l'on en a entendu dire, des critiques qu'on a pu lire et au cours même de la pièce, des possibles flashes-back qui en constituent la compréhension finale. La similitude avec la séance de la cure type psychanalytique persiste cependant au moins dans la recherche de sens que le clinicien a toujours à l'esprit et dans le fait que ce qui est dit, même si ce n'est pas dit dans le moment même et/ou par l'adolescent lui-même, est énoncé au clinicien, c'est-à-dire qu'il ne s'agit pas d'un simple énoncé analogue à la récitation d'un livret mais d'un acte d'énonciation : une action sous-tendue par une intention de communiquer un contenu à celui auquel on s'adresse et que le choix de ce qui est dit ne peut pas être considéré comme sans importance ou interchangeable avec ce qui aurait été dit à un autre.

Nous pourrions en fait définir la consultation pour adolescents comme le passage d'un passage, ce qui signifie que, quel que soit le point où l'on en est de ce passage, on ne peut faire abstraction ni de l'endroit d'où l'on est parti, ni de l'endroit où l'on souhaite aller. Ce qui nous paraît vrai pour l'adolescence en tant que processus de développement de l'être humain est vrai pour la consultation quel que soit l'âge de celui qui consulte (si l'on parle évidemment de consultation thérapeutique) et donc d'autant plus vrai qu'il s'agit de consultation pour adolescents.

RENCONTRE, ALLIANCE THÉRAPEUTIQUE ET TRANSFERT

Les entretiens témoignent chez l'adolescent de la qualité de ses investissements aussi bien dans la personne du consultant que dans le fait d'être ainsi amené à parler de soi à quelqu'un. Il est important de distinguer ces deux plans. L'investissement d'allure transférentielle sur la personne du spécialiste est assez facile à repérer, il est même parfois d'une rapidité de déploiement et d'une intensité tout à fait caractéristiques de la relation adolescent-clinicien. Mais quand il est massif et envahissant, ce transfert est en général sous-tendu par un fantasme inconscient de séduction et une croyance magique ou projective en la supposée toute-puissance du consultant qui sont autant d'obstacles dans l'investissement du travail d'introspection, d'auto-observation et de capacité croissante de l'adolescent à parler « de soi à quelqu'un ». Le médecin, le psychologue, le soignant ou l'éducateur devront donc être attentifs non seulement aux éventuelles manifestations directement transférentielles (demande impérieuse d'entretiens) mais aussi à la capacité pour l'adolescent de réévoquer un thème déjà abordé, de tenir compte de ce qui a déjà été dit, d'apporter un matériel nouveau, d'énoncer un problème volontairement occulté lors des premières rencontres, d'aborder le domaine des rêveries, fantaisies et fantasmes, etc.

La séquence des entretiens permet non seulement une évaluation dynamique de l'adolescent lui-même mais aussi de sa famille et de ses capacités de mobilisation. En effet, la mobilisation familiale se laisse voir à travers l'intérêt pris par les parents à ces entretiens, leur demande et/ou accord pour y participer, les éventuels réaménagements opérés ou inversement les renforcements défensifs : accentuation des confusions interindividuelles, recrudescence des divers passages à l'acte, etc. Ces paramètres sont des indicateurs précieux pour prendre les bonnes distances et les décisions thérapeutiques justifiées.

Pour qu'ils parviennent au meilleur d'eux-mêmes

Les adolescents sont extrêmement différents les uns des autres : il n'y a pas une adolescence mais beaucoup d'adolescents. Cette diversité fait même partie des caractéristiques de l'adolescence. Lorsqu'on observe la manière dont se déroule l'adolescence d'une génération à l'autre, d'une culture à l'autre, d'un milieu social à un autre, l'idée même d'une adolescence universelle et uniforme ne tient pas. De ce point de vue, il est possible que les sociétés actuelles, en particulier les sociétés dites occidentales, favorisent et amplifient encore cette diversité par l'absence de plus en plus perceptible de la transmission de normes sociales, de modèles uniques susceptibles d'entraîner un certain consensus et un minimum d'adhésion. On ne doit pas oublier que cette diversité permet aussi aux individus d'accéder à un plein épanouissement, de découvrir des voies nouvelles, d'inventer des solutions ignorées jusque-là. En effet, il faut penser à ces adolescents altruistes qui n'hésitent pas à s'engager dans des causes généreuses ; ces adolescents réfléchis et travailleurs qui mènent des études parfois fort difficiles ; ces jeunes sportifs qui vivent leur passion jusqu'au sommet de leurs possibilités ; ces adolescents musiciens qui découvrent et inventent des rythmes, d'autres entreprenants qui n'hésitent pas à investir la société en créant leur propre entreprise, etc. Nous sommes actuellement à l'apogée du mouvement de poussée démographique de la jeunesse française après guerre, les 12-20 ans représentent 12,5 % de la population actuelle. Il n'est pas étonnant que ces sept millions d'individus manifestent des choix, des désirs, des projets, en un mot des itinéraires multiples et variés. Mais ceux-ci sont étroitement dépendants du moment où ils surviennent dans l'histoire naturelle de tout individu, c'est-à-dire dans cette période inéluctable pour chacun du passage de l'enfance à l'âge adulte. Mais accompagner ces itinéraires, les soutenir, en favoriser les aspects positifs ne peut se faire sans comprendre ce passage, sans comprendre ce qu'est l'adolescence. On ne peut comprendre l'adolescent, quel qu'il soit, sans savoir qu'une de ses préoccupations centrales est tournée vers son corps, les transformations de ce dernier et l'utilisation qu'il en fait dans sa vie amoureuse et sexuelle. On ne peut pas non plus comprendre certains comportements ou certains modes d'expression caractéristiques de cet âge sans connaître les moyens psychologiques de l'adolescent, moyens utilisés pour lui permettre de se protéger à l'égard des changements qui pourraient exagérément le bouleverser si ce n'est le déborder et l'amener à rompre prématurément ses études ou sa vie sociale. Ceci est d'autant plus important qu'il existe plusieurs types de processus psychologiques de l'adolescence et plusieurs étapes dans chacun de ces processus. On ne peut enfin s'intéresser à la jeunesse sans regarder de plus près les nouveaux dialogues, les nouvelles relations qui s'établissent entre l'adolescent et ses parents. Les parents n'ont pas pour seul intérêt de fournir un toit et une sécurité matérielle, les parents sont là pour « prendre les coups » et y survivre mais aussi pour protéger et contenir cet enfant devenu un adulte comme eux. La tâche n'est pas simple et la fameuse crise d'adolescence peut se transformer en crise parentale, crise à laquelle nous nous sommes particulièrement intéressés.

L'adolescence est bien cette période de l'ouverture et des changements, de découverte et de conquête qui représenteront autant d'itinéraires dans la vie de ce futur adulte ; mais c'est aussi le temps du doute, de l'ennui et d'une attente impatiente, celui de l'espoir et de l'illusion, et parfois celui de la déception. Période des émotions, des affects, découverte de soi-même et de l'autre, l'adolescence marque durablement le destin de chaque individu. De ce point de vue le renoncement, quelles qu'en soient les raisons, nous paraît l'attitude la plus regrettable d'où qu'il vienne. Des embûches plus ou moins graves, plus ou moins aiguës, plus ou moins bruyantes ou violentes peuvent alors apparaître. À côté de la seule conduite souvent incriminée dont se plaint l'adolescent ou son entourage, l'évaluation du déroulement normal ou pathologique de l'adolescence exige la prise en compte d'un nombre important de facteurs qui sont détaillés tout au long des divers chapitres. La différence entre une angoisse normale et une angoisse pathologique, celle entre une déprime passagère et une dépression manifeste, la différence entre une inhibition momentanée et un retrait affectif et social invalidant, celle entre une prise de drogue occasionnelle et une intoxication devenue massive doivent être sérieusement évaluées. Là aussi toute attitude trop attentiste peut camoufler un renoncement de l'adolescent lui-même ou de son entourage. Si cet ouvrage devait prétendre à une ambition, ce serait celle-ci : permettre aux adolescents, aux parents, aux éducateurs, à travers les éclaircissements, les remarques, les conseils formulés, de ne pas renoncer afin de toujours donner à l'adolescent les moyens pour qu'il parvienne au meilleur de lui-même.

À QUI S'ADRESSER ?

Lorsqu'un problème surgit à l'adolescence, et que les parents et/ou l'adolescent perçoivent l'intérêt d'une aide extérieure, un certain nombre de difficultés peuvent surgir dont la toute première est de savoir à qui s'adresser.

Les règles générales

Dans ce domaine, deux règles générales doivent être systématiquement gardées à l'esprit, quel que soit le problème posé. La première est que rien ne remplace le bon sens. Ce dernier, comme on le sait, n'est pas forcément le mieux partagé. Le bon sens consiste, avant d'entreprendre toute démarche, à essayer de préciser où se situe le problème. Certes, cela n'est pas toujours facile, nécessite un effort des personnes concernées, mais c'est un préalable à toute action qui se veut un minimum efficace. Le bon sens consiste aussi à s'adresser à la personne qui peut être concernée par le problème soulevé et à ne pas aller chercher, par on ne sait quel détour, un intervenant qui n'aura qu'un rapport très lointain, voire totalement inexistant, avec le problème. Pourquoi s'adresser, du moins dans un premier temps, à un médecin alors qu'il s'agit de toute évidence d'un simple problème d'orientation scolaire ou à l'inverse pourquoi aller s'adresser à un conseiller d'orientation pour un problème de conflit familial très aigu, dont les origines et les causes n'ont rien à voir avec le choix de telle ou telle classe ?

Le bon sens peut manquer non seulement aux familles, il peut manquer également aux spécialistes. Il nous est arrivé de voir une fille couverte d'acné, présentant incontestablement des manifestations dépressives sévères et que l'on engageait dans une psychothérapie au long cours, sans même s'inquiéter du retentissement de cette acné sur le moral de l'adolescente.

La deuxième règle générale que nous voudrions souligner consiste à s'adresser d'abord et avant tout au milieu naturel, avant de s'adresser aux instances sociales ou aux institutions d'assistance et de soins. N'oublions pas que de tout temps, y compris sans doute dans le règne animal, les parents étaient les mieux placés pour s'occuper de leurs enfants. En disant parents, nous voulons dire la famille élargie. Là aussi, plutôt que de s'engager dans certains traitements psychologiques au long cours, il est parfois utile de rappeler qu'il existe un oncle, une tante, qui peuvent avoir, pour un moment donné, à l'égard de l'adolescent une attitude positive de conseils et par là même de réassurance. Cette démarche, rappelons-le, a été utilisée d'ailleurs de façon codifiée dans certaines cultures traditionnelles.

À propos de l'importance de la famille naturelle, il existe également une règle générale concernant la façon dont les spécialistes peuvent et doivent parler des parents et de la famille aux adolescents : ne jamais en dire du mal. Certes, parfois les parents semblent avoir un caractère difficile, mais l'expérience montre que tout adolescent, même le plus hostile à l'égard de ses parents ou de sa famille, ne pardonnera pas à quelqu'un d'extérieur d'en dire du mal.

Lieux d'accueil, d'orientation, institutions spécialisées

Ces règles générales étant posées, il existe de nos jours de nombreux centres, organisations ou institutions qui s'occupent des problèmes de l'adolescence. Ceux-ci sont plus ou moins spécialisés. Certains ont pour vocation de répondre à l'ensemble des problèmes que peuvent se poser un adolescent ou sa famille. Nous pensons plus particulièrement à l'École des parents et des éducateurs et à son nouveau service téléphonique Fil Santé Jeune ; nous pensons aussi au CIJ, Centre information jeunesse qui existe dans chaque département ; on peut y trouver une importante documentation dans tous les domaines : informations professionnelles, métiers, vie sociale, logement, santé, loisirs, voyages avec des listes d'adresses. Ces centres répondent également par téléphone ou par lettre. Le CIDJ, Centre d'information et de documentation jeunesse de Paris, est bien connu des jeunes et de leurs familles.

Évidemment, lorsque le problème paraît d'emblée plus spécifique, il est possible de s'orienter directement vers des organismes spécialisés. En ce qui concerne les problèmes scolaires ou d'orientation professionnelle, après avoir tenu compte de l'avis de l'école et des enseignants, on peut consulter les centres d'information et d'orientation public ou privé, où l'on peut rencontrer un conseiller d'orientation, qui a pour mission d'indiquer quelle voie choisir pour parvenir à un projet professionnel, mais donne également un avis sur les différentes orientations ou choix scolaires. Pour les personnes sans diplôme et sans formation à la recherche d'une formation, il existe une permanence d'accueil d'information et d'orientation (PAIO) ou des lieux d'accueil désignés « missions locales », qui siègent maintenant dans chaque grande ville.

En ce qui concerne les problèmes de santé, il faut aller du plus simple et du plus général au plus spécialisé. Quel que soit le problème, l'avis du médecin de famille est à recommander avant toute consultation spécialisée. Ensuite, selon le problème posé, plusieurs possibilités sont envisageables. S'il s'agit d'un problème de santé purement somatique, nécessitant un approfondissement du diagnostic ou éventuellement une hospitalisation, des services de médecine de l'adolescence commencent peu à peu à être créés dans les hôpitaux. Des personnes compétentes et intéressées par les problèmes de l'adolescence y travaillent en tenant compte des spécificités des problèmes de cet âge.

Face à un problème de santé dans lequel la part psychologique interfère – qu'elle soit à évaluer ou qu'elle prenne le devant de la scène – il existe partout en France des consultations gratuites dans des centres médicopsychologiques dont les adresses peuvent être demandées à la mairie. Maintenant on trouve même certains services de psychologie et de psychothérapie destinés aux adolescents ; des spécialistes y travaillent en équipes pluridisciplinaires composées de médecins, de psychologues, de rééducateurs, d'assistantes sociales, etc.

Enfin nous ne voudrions pas omettre un certain nombre de services encore plus spécialisés qui s'occupent de tel ou tel problème particulier. Nous pensons ici aux institutions traitant spécifiquement des questions de toxicomanie. Des institutions de ce type dont le Centre Marmottan à Paris a été l'initiateur se sont maintenant développées dans toute la France. En ce qui concerne le problème du sida, qui évidemment ne touche pas uniquement les adolescents, signalons qu'il existe dans chaque département français des centres de dépistage anonyme et gratuit. Indiquons également le Centre régional d'information et de prévention du sida (CRIPS). Il existe aussi des centres d'aide aux adolescents fugueurs qui orientent surtout leur action vers l'accueil des jeunes ayant quitté leur milieu familial dans le cadre d'une rupture brutale. Enfin, en ce qui concerne les problèmes de la délinquance, il faut rappeler que dans chaque département des services assurent « la protection sociale, médico-sociale et judiciaire de l'enfance et de l'adolescence en danger ». La protection judiciaire est assurée par des magistrats qui reçoivent l'adolescent et ses parents. Ils peuvent ordonner soit des mesures d'investigation (enquête sociale, consultations, examens médico-psychologiques, mesures d'observation), soit des mesures d'éducation en milieu ouvert, soit des placements provisoires à l'aide sociale à l'enfance ou dans un établissement, soit enfin des mesures qui proposent à l'adolescent, s'il est mineur, d'être pris en charge par un autre parent, une personne digne de confiance (sous la forme de parrainage) ou un placement familial. Face à ces problèmes, de multiples possibilités peuvent être envisagées, souvent plus nombreuses que l'on ne croit généralement : citons notamment un certain nombre de foyers ou d'internats professionnels de l'éducation surveillée, mais aussi des services d'action éducative en milieu ouvert qui peuvent suivre à domicile les adolescents et leur famille, en vue de leur apporter l'aide psychologique et éventuellement matérielle nécessaire à la solution de leurs problèmes souvent alors très complexes.

Dans ces pages, nous avons pris le parti de ne pas donner d'adresses précises mais plutôt de définir les principes qui doivent guider la démarche d'une demande d'aide. Chaque adolescent, parent ou travailleur social pourra trouver les adresses utiles auprès des services médicaux (médecin généraliste), scolaires (école, CIO), sociaux (mairie), judiciaires (tribunal) près de son lieu de résidence.

Nous aimerions conclure en soulignant l'importance de ne pas trop attendre lorsqu'un problème se pose à l'adolescence. Nous voyons en effet trop souvent des adolescents ou leurs familles s'adresser aux personnes plus ou moins spécialisées à un moment où les difficultés se sont déjà tellement aggravées ou figées, que l'aide éventuelle possible a perdu une grande partie de son efficacité. Il faut cependant rappeler que, quels que soient les interlocuteurs et leurs compétences, personne n'aura de solution toute faite et personne ne pourra vraiment (et ne devra) se substituer totalement aux relations entre l'adolescent et son milieu familial.

BIBLIOGRAPHIE

PSYCHOLOGIE GÉNÉRALE ET PSYCHANALYSE DE L'ADOLESCENCE

P. BLOS, *Les Adolescents*, Paris, Stock, 1962.
A. BIRRAUX, *L'Adolescent face à son corps*, Paris, Éditions Universitaires, 1990.
A. BRACONNIER, *Les Adieux à l'enfance*, Paris, Calmann-Lévy, 1989.
A. BRACONNIER, *Le Sexe des émotions*, Paris, Odile Jacob, 1996.
E. ERIKSON, *Adolescence et crise*, Paris, Flammarion, 1972.
P. GUTTON, *Le Pubertaire, adolescens*, Paris, PUF, 1991, 1992.
P. JEAMMET (sous la direction de), *Adolescences*, Paris, La Fondation de France, 1993.
M. et E. LAUFER, *Adolescence et rupture du développement. Une perspective psychanalytique*, Paris, PUF, 1989.

OUVRAGES À DOMINANTES ÉPIDÉMIOLOGIQUES, SOCIOLOGIQUES ET CULTURELLES

F. DUBET, *Les Lycéens*, Paris, Seuil, 1991.
M. CHOQUET, S. LEDOUX, *Adolescents, enquête nationale*, Paris, INSERM, 1994.
M. CHOQUET, S. LEDOUX et C. MARÉCHAL, *Les Drogues illicites parmi les 11-20 ans et attitudes face au sida*, Paris, La Documentation française, 1997.
O. GALLAND, *Sociologie de la jeunesse : l'entrée dans la vie active*, Paris, Armand Colin, 1991.
P. HUERRE, M. PAGAN, J.-M. REYMOND, *L'Adolescence n'existe pas : histoire des tribulations d'un artifice*, Paris, Odile Jacob, 1997.
M. MEAD, *Le Fossé des générations*, Paris, Denoël, 1971.

A. Tursz, Y. Souteyrand, L.-R. Salmi, *Adolescence et risque*, Paris, Syros, 1993.

LES TROUBLES À L'ADOLESCENCE

D. Bailly (sous la direction de), *L'Angoisse de séparation*, Paris, Masson, 1995.
A. Braconnier, *Les Bleus de l'âme, angoisses d'enfance, angoisses d'adulte*, Paris, Calmann-Lévy, 1995.
R. Cahn, *Adolescence et folie. Les déliaisons dangereuses*, Paris, PUF, 1991.
C. Chiland, J. Young, *Les Enfants et la violence*, Paris, PUF, 1997.
F. Ladame, J. Ottino, C. Pawlack (sous la direction de), *Adolescence et suicide*, Paris, Masson, 1995.
S. Lebovici, R. Diatkine, M. Soulé, *Traité de psychiatrie de l'enfant et de l'adolescent*, Paris, PUF, 1985.
D. Marcelli et A. Braconnier, *Adolescence et Psychopathologie*, Paris, Masson, 4e éd., 1996.
D. Marcelli, *Adolescence et dépression*, Paris, Masson, 1990.
M.-C. Mouren-Simeoni, G. Vila, L. Vera, *Troubles anxieux de l'enfant et de l'adolescent*, Paris, Maloine, 1993.
P.-A. Michaud, P. Alvin (sous la direction de), *La Santé des adolescents*, Payot, Lausanne, 1997.
O. Naudin, *Adolescence : la santé au quotidien*, Paris, Éditions Universitaires, 1989.
C. Olievenstein, *La Vie du toxicomane, nodules*, Paris, PUF, 1983.
X. Pommereau, *L'Adolescent suicidaire*, Paris, Dunod, 1996.

De nombreuses références bibliographiques peuvent être consultées dans les revues spécialisées suivantes : *Textes du Centre Alfred-Binet, Adolescence, Neuropsychiatrie de l'enfance et de l'adolescence, Psychiatrie de l'enfant*. De nombreux documents plus généraux peuvent être également lus dans les revues : *Phosphore, L'Étudiant, Famille Magazine, L'École des parents et Groupe familial, Informations sociales*, Adosen, etc.

Annexes

	GARÇONS %	FILLES %	TOTAL %
S'estiment bien portants	88,8	86,8	87,8
Ont un handicap ou une maladie chronique	9	8,3	8,6
Ont eu un accident durant les 12 derniers mois De circulation Du travail ou d'atelier Du sport Autres Aucun accident 1 ou 2 accident(s) 3 accidents et +	15 5,2 37,4 16 49,3 36,3 14,3	7,6 1,5 25,7 10,6 64,1 30 5,8	11,2 3,3 31,4 13,2 56,8 33,2 10
Ont une scoliose	13,2	18	15,7
Ont des problèmes de vue Oui mais soignés Oui mais non soignés	27,5 5,5	36,5 5,9	32,1 5,7
Ont des problèmes dentaires Oui mais soignés Oui mais non soignés	65 4,8	72,1 3,9	68,6 4,3

Tableau I. La perception globale et les troubles somatiques

	GARÇONS %	FILLES %	TOTAL %
Se considèrent comme Bien Maigre Gros	74,2 14,6 11,2	61,9 8 30	68 11,3 20,7
Souhaitent changer de poids Non Maigrir Grossir	56,4 23,2 20,4	31,3 60,7 8	43,7 42,2 14,1
Assez souvent, très souvent Faire un régime	3,8	14,5	9,3
Assez souvent, très souvent Peur de grossir Préoccupées par le poids Luttent contre le poids	9 13,4 13,5	48,7 48,8 42,9	29,3 31,6 28,5

Tableau II. Perception du corps et des modifications pubertaires

	GARÇONS %	FILLES %	TOTAL %
Assez souvent, très souvent			
Avoir l'impression d'être fatigué	39,1	46,6	42,9
Se réveiller la nuit	15,9	22,4	19,2
Faire des cauchemars	6	11	8,5
Avoir mal à la tête	14,7	30	22,4
Avoir des douleurs digestives	13,9	30	22
Avoir envie de vomir	3,5	7,1	5,3
Avoir mal au dos	17,6	24,8	21,2
Plaintes somatiques			
Pas de plaintes	38,5	24,3	31,3
1 ou 2 plaintes	48,8	48,8	48,8
3 ou 4 plaintes	11,5	21,8	16,7
5, 6 ou 7 plaintes	1,2	5,1	3,2

Tableau III. **Plaintes somatiques**

	GARÇONS %	FILLES %	TOTAL %
Mangent énormément en peu de temps			
2 à 4 fois par mois	14,1	14,4	14,2
Plusieurs fois par semaine	10,2	7,1	8,6
Tous les jours	4,1	2	3
Conduites boulimiques			
Ont des conduites boulimiques	1,1	6,6	3,9
Ont souvent peur de manger	4	13,6	10
Stratégie de contrôle de poids			
Un moyen	4,8	16,1	10,6
Plusieurs moyens	0,5	4,5	2,5

Tableau IV. **Les conduites boulimiques**

	GARÇONS %	FILLES %	TOTAL %
Assez souvent, très souvent			
Difficultés pour s'endormir	36,1	46,7	41,5
Se réveiller la nuit	15,9	22,5	19,2
Faire des cauchemars	6	11	8,6
Se lever fatigué	49	50,3	49,6
Avoir l'impression d'être fatigué	39,1	46,6	42,9
S'endormir dans la journée	7,5	6,4	6,9
Moyenne d'heures/nuit	8,6	8,7	8,7

Tableau V. **Le sommeil**

Assez souvent, très souvent	GARÇONS %	FILLES %	TOTAL %
Ont des troubles du sommeil	42,5	53,7	48,2
Sont inquiets	27,2	41,1	34,3
Se sentent nerveux	31,1	43,7	37,5
Manquent d'énergie	17,5	24,2	20,9
Se sentent déprimés	9,6	23,3	16,5
Se sentent désespérés en pensant à l'avenir	17,7	26,4	22,1
Score total de dépressivité (0-4)	49,3	30,7	39,8
Score total de dépressivité (5-7)	31,1	32	31,6
Score total de dépressivité (8-10)	15,7	26,7	21,3
Score total de dépressivité (11-12)	3,8	10,6	7,3

Tableau VI. **Le mal-être psychologique**

	GARÇONS %	FILLES %	TOTAL %
Consommation de vin			
Non	57,1	69,5	63,3
Occasionnelle	38	29,2	33,6
Au moins bihebdomadaire	4,9	1,2	3,1
Consommation de bière			
Non	37	56,1	46,4
Occasionnelle	51,4	40,9	46,2
Au moins bihebdomadaire	11,6	3,1	7,4
Consommation d'alcool fort			
Non	50,3	60,1	55,1
Occasionnelle	45,1	38,7	41,9
Au moins bihebdomadaire	4,7	1,3	3
Ont été ivres dans l'année			
Jamais	73,4	81,8	77,7
1-2 fois	14,1	12,9	13,5
Au moins 3 fois	12,4	5,3	8,8
L'alcool			
Ne boivent jamais	42,3	53,1	47,8
Alcoolisation occasionnelle et/ou 1-2 ivresse(s) par an	39,8	39,8	39,8
Alcoolisation régulière ou 3 ivresses et + par an	12,5	5,8	9,1
Alcoolisation régulière et 3 ivresses et + par an	5,4	1,3	3,3

Tableau VIIa. **Les conduites à risques**
La consommation d'alcool

	GARÇONS %	FILLES %	TOTAL %
Ont déjà fumé du tabac	45,6	45,8	45,7
Parmi ceux qui ont déjà fumé			
Fument régulièrement (au moins une cigarette par jour)	33,5	33,8	33,6
Fument occasionnellement	15,7	18,2	17
Ont été fumeurs et ont arrêté	10,6	10,4	10,5
Ont essayé mais ne sont jamais devenus fumeurs	40,3	37,7	38,9
Parmi les fumeurs réguliers			
Fument moins de 10 cigarettes par jour	37,7	46,3	42,1
Fument 10 cigarettes et + par jour	62,3	53,7	57,9
Le tabac			
Ne fument jamais	78,6	76,9	77,8
Fument occasionnellement	7,2	8,3	7,8
Fument régulièrement moins de 10 cigarettes par jour	5,3	6,8	6,1
Fument régulièrement 10 cigarettes et plus par jour	8,9	7,9	8,4

Tableau VIIb. **Les conduites à risques**
La consommation de tabac

	GARÇONS %	FILLES %	TOTAL %
La drogue			
N'ont jamais consommé	82,1	88,4	85,3
Ont consommé au moins un produit 1 ou 2 fois	6,8	5,6	6,1
Ont consommé un produit 3 à 9 fois	3,8	2,5	3,2
Ont consommé au moins un produit 10 fois et plus	7,3	3,5	5,4

Tableau VIIc. **Les conduites à risques**
La consomation de drogue

Drogues : haschisch, solvant à inhaler, amphétamine, médicament pour se droguer, cocaïne, héroïne, hallucinogène.

	16 ans	18 ans
N'utilisent qu'un seul type de drogue		
Fumée	74 %	88 %
Inhalée	5 %	9 %
Ont pris de la drogue quand l'occasion s'est présentée	21 %	80 %

L'acceptation augmente avec l'âge, la méfiance diminue avec l'âge (un peu plus chez les garçons).

Tableau VIId. **Drogue illicite**

	GARÇONS %	FILLES %	TOTAL %
Médicaments **prescrits** par le médecin pour dormir	4,2	7,5	5,9
Médicaments **prescrits** par le médecin contre la nervosité ou l'angoisse	9,2	18,1	13,7
Médicaments **non prescrits** par le médecin pour dormir	1,2	2,7	2
Médicaments **non prescrits** par le médecin contre la nervosité ou l'angoisse	2	4,9	3,5
Les psychotropes			
Aucune consommation de médicaments psychotropes	88,3	77,8	83
Consommation de médicaments psychotropes prescrits seulement	9,2	16,1	12,7
Consommation de médicaments psychotropes non prescrits seulement	0,7	1,7	1,2
Consommation de médicaments psychotropes prescrits et non prescrits	1,7	4,4	3,1

Tableau VIIe. **Le mal-être psychologique**
L'usage de médicaments psychotropes

	16 ans	18 ans
GARÇONS	6 %	28 %
FILLES	5 %	9 %

Conclusion : le cumul augmente avec l'âge surtout chez les garçons

Tableau VIIf. **Cumul des produits**
(Tabac, alcool, psychotrope, drogue)
Prend 3 « produits » et plus.

	GARÇONS %	FILLES %	TOTAL %
Le vol public			
Non	83,2	88,8	86
Une fois	8,8	6,8	7,8
Plusieurs fois	8	4,4	6,2
Le vol privé			
Non	93,3	94,4	93,9
Une fois	4,2	4,	4,1
Plusieurs fois	2,4	1,6	2
La fugue			
Non	95,9	96,7	96,3
Une fois	2,8	2,7	2,7
Plusieurs fois	1,3	0,6	1

Tableau VIII. **Les conduites à risques**
Le vol et la fugue

	GARÇONS %	FILLES %	TOTAL %
Sont en colère et cassent, frappent			
Non	51,3	61,8	56,6
Parfois	30,8	27,5	29,2
Souvent	17,9	10,7	14,2
Participent à des bagarres			
Jamais	40,9	69,9	55,6
Rarement	42,5	25	33,6
Souvent	16,7	5,2	10,8
Au cours des 12 derniers mois ont fait du racket	3,8	0,9	2,3
Violences agies			
Ne se bagarrent jamais, ne cassent ni ne frappent jamais, ne font pas de racket	26,9	47,7	37,4
Se bagarrent rarement, parfois cassent, frappent, ne font pas de racket	45,2	38,3	41,7
Souvent se bagarrent ou frappent ou cassent, ne font pas de racket	24,1	13,1	18,6
Font du racket	3,8	0,9	2,3

Tableau IX. **La violence**
Les conduites violentes

	GARÇONS %	FILLES %	TOTAL %
Au cours de la vie ont été victimes d'une agression physique	20,3	9,8	15
Au cours de la vie ont été victimes d'une agression sexuelle	2	5,6	3,8
Violences subies			
N'ont jamais été victimes de violence	78,6	87,3	83,1
Violence physique mais pas sexuelle	19,3	7,1	13,1
Violence sexuelle mais pas physique	0,9	2,7	1,8
Violence sexuelle et physique	1,2	2,9	2

Tableau X. **La violence**
Les violences subies

Table

Avant-propos 7
Introduction 11

PREMIÈRE PARTIE
L'IMAGE D'UNE GÉNÉRATION

Chapitre premier : LE TEMPS DES ENQUÊTES 23
Une société comptable, 23. – *Combien sont-ils ?*, 24. – *Ce qu'ils font, aiment et pensent*, 24. – *Ce dont ils se plaignent, ce dont ils souffrent*, 27. – *Comment comprendre ces chiffres ?*, 31.

Chapitre II : ADOLESCENCE ET SOCIÉTÉ 35
Adolescents d'hier, adolescents d'aujourd'hui, 35. – *Adolescents d'ici, adolescents d'ailleurs*, 36. – *Adolescence et milieu social*, 38. – *Seul ou en bande : les amis, les copains, le groupe*, 40. – *Dans la société ou à côté : le risque de marginalisation*, 41. – *Un exemple de menace : le mirage des sectes*, 43. – *Une société d'adolescents ou une société adolescente ?*, 44.

DEUXIÈME PARTIE
ITINÉRAIRES

Chapitre III : L'ÉVOLUTION PSYCHOLOGIQUE OU LES PARADOXES DE L'ATTACHEMENT 49
Comprendre ce qui se passe, 51. – *Les moyens psychologiques de faire face*, 53. – *Changement d'identifications et construction de*

l'identité, 55. – *Intelligence du cœur : affects et émotions*, 56. – *Trois types de processus d'adolescence*, 58.

Chapitre IV : PSYCHANALYSE ET ADOLESCENCE 61
Le « pubertaire » et l'« adolescens », 62. – *Un corps fantasmé*, 63. – *Les imagos parentales*, 65. – *L'espace social sublimé*, 67.

Chapitre V : L'ADOLESCENT ET SA FAMILLE 69
À quoi servent les parents ?, 71. – *Le dialogue parents-adolescents : s'identifier, se différencier*, 74. – *Le reste de la famille*, 98.

Chapitre VI : LA VIE AMOUREUSE ET SEXUELLE 103
La puberté, 105. – *L'identité sexuée*, 109. – *De la quête de soi-même à la conquête de l'autre*, 111. – *Du fantasme à la réalisation sexuelle*, 114. – *Les voies de la sublimation*, 117. – *Entrée des jeunes dans la sexualité*, 122. – *Les difficultés dans l'établissement de la sexualité*, 128. – *La grossesse à l'adolescence*, 132. – *L'homosexualité*, 134. – *En parler, c'est prévenir*, 137.

Chapitre VII : LA SCOLARITÉ 141
La place de la scolarité dans la vie de l'adolescent, 142. – *La notion de travail et de responsabilité*, 143. – *Les conditions d'une bonne scolarité*, 144. – *Les examens*, 146. – *Les difficultés scolaires*, 148. – *L'orientation scolaire*, 150. – *L'entrée dans la vie professionnelle*, 151.

TROISIÈME PARTIE

LES EMBÛCHES

Chapitre VIII : L'ANGOISSE, SES TRANSFORMATIONS, SON TRAITEMENT 161
Angoisse normale, angoisse pathologique, 161. – *Traumatisme et angoisse à l'adolescence*, 163. – *Les différents types d'angoisse pathologique*, 167. – *Le traitement de ces différents troubles*, 168.

Chapitre IX : LES ADOLESCENTS AU CARACTÈRE DIFFICILE 171
Le caractère impulsif, 173. – *L'adolescent instable*, 173. – *Le caractère opposant*, 174. – *Le caractère intransigeant*, 175. – *L'adolescent inhibé*, 176. – *L'adolescent omnipotent*, 178. – *L'adolescent idéaliste*, 178.

Chapitre X : L'ADOLESCENT ET SON CORPS 181
Les angoisses corporelles : angoisses hypocondriaques, craintes dysmorphophobiques, 183. – Les conduites alimentaires : boulimie, anorexie, caprices alimentaires, 185. – Les troubles du sommeil, 191.

Chapitre XI : LES COMPORTEMENTS DE L'ADOLESCENT 195
Entre l'inertie et le passage à l'acte, 195. – La tentative de suicide, 201.

Chapitre XII : DÉPRIME ET DÉPRESSION 205
La déprime, 206. – La dépression proprement dite, 207.

Chapitre XIII : ADOLESCENCE ET FOLIE 211
La peur d'être fou, 211. – Étrangeté, délire et schizophrénie, 213. – Les déliaisons dangereuses, 216.

Chapitre XIV : LE PROBLÈME DE LA DROGUE 219
Pourquoi se droguer ?, 226. – Que doivent faire les parents ?, 230. – Attitudes thérapeutiques, 231.

Conclusion 233
À qui s'adresser ? 245
Bibliographie 251
Annexes 253

CET OUVRAGE A ÉTÉ TRANSCODÉ
ET ACHEVÉ D'IMPRIMER SUR ROTO-PAGE
PAR L'IMPRIMERIE FLOCH À MAYENNE
EN JANVIER 1998

N° d'impression : 42782.
N° d'édition : 7381-0546-X.
Dépôt légal : janvier 1998.

Imprimé en France.